JN100949

Japan Sociological Association for Social Analysis

シリーズ
生活構造の社会学 ❶

生活からみる
社会のすがた

日本社会分析学会 監修

稲月正・加来和典・牧野厚史・三隅一人 編著

学文社

執 筆 者

＊稲月　正　北九州市立大学基盤教育センター／地域創生学群教授（第1章1, 3, 4節）

＊加来和典　下関市立大学経済学部経済学科准教授（第1章2節）

＊三隅一人　九州大学大学院比較社会文化研究院社会情報部門教授（第2章）

　谷　富夫　大阪市立大学名誉教授（第3章）

　三浦典子　山口大学名誉教授（コラム①）

　倉重加代　鹿児島女子短期大学教養学科教授（第4章）

　高野和良　九州大学大学院人間環境学研究院人間科学部門教授（第5章）

　江頭大藏　広島大学大学院人間社会科学研究科教授（第6章）

　叶堂隆三　下関市立大学経済学部公共マネジメント学科教授（第7章）

　辻　正二　山口大学名誉教授（コラム②）

　山本　努　神戸学院大学現代社会学部現代社会学科教授（第8章）

　徳野貞雄　熊本大学名誉教授（第9章）

　速水聖子　山口大学人文学部人文学科教授（第10章）

　高畑　幸　静岡県立大学国際関係学部国際関係学科教授（第11章）

　金子　勇　北海道大学名誉教授（コラム③）

＊牧野厚史　熊本大学大学院人文社会科学研究部教授（第12章）

　横田尚俊　山口大学人文学部人文学科教授（第13章）

（執筆順／＊は編者）

・ 刊行の辞 ・

　このたび日本社会分析学会の監修により，生活の観点からのアプローチによる社会学入門書・研究書『生活構造論で読み解く現代社会』を刊行する運びとなった。上・下巻からなり，上巻『生活からみる社会のすがた』が入門編，下巻『社会の変容と暮らしの再生』が研究編の位置づけである。出版に快く応じていただいた学文社に感謝申し上げたい。

　日本社会分析学会は，1966年に九州大学の社会学教室で結成された「九州大学社会学会」を母体としながら，1985年にオープンな学会組織「社会分析学会」としてスタートした学会である。さらに全国そして世界に開かれた学会として発展することを期して，1996年に「日本社会分析学会」に改名して再スタートした。会員約150名の小粒な学会だが，その分コミュニティ的要素が強く，年2回の研究例会では毎回，厳しくも暖かい議論が活発に行われる。2021年時点で，研究例会は142回，機関誌『社会分析』は前身の『社会学研究年報』からの通号で48号を数えるに至った。

　社会分析の名称が示すように，本学会は，社会の特定の領域に焦点をおくものではなく，領域を問わず社会の現状分析の推進に共鳴する研究者が集う議論場となっている。実際，会員の研究テーマや方法論はさまざまである。けれどもそこにおいて，人びとの生活に寄り添う視点から社会の現状分析を行うアプローチは，一定の共通項となってきた。その共通項を足場に会員が地道に蓄積してきた社会の現状分析の成果を，生活に着眼した社会分析のテキストおよび研究書として，世に問うてはどうか。こうして学会事業として，本書は企画された。

　執筆者は全員，本学会の会員である。上巻の入門編はシニアの会員が担当し，下巻の研究編は若手会員の最先端の研究を中心に組むことにした。執筆に当たっては研究例会で報告を行うなどして学会として議論を重ね，個々の水準と，全体の体系性を引き上げるように務めた。編者の方々には，コロナ禍のな

か幾度となくオンライン会議を開き，生活や生活構造の概念に深く入り込みながら編集論議を重ねていただいた。これらの議論は，本書の随所に息づいている。

キーワードの「生活構造」は，1940年代から社会学およびその学際領域で培われてきた息の長い，日本独自の概念である。一般的には，個人と社会の関わりを，生活主体の視点から包括的に捉えるアプローチといえるだろう。ただし実質的な論題は，貧困，都市化・過疎化，公害・環境問題のように，それぞれの時代の問題文脈を捉えて多様に設定されてきた。実は本書の執筆者にしても，生活構造を基軸としたときの立ち位置はさまざまである。けれども，生活に着眼した社会分析を目指す本書のアプローチにとって，生活構造の概念は，従来の多様な生活構造研究をその時代背景を含めてふまえるための貴重な枠組みとなる。

そのうえで重要なのは，従来の概念規定や論題に過度に捕らわれることなく，むしろ生活構造研究が示してきた概念や論題の多様さがもつ意味を，私たちがいま生きる現代から問い直すことであろう。すなわち，いまここの人びとの生活から社会の現状分析を行う際に，どういう論題を扱う必要があり，そのために生活構造の概念をどのように修正・発展させる必要があるか，を問うことである。本書を通して，生活構造論の新たな論点や，生活を捉える新たな社会学概念の可能性が少しでも示されればと願う。

近年「生活」を銘打った社会学テキストは，類書をみない。しかしながら，頻発する大規模災害，新型コロナのパンデミック，目まぐるしい世界情勢の変動は，さまざまな形で私たちの生活に苦難と変容を強いている。いま，そのなかで私たちの生きるさまを見つめなおすことは，私たちが選びうるより幸福で平和な社会のあり方を考えるために重要な視点となるに違いない。本書が学術のみならず，明るい未来への社会の歩みに少しでも貢献できれば，至上の喜びである。

2022年1月吉日

日本社会分析学会会長　三隅一人

・目　次・

第Ⅰ部　理論と方法

vi

第 I 部

理論 と 方法

第 1 章

現代社会と生活構造

● この章のポイント ●

　自然や社会の影響を受けながら，人は自らの選択によって生活を組み立てる。逆に，自らの選択によって組みあげられた人びとの生活の変化が，社会や自然を変えることもある。本書は，そうした生活に視点をすえ現代社会の各領域を社会学的に分析することを目的とする。生活にはパターンがみられ，それを社会学では生活構造と呼ぶ。本章では，一例として地域社会学系の生活構造の考え方を紹介する。ただし，生活構造研究にはさまざまなタイプがある。いずれにせよ，生活構造は生活主体と社会構造とを循環的に媒介するものであり，実証的に把握することもできる。それゆえ個人と社会を関連づけながら分析する社会学において重要な視座と分析枠組みを提示するものである。

🔑 キーワード

生活構造，社会参加，社会構造，文化体系

1．本書の目的

　生活という言葉を聞いたとき，みなさんは何を思い浮かべるだろうか。今月の生活費のこと，朝起きてから寝るまでの時間の使い方，家族や学校やアルバイト先での人間関係，自分が大切にしている価値，将来の就職や結婚……さまざまなことや場面が頭に浮かんでくるだろう。なかには，貧困で孤立している人や災害で家を失った人の暮らし，国境を越えてやってきた外国人の労働条件，飢餓に苦しむ発展途上国の子どもたちの姿を思い浮かべる人もいるかもしれない。

　どのような時代や地域にも生活はある。それは，自然や社会の影響や制約をうけつつも，人がそれぞれ自らの選択によって主体的に組みあげるものである。そこには人それぞれのかたちがある。生活のかたちはなかなか変わらなかったり，あるいは社会の変化や個人の価値の変化にそって急速に変わったりする。また，そのかたちは人のふるまいや考え方に影響をあたえるとともに，社会を変えていく可能性ももっている。本書は，そうした人びとの生活のかたちに視点をすえながら現代社会の各領域を社会学的に分析することを目的としている[1]。生活からみる現代社会の分析。それは，私たちが，過去どのような社会に生きてきたか，現在どのような社会を生きているかを確認し，未来の社会を今よりもよいものとして構想する準備ともなる。

考えてみよう❶

　5年前（中学生・高校生だった頃）とくらべて，あなたの生活をかたちづくっているものの中で何が変わり，何が変わらなかっただろうか。また，変わったものをひとつ取り上げ，それがどのように，なぜ変わったのかを考えてみよう。

2. 生活とはなにか

2. 1 生活という言葉

　生活とは，生命体の活動である。それは，自然環境の中で営まれる。人間の生活は，自然環境と自らが作る社会環境の重なりの中に展開される（図1-1）。

　生活という語は暮らしとも言い換えられるが，いずれにせよその意味は広くまた曖昧である。それは，実態としての生活が包括的であることを反映する。私たちが生活という語をつかう時，一般に，「生活が苦しい」とか「私生活」とかいった修飾をともなうことが多い。このような修飾＝限定には，生活を類型化し，対比しようとする意識が働いていると考えられる。つまり，「余裕がある」に対する「苦しい」，「公」に対する「私」といった類型化，対比である。生活という語は，このように限定をともなうことで具体的なイメージを現す。

　学問においても，生活をそのままの全体として取り扱うことは一般的ではない。とりわけ，科学は，生活をそれぞれの視点から分解し，分析する。ひとつの科学分野は，生活を総体としては把握しない。ここに，私たちの経験としての生活と科学の分析対象としての生活の乖離，「科学は生活を把握しえない」という感覚が生じる。これは，社会学においても同様である。ただ，社会学は，他の社会科学とは異なり，生活を垂直的・水平的に捉えうる視点をもっている。ここで，垂直的とは自然環境と社会環境を関連づけるという意味であり，水平的とは社会環境の諸領域を横断的に見渡すという意味である。

　以下では，おもに社会環境という枠組みで人間の生活をみていくことになる

図1-1　生活をかたちづくる要因

が，それは，生活というものを考える際に，自然環境を捨象するということではない。人間の生命は自然現象そのものであり，それを維持していくための食糧は自然の力によって生み出されている。また，自然災害は，たびたび，私たちの生命・生活・社会を脅かし，私たちは，その脅威に備えるべく知識を蓄え，社会を鍛えてきた。その一方で，私たちは自然環境を著しく改変し，その影響を自ら受けるという経験を繰り返している。ここからわかるように，人間の生活は，たとえそれが都市的なものであるとしても，自然環境の上に成り立っていることを忘れてはならない。

2. 2　生活への関心

2. 2. 1　対象としての生活

　ジャーナリズムや学問の領域で，生活に関心が向けられるのは，第1に，人びとの暮らしに大きな問題や変化が生じたり，自分たちの生活と大きく異なる生活に遭遇したりする場合である。そこでは生活のかたちや内容自体が分析の対象となる。

　例として，いくつかの作品を挙げてみよう。もちろん，これらの区分は便宜的なものであり，実際の作品にはさまざまな要素が入り混じっている。それぞれの内容については実際に読んでもらうとして，ここでは，いくつかの作品について背景や視点を述べておく。

(1)　人びとの生活に大きな問題が生じている場合

　　例：F. エンゲルス『イギリスにおける労働者階級の状態』
　　　　横山源之助『日本の下層社会』　など

　エンゲルス（Engels, F.）は1840年代なかばのイギリスを，横山源之助は1890年代の日本（東京や桐生など）を対象に，産業化によって生み出された労働者階級の困窮を，自らの調査と資料によって明らかにしている。新聞記者であった横山は，統計資料とルポルタージュを併用し，当時の状況を立体的に記録した。また，彼は，賃金労働者以外のいわゆる都市底辺層へも目を向けた。底

辺層の多くが生業としたのは，過渡的な時代の中に生まれ，消えていったさまざまな仕事である。もし，このような記録がなかったならば，我々は，産業化・都市化を一面的にしか理解できなかったであろう。

(2) 人びとの生活に大きな変化が生じている場合

　　例：柳田國男『明治大正史　世相篇』

　　　　　今和次郎『考現学入門』　など

　時代の流れは，人びとの生活を大きく変える。民俗学は過去に志向する学問であるが，それゆえ，新しい風俗には敏感であった。今和次郎は，東京美術学校図案科を卒業したのち建築学を学び，柳田國男の調査に同行するなかで民俗学に接近した。関東大震災後，彼は考現学（モデルノロヂオ）を提唱し，当時の最先端の風俗を，銀座における路上観察によって記録した。彼は，街を行き交う人びとの髪型・服装・履物などについて，種別に計数し，また，図に写しとった。近代化を，都市風俗の変化として記録したのである。

(3) 自分たちとは大きく異なる生活に遭遇した場合

　　例：本多勝一『ニューギニア高地人』

　　　　　　小川さやか『チョンキンマンションのボスは知っている』　など

　かつて人類学者たちは未開社会を追い求めた。未開（primitive）とはいっても，それは当時の西欧文明からの見方に過ぎない。20世紀も中葉にさしかかるころには，人類学者たちはあらゆる未開社会を訪ねていたと思われる。しかし，人類学は無くなりはしなかった。文化は持続しつつ，変化する。簡単に消滅もしなければ，単純に収斂することもない。西欧社会の文化もよく見れば一様ではない。グローバリゼーションは文化の飛地を産み出し，そこで文化は衝突，融合を繰り返す。小川さやかは，タンザニア出身のブローカーらが香港で形成したネットワークを参与観察によって明らかにする。このネットワークは，流動的で極めてゆるやかでありながら，ビジネスや日常生活において重要な役割を果たしている。彼らの結びつきは，同国人であるという土着性をベー

スにしながら，必要以上には相手のことには立ち入らないという特徴をもつ。土着型とも流動型とも言い難い関係性があることが示された。

2. 2. 2　視点としての生活

　第 2 に，生活に関心が向けられるのは，生活という領域の意味や機能に視点をすえて人や社会を分析する場合である。生活は，個人の側からみれば，なにほどかの主体的な行為によってかたちづくられたものである。一方，個人の行為はさまざまな社会的影響を受けている。このような個人と社会の間の過程は，一方向ではなく循環的な過程である。このような循環過程を捉えうる場が生活である。人は社会によってつくられ，社会は人によってつくられるが，人と社会の間にあって両者の循環を媒介するのが生活の領域なのである。

　また，社会で生じる出来事は個人の意図や行為には還元されない創発特性をもつ。社会的行為が複数あつまり相互行為が起こることによって，予想しえなかったような新たな事態が創り出されてくるのである（富永，1986：159）。それが生じるのも生活の領域である。

　こうした生活の領域がもつ働き（機能）は，生活史の聞き取り，調査票を用いた量的な調査，「国勢調査」などの官庁統計など，さまざまなデータをもとに解釈することができる。生活に視点をすえることによって，個人と社会を関連づけながら社会現象を実証的に分析しモデル化することが可能となる。社会学は，社会と個人とを関連づけながら社会現象を説明するところに認識的，方法的な特徴をもつが，生活の領域は社会学的な分析において重要なフィールドなのである。

考えてみよう ❷

　あなたがいろいろな場面で行う選択（たとえば，ゼミで発言するかどうか，出かけるときにどんな服を着ていくか，お昼にたべる食事の量を減らすか，理不尽な要求をする上司に抵抗するか，選挙でだれに投票するか，など）に社会は，どのように影響しているだろうか。

2.3　生活のパターン

　生活のパターンは，個人と集合のそれぞれについて捉えることができる。ある個人についてみれば，起床時間・食事時間・就寝時間などの時間のパターンや，通勤や買い物などの移動で描かれる空間のパターンなどがある。さらには，収入や支出といった経済的なパターン，付き合いやサークルへの参加といった社会関係・社会参加のパターンなども生活を構成する。このようなパターンを集合的に捉えることができる。一部を挙げれば，以下のような統計でそれらを窺うことができる。

時間：国民生活時間調査（NHK 放送文化研究所），社会生活基本調査（総務省）
空間：国勢調査「通勤通学」（総務省），パーソントリップ調査（国土交通省）
経済：就業構造基本調査，家計調査（総務省），消費動向調査（内閣府）
社会関係：生活と支え合いに関する調査（国立社会保障・人口問題研究所），ホームレスの実態に関する全国調査（生活実態調査）（厚生労働省）
その他：世帯動態調査，全国家庭動向調査（国立社会保障・人口問題研究所）

2.4　生活パターンの類似

　ここで，食事について考えてみよう。おなかが減れば，食事をする。これは自然なことである。では，食事は自然現象であろうか。いつ，だれと，どこで，なにをどのように食べるか。どれをとっても，そこには，個人要因だけではなく社会要因・自然要因が働いている。

　たとえば，食事時間について考えてみよう（図 1-2）。グラフには，30 分ごとに区切られた時間帯に食事をしている人の割合が示されている。おなかが減れば食事をするのであれば，昼食は，朝食と同程度の時間的ばらつきをみせてもよさそうである。また，夕食には，昼食のように時間的な集中が生じそうであるが，そうなっていない。昼食時間は極端に集中している。おそらくは，おなかが減っていないのに 12 時になったからごはんを食べるという人も多いのではないか。実際，学校や会社では，12 時台以外の時間帯に食事をすることは

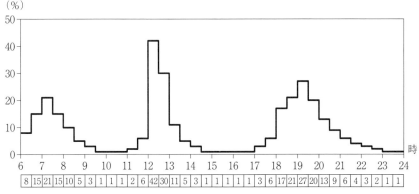

図 1-2　食事の 30 分ごとの平均行為者率（平日・国民全体）

出所）NHK 放送文化研究所（2016：50）〈2015 年データのみ使用〉

難しい。このことが示唆しているのは，昼食をとる時間には，個人要因や自然
要因よりも社会要因が大きく作用しているということである。社会要因は，こ
のように人びとの生活のパターンに類似を生むことがある。

2. 5　生活パターンの差異

　社会環境のなかで人びとの生活に持続的に社会的影響を及ぼすものを社会構
造と呼んでおこう。生活のパターンは社会構造と深く関わっている。ここに，
社会学による生活研究の問いがみえてくる。つまり，生活が，個人の行為と社
会構造の双方によってどのように構造化されるのかという問いである。

　個人の行為という点からみれば，生活は，個人が生活欲求を充足しようとす
る行為の総体である。生活欲求を充足するための資源の入手は，現代社会にお
いては，ほぼすべてを社会環境に依存している。ここで，生活のパターンは需
要と供給の関係として現れる。そこでは，市場のようなゲゼルシャフト的関係
のみではなく，ゲマインシャフト的関係も重要な役割を果たす。さらに，現代
では，ボランティアや NPO などもこれに加わる。生活のパターンが，主とし
て，個人要因と社会要因から規定されているとすれば，同じ属性をもつ人びと
であっても，それぞれの社会的位置の違いによって，生活のパターンに差異が

生じる。これを記述し，そのメカニズムを探るのが社会学の生活研究である。

　また，生活のパターンは不変ではなく，個人の年齢・ライフサイクル・階層移動・地域移動，また，自然環境や社会環境の変動によって変化していく。その履歴は個人の生活史として把握することができる。生活を把握するためには，時間・空間的なパースペクティブを欠くことはできない。

考えてみよう ❸

　先に挙げた統計の中から，属性（性別・年齢など）によって差がみられる集計結果をひとつ取り上げ，なぜそのような違いが生じるのかを考えてみよう。

---

3. 生活構造をどのように捉えるか

3. 1 生活には構造がある

　前節では，人びとが，自然や社会からの制約をうけつつ，自らの選択によって組みあげた生活の各局面には，それぞれある程度の持続性をもつパターンがみられることを示した。一般に，相互に関連し合っている諸要素の間に持続性をもったパターンが観察される場合，そこには構造があるという。生活を構成する諸要素のパターンが生活構造である。それは個人と社会とを媒介する機能をもつ。

　生活は多面的である。それゆえ，生活のどのような局面を，いかなる概念や分析枠組みで捉えるかによってさまざまなタイプの生活構造研究が成立しうる。実際，生活構造は，社会政策学，家庭経済学，地域（農村・都市）社会学，生活学，社会システム論など，さまざまな学問領域で概念化されてきた（鈴木, 1976；三浦, 1984；森岡, 1984；渡邊, 1996；中山, 1997；中川, 2000）。そうした概念や理論枠組みのどれが正しく，どれが誤りであるといった議論には意味がない。分析の目的によって適切な概念や枠組みも変わってくるからである。

調べてみよう ❶

　本章末の【文献案内】にあげた『生活構造』から何本かの論文を選び出し，それぞれの論文の中で「生活構造」がどのように定義されているかを調べてみよう。

---

3. 2　社会参加に焦点をあてた生活構造論

　さまざまな生活構造論のなかから，ここでは地域社会学系の生活構造研究を紹介しよう。これも，さらに複数のタイプに分けられる。そのうちのひとつが，集団への帰属や社会参加に焦点をあてて生活構造を考えるものである。その理論的なベースをなすのは，有賀喜左衛門の生活論やシカゴ学派都市社会学者ワース（Wirth, L.）の「生活様式としてのアーバニズム」論[2]である。なかでも都市社会学において生活構造論のベースとなったのは後者であった。ワースのアーバニズム論はいくつかの命題群に分解できるが（松本，2021），中心的な論点は，人口の規模・密度・異質性の増大として捉えられる都市化が，分業の発達や接触様式の変化（たとえば第一次的接触の衰退や社会的疎遠化）を介して大都市居住者特有の社会的性格（無関心，孤立感，フラストレーションなど）や大衆社会状況（個人の原子化や流動化など）をもたらす，と考えたところにある。

　こうしたプロセスを，明確に概念化するとともに，綿密に検討された指標と手法によって実証的に分析したのが倉沢進（1968）である。倉沢の都市化の概念図式を図 1-3 に示す。テクノロジーの発達と産業構造の変化は就業機会の質的・量的変化をもたらし，地域社会の社会層（職業構造）や集団構造を変化させる。こうした社会構造の変化にともなう生活構造の変化に対応して「都会人の社会的性格」が形成されていく。この図式のなかで生活構造は，社会構造と人びとの意識（社会的性格）との関連を説明する媒介項として位置づけられている。倉沢は「社会構造は分化した諸社会層と諸集団の関係の網の目としてとらえられるが，生活構造は，個人がこの社会構造にいかような役割を通して参与しているか，すなわちこれら集団参与の総体としてとらえられる」と述べ，「社会層と集団の網の目は，社会の側からみれば社会構造として，個人の側から見れば生活構造として把握され」るとした[3]（倉沢，1968：216）。

14

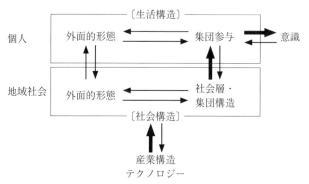

図 1-3　倉沢進による都市化の概念図式

3.3　文化体系との接触パターンへの注目

　さらに，鈴木広は，社会政策学，地域社会学，総合生活学での生活構造研究の検討をふまえ，生活構造概念の拡張をはかっている。鈴木による生活構造の定義は「生活主体としての個人が文化体系および社会構造に接触する，相対的に持続的なパターン」といったものである[4]（鈴木，1976：220）。その特徴のひとつは，集団参加をとおした社会構造との接点だけではなく，生活主体たる個人と文化体系との接点からも生活構造を定義していることである。

　生活者は主観的な状況判断と目標設定に基づいて生活欲求を充足しようとする。その意味で，生活者は自ら生活様式を選択・創出・維持していく行為主体である。図 1-4 に示すように「生活者は，一定の相対的に持続的な生活態度（生活規範と生活意欲）をとることにおいて時代の文化体系にかかわっており，他方，そのような生活態度をもつ主体者として生活行動を通して，組織的ないし個別的な他者と結合することにおいて，時代の社会構造にかかわっている」のである（鈴木，1978：40）。

　鈴木は，生活主体と文化体系とのかかわり方（生活態度のパターン）を「同調―非同調」と「私化―公共化」という 2 軸によって類型化する。「同調―非同調」の軸は社会から同調を期待されている規範的行動基準への態度を区分する軸であり，「私化―公共化」は生活目標を私生活場面に自閉させるか

図1-4　鈴木広による生活構造の概念枠組

出所）鈴木（1978：40）

（privatization），自らを社会や公共の福祉に参加させるか（totalization）といった軸である。この2軸の組み合わせから，生活態度のパターンは「同調―私化」「同調―公共化」「非同調―私化」「非同調―公共化」といった4つに類型化される。

　一方，生活主体と社会構造とのかかわり方（生活行動のパターン）は，倉沢同様，その人が参加している集団の数や種類，そこでの一連の地位や役割の総体として捉えられる。そのかたちを決める基軸は，階層的地位としての「上層―下層」と地域における安定性を示す「土着―流動」である。この両軸をクロスさせた座標軸のどこに位置するかによって個人の集団参加や生活行動のパターンは基本的に決まってくる。

　このような生活構造概念をもとに，鈴木はコミュニティの状況を実証的に分析していった。そこには彼の全体社会の存立構造観が反映されている。一方での欲望・成長・官僚制化・環境破壊といった社会の絶えざる「全体化」，他方での生活態度・生活目標の「私化」（鈴木，1983）。矛盾を蓄積しながら不断に進んでいく現代の疎外状況に抵抗し社会を主体的に再組織化していく場として生活の領域は設定されたと思われる。

3.4　事　例

　社会現象を分析していく上で，生活構造に着目する意味はどこにあるのだろうか。抽象的な議論だけでは理解しづらいかもしれない。貧困問題を例として考えてみよう。グローバルな産業構造の変動のなかで，企業は国際競争力の強化のために非正規雇用を増やしてきた。国も雇用政策の変更などを通してそれを制度的に後押しする。このようななか，世界規模での金融危機やパンデミッ

クなどが生じると，従業員を解雇したり，倒産する企業も出てくる。

　しかし，社会全体にふりかかる災禍は同じでも，その影響は人によって異なる。たとえば，会社の寮に住み込みで働いている非正規雇用の労働者は，不況になれば雇用の調整弁として解雇されやすく，職を失うと同時に住居も失ってしまう。職場や住所が頻繁にかわる流動的な生活では，仲のいい同僚や信頼できる友人もつくりにくい。下層—流動型の生活構造では，社会的な孤立も生じやすい。就職情報をくれたり，社会保障制度につないでくれたりする人もいなくなる。また，接触してきた人やメディアを通して自己責任イデオロギーを内面化し，私的な欲望の拡大のみを目標とするような同調—私化型の生活構造からは，権利としての公的福祉の利用や社会的支援の拡大をめざす運動への参加なども生じにくいだろう。「がんばろう」という気持ちも失われて，求職活動をすることも，外にでることすらもおっくうになってくるかもしれない。かくして，貧困はさらに深化する。

　それに対して，正規雇用で企業とつながっている人は解雇されにくく，貯蓄もしやすい。安定した将来展望のもとでは，結婚して家族をつくることも比較的容易だ。地域に信頼できる親しい友人や親戚などがいれば，もし大きな失敗をしても励ましてくれたり，役に立つ情報をくれたり，助けてもらえるだろう。公的な制度へもつながりやすい。信頼とつながりの中で，物質的な生活の立て直しも比較的容易で，精神的にも生きる意欲や希望を保つことができる。また，支援団体やメディアとの接触を通して自己責任イデオロギーには取り込まれないような態度が形成されていれば，公助の拡充や社会的連帯をめざす社会活動に参加していくかもしれない。

　もちろん，人は階層，地域，価値の移動を経験する。社会移動による新たな社会関係の構築や文化体系との接触によって個人の生活構造は変わる可能性をもつ。そして，それが集合的なものとなっていけば，社会の制度や構造が変わっていくことも考えられる。

4. 生活構造の分析と社会学的想像力

　先に述べたように生活構造研究は多様であるが，そこには共通する点もある
だろう。① 生活主体として基本的には個人を想定する，② 社会の制約を受け
つつも自らの選択によって生活を組みあげていく主体としての側面を重視す
る，③ 生活のなかにみられる相対的に持続的なパターンとして生活構造を捉
える，④ 社会や個人から独立し，両者を媒介する機能をもつものとして生活
構造を捉える，といったことである。

　大きく変動する現代社会において，生活構造の分析は重要である。社会の構
造変動をしなやかに受け止め，さまざまな関係や価値を組み替えたりしなが
ら，衝撃をかわしていくのは，人びとが営む生活の領域だからである。生活の
なかには，そうした生活知がストックされている。

　しかし，生活領域は変動の衝撃を受け止めていくだけの場ではない。社会関
係や生活目標の組み替えを通して，社会を変えていく可能性ももつ。たとえ
ば，原発事故をきっかけに「なにげなく差し込むコンセントのむこう側の世
界」や「便利さや発展が，差別と犠牲の上に成り立っている」ことへの想像力
が喚起され（武藤，2012），暮らしのかたちが変わった人もいるだろう。生活構
造の変化は社会のあり方を問う運動へともつながっていく。生活の場は，社会
のさまざまな理不尽を変革していく力を生み出していく実践の場でもある。個
人の生活と社会や歴史とを関連づける想像力をミルズ（Mills, C. W.）は，社会学
的想像力と呼んだ（Mills, 1959）。生活構造の分析は，そうした力のあらわれと
なるだろう。

　人びとの価値や態度の変化が人びとの行為の変化を介して社会の仕組みを変えて
いった事例として，どのようなものがあるだろうか（地域社会レベルのものから国や
グローバルなレベルのものまで考えられるだろう）。また，その過程において人びとが
日々の生活の中で参加していた組織や集団はどのような役割を果しただろうか。

注

1) 社会や社会学の概念はさまざまである。富永健一（1986：3）は，社会を「複数の人びとのあいだに持続的な相互作用の集積があることによって社会関係のシステムが形成されており，彼等によって内と外とを区別する共属感情が共有されている状態」と定義している（なお，ここでの「彼等」は「人びと」と同義である）。社会学とは，そうした意味での社会を研究する経験科学である。

2) 有賀喜左衛門の生活論については，鳥越皓之（1982）や松田素二（2009）の整理が参考となる。

3) 安田三郎は，都市的生活構造を「個人が都市社会の中で取り結び所属している社会関係・社会集団の組み合わせの仕方」と定義する（安田，1964：128）。この定義も「一般には社会構造として把握される社会関係や社会集団に対して，生活構造という概念を媒介項として個人の側からアプローチするという方向」を明確に示すものである（中山，1997：177）。

4) 鈴木の生活構造論においても，生活主体は基本的には個人であるが，生活の共同の単位として家族だけは特別に扱うべきだという（鈴木，1976：220）。また，三浦典子（1986：5）は「生活構造とは，生活主体の社会構造と文化構造への主体的な関与の総体であり，社会構造への関与はフォーマル・インフォーマルな社会関係のネットワークによって，文化構造への関与は生活主体の設定する生活目標および様式選好として，具体的には把握できる」としている。

◆ 引用・参考文献

Engels, F. (1845＝1957) *Die Lage der arbeitenden Klasse in England: Nach eigner Anschauung und authentischen Quellen*, Karl Marx-Friedrich Engels: Werke, Band 2, Institut für Marxismus-Leninismus beim ZK der SED, Dietz Verlag.（全集刊行委員会『イギリスにおける労働者階級の状態(1)(2)』大月書店，1971 年）

本多勝一『ニューギニア高地人』朝日新聞社，1964 年

今和次郎『考現学入門』（藤森照信編）筑摩書房，1987 年

倉沢進「都市化と都会人の社会的性格」『日本の都市社会』福村出版，1968 年

松本康『「シカゴ学派」の社会学　都市研究と社会理論』有斐閣，2021 年

松田素二『日常人類学宣言！　生活世界の深層へ／から』世界思想社，2009 年

Mills, C. W. (1959) *The Sociological Imagination*, Oxford University Press.（鈴木広訳『社会学的想像力』紀伊國屋書店，1965 年）

三浦典子「生活構造概念の展開と収斂」『現代社会学』⒅ アカデミア出版会，1984 年

―――「概説　日本の社会学　生活構造」三浦典子・森岡清志・佐々木衞編『リーディングス日本の社会学5　生活構造』東京大学出版会，1986 年

森岡清志「都市的生活構造」『現代社会学』⒅ アカデミア出版会，1984 年

武藤類子『福島から あなたへ』大月書店，2012 年

中川清『日本都市の生活変動』勁草書房，2000 年

中山ちなみ「生活研究の社会学的枠組―生活構造論と生活の概念」『京都社会学年報』⑸，1997 年

NHK 放送文化研究所『2015 年　国民生活時間調査報告書』2016 年

小川さやか『チョンキンマンションのボスは知っている―アングラ経済の人類学』春秋社，2019 年

鈴木広「生活構造」本間康平ほか編『社会学概論』有斐閣，1976年
―――「地域における統合と溶解―生活構造とコミュニティ」鈴木広編『コミュニ
　　ティ・モラールと社会移動の研究』アカデミア出版会，1978年
―――「たえず全体化する全体性と，たえず私化する私性」『社会学評論』(134)，
　　1983年
富永健一『社会学原理』岩波書店，1986年
鳥越皓之「有賀理論における生活把握の方法」『トカラ列島社会の研究』御茶の水
　　書房，1982年
渡邊益男『生活の構造的把握の理論　新しい生活構造論の構築をめざして』川島書
　　店，1996年
柳田国男『明治大正史　世相篇』中央公論新社，[1931] 2001年
安田三郎「都市の社会学」福武直編『社会学研究案内』有斐閣，1964年
横山源之助『日本の下層社会』岩波書店，[1899] 1949年

📖 文献案内

柳田國男『明治大正史　世相篇』中央公論新社ほか，1931年
自序に曰く，「実は自分は現代生活の横断面，すなわち毎日われわれの眼前に出て
は消える事実のみに拠って，立派に歴史は書けるものだと思っている」。見出しの
一部を挙げてみよう。「朝顔の予言」「村の香り　祭の香り」「小屋と長屋の修練」
「田園の新色彩」「村の昂奮」「自転車村に入る」「濁蜜地獄」「恋愛教育の旧機関」
「親方制度の崩壊」「多くの病を知る」「運動と頭数」「悪党の衰運」。読まずにはい
られない気持ちになったはず。

三浦典子・森岡清志・佐々木衞編『リーディングス　日本の社会学5　生活構造』
　　東京大学出版会，1986年
本書は，さまざまな学問領域で独自に概念規定され展開されてきた生活構造研究を
整理し集約したものである。序論では，戦後の生活構造研究を概観した見取り図が
提示される。その上で，「第1部　生活構造の理論」4本，「第2部　階級・階層と
生活構造」6本，「第3部　地域社会と生活構造」5本，「第4部　社会参加と生活
様式」4本，計19本の論文がおさめられている。各部の最初におかれた編者によ
る解説は，それぞれの部に収録されている生活構造研究の内容や特徴をつかむ上で
もたいへん参考になる。

松田素二『日常人類学宣言！　生活世界の深層へ／から』世界思想社，2009年
「世界を均質化する強力な力を最前線で受け止めその衝撃を変換する現場は生活世
界に他ならない」し「均質化に直截に抗いあるいはそれを活用・流用して差異化を
推進する力を産出し統制するのもまた生活世界で生成された知識と実践」である
(p.2)。筆者がフィールドとするアフリカ（ケニア）の社会でも，人びとはさまざ
まな生活知を実践し，混乱した状況を「飼い慣らし」ながら日常生活を営んでい
る。日常性と生活への関心を重要視する，そうした筆者の分析の理論的な源泉には
有賀喜左衞門の生活論や鳥越皓之らの「生活環境主義」も含まれる。上記の『生活
構造』同様，本章では紹介できなかった多様な生活論，生活構造論の可能性を示し
てくれる。

第 2 章

生活構造論の理論構築

この章のポイント

　前節でみたように，生活構造論の系譜でなされてきた研究にはいくつかの共通点がある。それらは，理論的に生活構造論を特徴づける重要なポイントでもある。生活構造論は，確立した一般的な理論体系ではない。したがって，それらのポイントを押さえれば自ずとひとつの明確な理論像が姿を現す，というわけではない。けれども，生活構造論に共通する理論構築の道筋はみえてくるだろう。その道筋を一言で述べるならば，それは中範囲の理論構築ということができる。この章では，生活構造論のアプローチで研究を行うときの道標を，中範囲理論構築の観点から確認していこう。

🔑 キーワード

中範囲理論，社会構造，メゾスコープ，量的調査，質的調査

1.　どのような理論を，どう組み立てるか

1. 1　問いをたてる

　あなたは卒業研究で社会調査を行おうとしている。このときあなたには調査に先立つ問題意識があるだろう。それがなければ，調査の対象や方法を決めることはできないし，そもそも調査が必要かどうかもわからない。社会学で行う社会調査は個人の属性や生き方を細かく聞くので，倫理的にも，社会調査を行うかどうか，そしてまた，どのようなやり方で行うかは慎重に考えなければいけない。とはいえ，まだ研究の入り口なので問題意識は漠然としているかもしれない。それはそれでよい。調べないとわからないことはある。それでもやはり，出発点の問題意識はできる限り明確にしておきたい。文献レビューを行って先行研究に学ぶのは，そのためでもある。

　研究作法の話になってしまった。話を戻して，いまあなたの問題関心は，ワークライフバランスと家族のあり方だとしよう。この主題を，生活構造論の観点から考えてみようというわけだ。あなたには叔母がいて，就学時の子ども 2人を抱えながら会社の事務パートで働いている。幸せそうなのだが，少し気になることがあった。それは彼女が，結婚前は〈男は仕事，女は家事〉という近代的な性別役割分業の考え方に反対していたにもかかわらず，今は家事と育児をもっぱら引き受けていることだ。先行研究でも，共働きの場合に妻が家事・育児・介護を行うケースが多い，という調査結果があった。[1] 働く女性の二重負担の問題である。そこであなたは，この二重負担の問題からワークライフバランスを考察しようと考えた。

　共働き世帯の聞き取りを進めるうちに，あなたはいろいろな共通点や差異に気づく。不思議なのは，二重負担の状況にいる妻たちの何人かは，叔母と同様に性別役割分業に反対であり，実はその意見は今も変わっていないことだ。さらに聞き取りを進めると，専業主婦からも同じような話が聞かれた。彼女たちの共通点は，大卒である。そこであなたは，次のような仮説命題を考えた。

命題 1.　女性は，教育水準が高いほど性別役割分業に反対しやすい。

命題 2. 性別役割分業に反対かどうかは，実際に家事や育児を引き受けるかどうかと関係しない。

　この 2 つを合成すれば，高学歴女性が性別役割分業に反対しながら家事を引き受ける矛盾を説明できる。頑張って 10 家族以上に聞き取りしたので，データの裏付けもある。さっそく指導教員に披露したが，反応はいまひとつ。「だから，何？」。

考えてみよう ❶

　ある事柄について，考えと行動のくい違いが多くの人で観察されるのであれば，共通の社会的要因が影響しているのかもしれない。上の「命題 2」についてそれを考えてみよう。

1. 2　抽象度の中範囲

　中範囲理論は，マートン（Merton, R. K.）が提唱した社会学の理論指針である。もともとは，機能分析の概念を整えて，データをふまえた実証的な機能主義理論を構築するねらいがあった。諸要素の全体に対する機能的貢献という抽象的な説明にとどまらず，順機能と逆機能の差引勘定や，潜在機能による意図せざる結果のようなより限定的な概念図式を整えて，具体的な観察事象を説明しようとしたのである（Merton, 1957）。その後，中範囲理論は機能分析に限らず，実証社会学の理論的指針として広く受容されていった。

　社会学者は社会調査や日々の観察を通して観察データを蓄積し，そこに斉一性を見いだして経験的一般化を行っている。前項の 2 つの命題は，経験的一般化の例である。社会学には一方で，社会全体の成り立ちや問題を述べる抽象度の高いグランドセオリーがある。社会システムの一般的な成り立ちを説明するパーソンズの AGIL 図式（Parsons and Smelser, 1956）はその代表例である。グランドセオリーは抽象度が高いので，経験的一般化で述べられる具体的な事象間の関係を直接説明してくれない。経験的一般化とグランドセオリーの中間領域における媒介的な理論の構築が必要なのである。これが「中範囲」の第 1 の意

味である。マートンにできるだけ忠実にかみ砕いていうと，それは次のように定義される（Merton, 1967 = 1969: 4）。

【中範囲理論】日々の調査で数多く提出されている小さな作業仮説と，社会行動の経験的な観察から，できるだけ多くの斉一性を導出しうる，そしてそれによって包括的なグランドセオリーとを媒介する，概念図式と命題。

　データをふまえることが重要なのであれば，データをとことん掘り下げることで中範囲の理論概念がみえてくるのだろうか。これは半分正しく，半分間違っている。後述するように理論構築においてデータとの往還は欠かせないが，その要となる概念の着想がどこから生まれるかといえば，得てしてそれはデータと離れたひらめきである。天才ならいざ知らず，このひらめきは何もないところからは生まれない。先行研究をしっかりレビューしながら，自ら思考を重ねるなかで，はじめて生まれるものである。前項最後の指導教員の「だから，何？」は，実はそのひらめきの欠落を突いている。観察と先行研究から二重負担に着眼したまではよいが，そこからさらに文献を調べて思考を重ね，中範囲的な問いを探るべきだった。とはいえ，そのひらめきは簡単にはでてこない。目星くらいはほしいところだ。さいわい生活構造論では，そのアプローチの特徴ゆえにそうした目星を定めやすい。それは「中範囲」のいまひとつの意味に関わっている。

1.3　ミクロ―マクロの中範囲

　複雑な社会の成り立ちとその変動を理解可能なものにするために，社会学にはいくつか重要な視点がある。機能分析の理論枠組みとなる社会システムもそのひとつで，これは社会を構成する諸要素の間の資源やコミュニケーションの流れに着目して，社会全体を維持する機能的な仕組みを捉えようとする。けれどもそうした機能関係を捉えるには，まず社会の組成構造，すなわち社会構造の理解が必要である。

　社会構造は，分化した諸社会層と諸集団の関係の網の目（倉沢，1968：213）であり，いくつかの位相から捉えられる（三浦，1987）。垂直的位相は階層構造である。層化の主要基準は職業であるが，性別や民族のように本来上下関係をもたない社会層が階層構造に組み込まれることもある。水平的位相は地域構造である。都市と農村を大枠に，地域内の空間構造や，地域間および都市間の関係が編成される。いまひとつ，階層構造と地域構造に縦横にからみあう人びとの集まりの位相，すなわち，組織や集団が織りなす集団ネットワーク構造がある。

　社会構造は社会全体に関わるマクロな概念である。それに対して，個人の社会構造への関わりの総体である生活構造はミクロとマクロの中間，すなわちメゾレベルの概念である。つまり生活構造論のアプローチをとることで，マクロな社会構造の成り立ちや動きを，生活構造のメゾスコープからみることができるのである。このメゾレベルの個人と社会構造との関係への着目こそが，ひらめきの目星となる。その目星を一般的な問いとして示せば，次のようになるだろう。

【生活構造論における理論構築の問い】生活構造において，マクロな社会構造は当該個人の態度や行動をどのように規定するのだろうか，そして逆に，ミクロな当該個人の選択的行動はどのようにして社会構造の安定や緊張を生むのだろうか。その規定プロセスを考えよう。

　具体的に社会構造のどういう位相が焦点になるかは，研究全体のリサーチクエスチョンによる。それに即して「どのように」の部分は，規定プロセスの内容を仮説的に考えることになる。社会構造の成り立ちや挙動については，さまざまな角度から理論化がなされてきている。規定プロセスを考えるときには，そうした既存の社会構造理論との関係づけが重要な手がかりとなる。そこでの仮説は個人行為と関係づけられるほどに具体性をもつので，抽象度の意味でも中範囲的なものになる。

　ミクロとマクロを媒介するメゾに焦点を当てることは中範囲理論の本来の要請ではないけれども，ミクロ・マクロ・リンクは疑いなく社会学の重要な理論課題である。したがって，この二重の意味での中範囲は，生活構造論の理論構築における強みといえるだろう。

考えてみよう❷

　「考えてみよう①」で読者が考えた社会的要因は，どのようなプロセスで個人の行動や意識に影響するだろうか。また，個人がその社会的要因の影響力を変える可能性はあるだろうか。あるとすれば，それはどのようなプロセスだろうか。

1.4　生活構造論の理論的特徴

　さらにいくつか留意したいことがある。先ほどの問いには，社会構造→生活構造の規定関係と，生活構造→社会構造の規定関係の双方向が述べられていた。第1の留意点は，この双方向の問いをぜひ同時的に考慮してほしい，ということである。

　「あなたの叔母」にもう一度登場してもらおう。彼女は実は第1子出産までは商社の正社員として働いていた。改めて話を聞くと，男性社員優先の昇進をめぐって理不尽な経験をし，それもあって2人目の出産時に辞職を決意したのだという。ここであなたは，彼女の選択を規定する女性抑圧的なジェンダーの作用に気づくだろう。ジェンダーは性にもとづく社会構造の整序化に関わる理論的視点であるし，しかも個人の経験事例からその規定プロセスをみようとしているのだから，中範囲理論の目星として悪くない。ただし，「あなたの叔母」はそのとき何もしなかったわけではない。彼女は家族の理解に支えられつつ，同僚や友人の助けを得て，会社に昇任人事の理不尽さを訴えた。辞職はその末の選択的行為である。その抵抗は社会構造のジェンダー秩序を変えるものではなかったとしても，何ほどか揺さぶりをかけたであろう。生活構造の中範囲スコープでは，このような個人と社会構造の双方向的な規定関係をローカルに可視化しやすい。

　ここにおいて生活構造論は，とりわけ個人の主体的な行為選択を重視する（三浦，1986）。これが第2の留意点である。ただしそれは，直接的に社会構造の変革を意図とした目的的行為だとは限らない。むしろその多くは，自分の周りの人たちとの間で，自分の生活のために道を切り開こうとする諸々の行為として表れる。社会構造はそれらの行為選択を制約するが，個人はそれに対してただ受動的に振る舞うわけではない。制約の中であえて難しい行為の道筋を選択したり，さらには制度的に閉ざされていた選択の扉をこじ開けようとしたりする。そしてそのために，さまざまな社会関係の中で，自分の行為選択を支え，一方でやめさせようとする人びとと相互行為を行う。社会構造側のリアクションはそれらの相互行為の中に織り込まれ，次の行為選択を条件づける。

　この説明からわかるように，生活構造の記述は個人の生活諸課題をめぐる連続的なものになる。つまり，個人と社会構造の双方向の規定関係をみることは，個人の主体的な選択に留意しながら，生活構造における相互行為とそれらを条件づける社会構造との関係を，ダイナミックにみていくことになる。この変動論的な視点が，第3の留意点である。

　最後に留意したいのは，個人の社会構造への関わり方は，自分の生活をどうしたいかによって違ってくるという点である。「あなたの叔母」は辞職に際して，人生で何が大事かについての考え方が変わったという。彼女はその後，ボランティア活動に新たな社会活動の場をみつけた。パートで仕事に復帰したのは，その時間がほしかったからだ。今の方がワークライフバランスはいいかも，と彼女は言う。生活構造論における個人の主体性の重視は，このような個人の生活主体としての生活目標や生活様式に関わる選好を押さえることも意味する（三浦，1987）。個人の生活目標や生活様式を規定する社会の側の構成要素は，文化構造として，社会構造と区別して概念化される。生活構造を描き出すときには，社会構造とともに，文化構造との関係を捉えていくことが肝要である。

調べてみよう ❶

　「考えてみよう②」で読者が考えた社会的要因と個人間の規定プロセスに関わる，社会構造や文化構造の社会学理論を調べてみよう。

2. 理論構築とデータ分析

2.1 卒論研究の行方

　さて，あなたは二重負担の切り口と，それに関わるジェンダーの働きまでたどり着いた。出発点の問題は，高学歴女性が性別役割分業に反対しながら二重負担を受け入れる，この一見矛盾する事態をどう説明するかであった。ジェンダーの抑圧的作用だけではこの矛盾は解けない。考えられるのは，社会構造ないし文化構造の，ジェンダーとは別の要因の影響である。そこであなたはひらめいた。家族社会学の講義で論じられた近代的恋愛がそれではないかと。

　近代化とともに個人主義が強くなり，結婚も個人同士が愛ゆえに結ばれるものだという考え方が強くなった。しかしながら，労働力の再生産を担うべき家族が，愛の移ろいやすさによって簡単に壊れるようでは困る。そこで，結婚に至ってこそ真の愛，浮気はまやかしの愛の証拠といった規範的な言説が発達し，それが恋愛と家族の結びつきを頑強にする（山田，1994）。かくして，よき夫婦であることを示すために，常に愛の表出が求められるようになる。近代的な性別役割分業の枠組みでは，夫はより多くの稼ぎを得，妻は家事や育児を上手にこなすことが，それぞれ愛を示す記号となる。この近代的言説を「愛（ロマンティック・ラブ）のイデオロギー」という（千田，2011）。ジェンダーと同様に，社会構造と文化構造にまたがる理論である。

　このひらめきを整理すると，次のようにいえるだろう。日本の現代家族は近代化の延長にあり，性別役割分業が織り込まれた形で愛のイデオロギーが作用しやすい。それがゆえに，性別役割分業規範とは別回路で，愛の記号表示として妻による家事や育児の引き受けが促される。そのために妻は働いても，そして性別役割分業に反対でも，真の愛を示すべく進んで家事を引き受けるのだ

と[2)]。この理論を軸に生活構造の再編過程を考察すれば，独自なワークライフバランスの提言を引き出せそうだ。ただし，そこで新たな理論的視点を出せるかは，愛のイデオロギー理論を生活構造論の観点からどう料理するかにかかっている。理論的なひらめきは直感でよくとも，こうして理論を詰めていくときにはデータとの往還が重要となる。

2. 2　理論とデータの往還

　社会学においてデータ収集の基本となるのは社会調査であり，大きく量的調査と質的調査に分けられる。量的調査は，無作為に（ランダムに）選ばれた相当数の標本から，母集団の平均的特性を統計的に描き出すのに適している。回答のコード化を事前に行って質問文と選択肢を準備しておき，それらを配列した調査票で被調査者全員に同じように回答してもらう。回答があらかじめコード化されているので，大量のデータを効率的にコンピュータ処理に適した行列書式に変換できる。ただし費用や労力がかかるので，調査を繰り返し行うことは容易ではない。

　一方の質的調査は，恣意的に（非ランダムに）選ばれた少数の標本の全体像や歴史を，解釈的に描き出すのに適している。調査者が対話しながら被調査者から語りを引き出すインタビューを用い，会話の流れに即して柔軟に質問を編成していく。調査者の熟練度や個性が影響しやすいので，事前に質問項目を準備する半構造化インタビューもよく用いられる。同じ被調査者から繰り返し話を聞いたり，新たに調査対象者を加えたりといったことがやりやすい。得られる文章データの内容や構成が対象者ごとに異なるので，回答のコード化は調査と並行しながら事後的に行われる。

　さて，私たちは生活構造論の理論的な問いを，個人と社会構造の双方向的な規定プロセスにおいたのだった。このプロセスの生活構造論的な理論化に際して，量的調査と質的調査のどちらが適しているのだろうか。結論からいえば，どちらでもよい。ただしそれぞれ一長一短あるので，その点をうまく補完しながら混合するのがよりよい方法である。以下にその際の留意点を整理する。

2. 2. 1　回答のコード化

　コード化は，量的調査においては回答に数値を割り当てる作業を指すことが多いが，ここでは質的調査に共通するもっと本質的な意味で，いくつかの語句や文章を同じ意味カテゴリーのもとにとりまとめることを指す。たとえばそれは，どの被調査者のどういう発話や行動を「愛の記号表示」としてひとまとめにするか，といったことである。この例が示すようにコード化はきわめて分析的な作業であり，理論構築の鍵となる概念が主要コードと対応づけられることで，理論とデータを往還する道がスムースに開かれる。この往還を持続的に行う上で，質的調査は有利である。被調査者の語りから事後的にコード化を行うので，新たな調査対象者や新たな語りを補完しながらコード化を進めやすい。[3)]一方，量的調査はコード化を事前に行うので，基本的に調査は理論の検証のためという位置づけになる。理論概念とコードとの対応関係はデータ分析を工夫することで吟味できるが，あくまで既存のデータの中での往還になる。

　以上を考えると，次のような量・質の混合が考えられる。理論概念とコードとの対応関係が定まっていないときは，質的調査による理論構築を先行して行い，それをふまえて量的調査によって理論の妥当性をより一般的に吟味する，そのような組み合わせ方がよいだろう。前半部分は，小規模な量的予備調査も有効である。一方，既存の理論の再検討を行うようなときは，量的調査によって理論概念とコードの対応関係のばらつきを探り出し，そのばらつきがもつ理論的含意を質的調査で掘り下げる，そのような組み合わせがよいだろう。

2. 2. 2　類型化と比較

　理論概念は，直接的にコードに対応づけるのではなく，類型軸に対応づけることもできる。いくつかの類型軸を組み合わせて類型化を行い，それにもとづいて類型コードを設定する概念分析である。たとえば，性別役割分業に対する賛―否と，愛こそすべて意識の強―弱を類型軸として交差させると，4つの類型コードを得る。この4類型にそれぞれ対応する事例をみつけて，二重負担がもつ意味がどう異なるかを比較分析するようなことである。こうした類型化による理論とデータの往還は，理論構築の基本的な手法である。

　類型化にもとづく比較分析は，量的調査の場合はデータ分析の中で行われる。類型カテゴリー間で，ある要因に関わる回答比率や平均値の違いを吟味するような分析である。類型軸上の差異を規定する要因を，多変量解析で析出するような分析もできる。狙い目は，類型による回答パターンの違いから，個人と社会構造の相互規定プロセスを可視化することである。

　質的調査の場合は，類型化は事例の選定により深く関わる。質的調査の標本抽出は恣意的だが，あらかじめ理論的な類型枠組みがあれば，類型コードに該当する事例を探していく形で系統的にサンプリングを行うことができる。調査を進める途中で類型化を引き出し，補完調査の指針にするのもよい。新たな事例が加わることで，類型の妥当性が確認されたり，逆に類型軸の修正の必要がでてきたりするだろう。そうして事例選定を介して理論とデータの往還が進む。その際の事例比較の狙い目はやはり，個人と社会構造の相互規定プロセスの可視化である。

　事例の代表性の問題は，実は量的調査の母集団の選定でも同じことである。量的調査では無作為標本抽出によって統計的に厳密に母集団の特性を推測できるが，そもそもの母集団の選定は恣意的である。なぜ日本人成人を母集団（事例）に選定するのかは，なぜ「あなたの叔母」を事例に選定するのかと同様に，類型比較の視座から説明されることが望ましい。

2. 2. 3　反証性

　どんな調査法を採用するにせよ，反証の精神を大事にしたい（三隅，2005）。つねに理論が誤っているのではないかという懐疑の姿勢で，理論とデータの往還を行うのである。量的調査の場合は，作業仮説のレベルでは統計的検定によって確率的に仮説の誤りの可能性を吟味できる。ただしこれは，標本から母集団の特性を推定する際の誤りの話なので，理論の誤りとは厳密には異なる。理論概念のコード化がうまくいっていなければ，作業仮説は理論と乖離したまま検定に付されることになる。反証の精神はしたがって，回答のコード化の段階から一貫してもたなければならない。

　質的調査で解釈的分析を行う場合は，統計的な意味で反証性を考慮すること

はできない。ここで大事なのは，ある解釈を行うときに，つねにオルタナティブな解釈の可能性を考慮することである。両者の比較検討を行い，なおかつそれを示すことで，第三者からみても反省的に解釈の妥当性を考えやすくなる。

　コンピュータの文章・画像処理能力の飛躍的な発達により，コンピュータ支援による質的データの解釈分析や量的データへの変換は容易になった。テキストの定量分析法として古くから発達してきた内容分析は，テキストマイニングとしてパワーアップしている（樋口，2014）。質的比較分析法（QCA）のような新たな手法も定着した（田村，2015）。こうした手法を活用すれば，データ分析における量（統計分析）と質（解釈分析）の混合も可能である。

調べてみよう❷

　ジョン・スチュアート・ミルが提唱した一致法と差異法を調べよう。その上で，愛のイデオロギーが二重負担を規定するプロセスや，それに対する女性たちの生活の中での葛藤を考察するために，どういう事例比較が有効かを考えよう。

3.　社会構造理論アラカルト

　最後に，個人と社会構造の相互規定プロセスに関わる社会構造の理論をいくつか紹介する。これまで例解に用いた愛のイデオロギー理論と同様，「ひらめき」の一助としていただきたい。

3.1　役割理論

　生活構造を考えるとき役割概念は重要である。社会構造における個人の位置は，社会構造の位相に照らした地位によって表示される。年齢による地位，職業による階層地位，組織における役職地位，家族における婚姻上の地位，等々。ある地位を占めると，それが誰であっても占有者には一定の行動をとることが期待される。母親は母親らしく，先生は先生らしく，といった具合に。この期待は社会的であり，それに背くと非難や処罰の対象となる。このように

地位に付随する社会的な行動期待を，役割という。すでに論じた性別役割分業は，性による地位にもとづいて，外向きの役割を男に，内向きの役割を女に割り当てる社会規範である。

　社会構造における地位と役割の規範的構成は，個人の生活構造にも相似的に映し出される。その意味で役割理論は，生活構造からアプローチしやすい社会構造の理論である。生活構造アプローチの最大の利点は，個人を取り巻くローカルな視野から役割のダイナミズムに迫れることである。辞職をめぐる「あなたの叔母」を例として論じたように，二重労働の状態にある妻たちは，それをめぐる生活再編の中でよりバランスのとれた役割関係を作ろうとさまざまな働きかけをしているだろう。そこに，個人と社会構造・文化構造の双方向的な規定プロセスが具体的な姿を現すに違いない。

　役割セット理論（Merton, 1957）は，こうした社会構造の緊張が，日常的な役割遂行をめぐって起こることを示唆している。一般に個人は複数の地位を占める。とくに現代社会では人びとは多様な集団参加を行うので，同時に矛盾する行動期待に曝される状況が生じやすい。このとき，役割葛藤が起こる。残業と子どもの世話の板挟み（職業人と母親の役割葛藤）がよい例である。役割葛藤が頻繁に起こると，社会構造に緊張が蓄積して，地位＝役割構成やそれに関わる文化構造を変動させる契機となる。

3. 2　社会移動と準拠集団の理論

　生活構造の再編は，社会移動をともなうことが多い。社会移動は，階層構造の中の垂直移動（職業地位の変更等）と地域構造の中の水平移動（居住地の変更等）に大別される。とくに生活構造論では移動効果としての社会関係の再編やその結果が重視される。地域移動をともなう社会移動では家族や友人等の一次的関係が分断され，移動者は移動先で孤立しやすい。けれども，移動先の文化や生活様式を先取りして学習したり，補完的に二次的関係を構築したりして，移動先の社会にスムースに適応するケースもある。こうした移動者の適応／不適応は，社会構造が移動に関してどれほど開放的かによって規定される。地域構造

の開放性については，土着／流動の枠組みでそれを捉えつつ，土着層と流動層
の社会関係を軸にコミュニティの現状分析の理論枠組みを整えた鈴木広ら
(1978) の研究がある。

　都市的生活様式（アーバニズム）も，都市社会構造の特性と都市生活者の適応
問題を媒介する理論である。なかでも下位文化論 (Fischer, 1975) は，都市が異
質な人口を受け入れて新たな文化を生み出す側面に着目しており，主体性を重
視する生活構造論と折り合いがよい。

　階層構造の開放性は，とくに親世代と子世代の職業階層を比較する形で，出
身階層から移動する自由度として論じられてきた。そこでは機会の平等が理論
枠組みとされ，とりわけ教育の媒介的役割が着目された。わが国では社会階層
と社会移動（SSM）プロジェクトが 20 世紀後半から 10 年ごとに全国調査を実
施しており，開放性に限らず，階層構造の長期変動をみることができる。

　集団ネットワーク構造の位相では，準拠集団理論がこの問題に関わる
(Merton, 1957)。準拠集団は，個人が帰属感を得たり，比較基準にしたりする選
択的集団をいう。移動先で同郷者のコミュニティに住み込むのは，故郷の準拠
集団とのつながりを保持しながら徐々に都市生活に適応していく手立てであ
る。前述した移動先文化の先取り学習は，未所属の集団を準拠集団とし，その
所属を移動目的とするときに起こる。こうした準拠集団の選択を含めて，移動
の決断は生活目標や生活様式に深く関わるので，文化構造も視野に入れておく
必要がある。

3. 3　社会ネットワークと社会関係資本の理論

　現代社会では，地位＝役割では捉えにくいインフォーマルな社会関係が，生
活構造はもとより，社会構造においても重要な位置を占めている。このような
インフォーマルな社会関係は，信頼や規範の働きによって，情報や社会的資源
の流通回路になるような社会ネットワークを形づくる。この社会構造のネット
ワークメカニズムを社会関係資本という（三隅，2013）。

　生活条件を整えるために人びとは，制度的な手段だけでなく，インフォーマ

ルな社会関係に頼ることも多い。それが必要な情報や社会的資源を運んでくれ
るか否かは，社会構造の社会ネットワーク状況に規定される。人びとの間の信
頼が低い社会では社会ネットワークは分断的になり，遠い関係から稀少な情報
や社会的資源が得られる可能性は低くなる。一方，社会ネットワークの連結点
にいる人とコンタクトがとれれば，一気に多方面から支援を得られるかもしれ
ない。社会全体のネットワークを描き出すことはできないので，こうしたロー
カルなネットワークの挙動を生活構造から実証的に捉えていく意義は大きい。

　時間の流れに即していえば，社会ネットワークは概して潜在的で，それがあ
る時ある局面で活性化するような動態がある。その際，必ずしもそのために構
築したのではない人的関係が，ずっと後で貴重な手助けとなることもある。ど
ういった縁が関係持続を担保しやすいかも，社会構造の特性に関わる興味深い
問いである。生活構造論では生活史を通して，そうした長期的なネットワーク
動態の具体像を捉えることができる。

注
1) 就労女性の家事・育児・介護との二重負担は，生活時間調査や，家事・育児・
　介護への参加程度を聞いた調査データが手がかりとなる。実際には夫・妻の学歴
　や職業によって違いがある。岩井・稲葉（2000），渡辺ほか（2004），国立社会保
　障・人口問題研究所（2007）等を参照。
2) この論点を吟味した先駆的な実証研究として大和（1995）を参照のこと。
3) 質的研究におけるコード化の実践的な手引きとして佐藤（2008）をみよ。

✑ 引用・参考文献

Fischer, C. S. (1975) "Toward a Subcultural Theory of Urbanism," *American
　Journal of Sociology*, 80: 1319-1341.（広田康生訳「アーバニズムの下位文化理論
　に向かって」森岡清志編『都市空間と都市コミュニティ』日本評論社，2012 年，
　127-164）
樋口耕一『社会調査のための計量テキスト分析―内容分析の継承と発展を目指し
　て』ナカニシヤ出版，2014 年
岩井紀子・稲葉昭英「家事に参加する夫，しない夫」盛山和夫編『日本の階層シス
　テム 4 　ジェンダー・市場・家族』東京大学出版会，2000 年
国立社会保障・人口問題研究所『現代日本の家族変動―第 3 回全国家庭動向調査』
　厚生統計協会，2007 年
倉沢進『日本の都市社会』福村出版，1968 年
Merton, R. K. (1967) "On Sociological Theory of the Middle Range," Merton, R. K.

On Theoretical Sociology: Five Essays, Old and New, Free Press. (森東吾「中範囲の社会学理論」森東吾・森好夫・金沢実訳『社会理論と機能分析』青木書店, 1969 年)

—— (1957) *Social Theory and Social Structure: Toward the Codification of Theory and Research (revised ver.)*, Free Press. (森東吾・森好夫・金沢実・中島竜太郎訳『社会理論と社会構造』みすず書房, 1961 年)

三隅一人『社会関係資本 理論統合の挑戦』ミネルヴァ書房, 2013 年

——「事例／計量調査と社会学理論—反証主義的な二次分析の精神をめぐって」『西日本社会学会年報』3, 2005 年, 29-41

三浦典子「概説 日本の社会学 生活構造」三浦典子・森岡清志・佐々木衛編『リーディングス日本の社会学 5 生活構造』東京大学出版会, 1986 年

——「生活構造アプローチ」鈴木広編著『現代社会を解読する』ミネルヴァ書房, 1987 年, 82-96

Parsons, T. and N. J. Smelser (1956) *Economy and Society: A Study in the Integration of Economic and Social Theory*, Routledge and Free Press. (富永健一訳『経済と社会 I・II』岩波現代叢書, 1958 年)

佐藤郁哉『質的データ分析法—原理・方法・実践』新曜社, 2008 年

千田有紀『日本型近代家族—どこから来てどこへ行くのか』勁草書房, 2011 年

鈴木広編『コミュニティ・モラールと社会移動の研究』アカデミア出版会, 1978 年

田村正紀『経営事例の質的比較分析—スモールデータで因果を探る』白桃書房, 2015 年

山田昌弘『近代家族のゆくえ—家族と愛情のパラドックス』新曜社, 1994 年

大和礼子「性別役割分業の二つの次元—『性による役割振り分け』と『愛による再生産役割』」『ソシオロジ』40 (1), 1995 年, 109-126

渡辺秀樹・稲葉昭英・嶋﨑尚子編『現代家族の構造と変容—全国家族調査 [NFRJ98] による計量分析』東京大学出版会, 2004 年

📖 文献案内

ロバート・K・マートン著『社会理論と社会構造』みすず書房, 1961 年
本章で生活構造論の理論構築枠組みとした中範囲理論, そこにおける社会調査と理論の関係が第一部で論じられている。第二部には, 本章で言及した準拠集団, 役割セット, 予言の自己成就をはじめ, 興味深い理論的「ひらめき」と, データや観察との往還が例解されている。直接的に生活構造の理論ではないけれども, ぜひ, じっくり学んでほしい。

轟亮・杉野勇・平沢和司『入門・社会調査法—2 ステップで基礎から学ぶ（第 4 版）』法律文化社, 2021 年
計量調査の方法を学びたい読者に推薦する一冊。類書は数多くあるが, 調査のアイデア段階からデータ分析までのプロセスが, それぞれのステージで必要な基礎知識と発展的な論点の 2 ステップで手際よく解説されている。とくにインターネット調査の方法と, 調査倫理の問題がていねいに論じられている点がよい。

佐藤郁哉『質的データ分析法―原理・方法・実践』新曜社，2008 年
質的調査データの分析法に焦点をおいた一冊。コーディングによる概念構築や類型
的一般化を行おうとする際に参考になる。QDA（質的データ分析）ソフトウェア
を使用するメリットを，その前提となる思考法の確認とともに学べる。同著者の質
的調査法に焦点をおいた『フィールドワーク増訂版―書を持って街へ出よう』（新
曜社，2006）とあわせて参考にするとよい。

第 3 章

生活構造の研究法

—— 生活史法を軸に ——

この章のポイント

　本章では生活構造論の展開を試みる。具体的には，「今・ここ」（の1点）にある個人の生活構造を時間軸に沿って引き伸ばしてみる。いわば点から線への展開である。引き伸ばす長さは個人の一生にとどまらない。もっと長く，世代を越えた延伸も可能である。時間を遡って引き伸ばされた生活構造を「生活史」という。本章では，生活史を用いて生活構造の変動過程を分析する方法（生活史法）を概説する。あわせて，生活史研究の実例も紙幅の許す範囲で紹介しよう。最後に，生活史調査の倫理問題にも読者の注意を向けたい。

🔑 キーワード

生活構造変動分析，生活史，ライフコース，混合研究法

1.　生活史

　ここでは「生活史」(life history) を「個人の一生の，あるいは過去から現在までの生活の記録」と定義する。具体的には，口述史 (oral history)，自伝，伝記，日記，自分史などがある。このうち今日の社会学研究では口述史が多く用いられている。これは，調査者のインタビューに答える対話形式で調査対象者が語る生活史である。

　ちなみに，生活史法を社会学界に最初に導入したのは 20 世紀初頭の米国の社会学者，トマスとズナニエツキ (Thomas, W. I. & Znaniecki, F.) である。彼らが共著『ヨーロッパとアメリカにおけるポーランド農民』で用いた主要な生活史は，ウラデックというポーランド移民が書いた長い自伝であった。他に手紙，新聞資料，裁判記録なども用いているが，口述史は使っていない。生活史研究における口述史の活用を容易にした背景に，録音機器の発達と，ワープロに始まるコンピュータの技術革新があった。

　「生活の記録」には生活史の他に，手記，綴り方，手紙，文学作品，写真，映像記録など，人生のある時期の出来事について語ったり，生活のひとコマを描いたりした記録も含まれる。これらの包括的用語として「生活記録」(documents of life)，「個人的記録」(personal documents)，「人間的記録」(human documents) などがあり，いずれも同義である。個人の所持品も，生活に関する記録性を帯びているという意味で生活記録とみなすことができる。

　では，生活史を他の生活記録から分ける特色は何か。それは「時間的パースペクティブ」である。過去の生活は現在の生活との関連でその意味を表し，過去から現在にいたる生活の累積の上に未来の生活が築かれる。このような「時間的パースペクティブ」のもとで個人の生活を把握しようとするのが生活記録における生活史の独自の視点であり，この視点によって，生活史は社会科学や人間科学（心理学など）のさまざまな分野で活用が可能となっている。家族社会学のライフコース論はその典型である。「時間的パースペクティブ」については次節で，生活史とライフコース論の関係については第 3 節で，やや詳しく解

説する。

　ところで，生活史は多面的である。記録（ヒストリー）の他に，語り（ストーリー）という側面がある。後者は，〈いま－ここ〉で出来事や考えを語る，行為としての生活史である。生活史のこの側面を捉えて「ライフストーリー」という用語が用いられることがある。「一人の人によって生きられたヒスト・リ・ー・」と「研究者の依頼で，個人の歴史のある時期に語られるスト・ー・リ・ー・」──フランスの社会学者，ベルトー（Bertaux, D., 1997＝2003: 31）は，両者をこのように区別している。

　生活史を「記録」とみるのは，分析に使う資料の収集に関心があるからである。一方，これを「語り」とみるのは，調査者と調査対象者が対面して出来事や考えを語りあう相互行為そのものに関心があるからである。この場合，インタビューを2人の主体が〈いま－ここ〉で出会い，ストーリーを構築する文化的営為の場と考える。そして，語る内容もさることながら，調査対象者が，他ならぬその調査者にそれを語って聞かせる理由や，伝えたいと思っているメタメッセージに強い関心をもつ（桜井ほか編，2005：39-45）。いいかえれば，調査者と調査対象者の関係性に目が向けられている。ということは，調査者が変われば，同じ調査対象者の口から別の語りが出てくる可能性がある。

　次のような事態を想定してみよう。人類学者が，ある部族社会で性に関する習俗や体験を調査する時に，その人類学者が調査対象者と同性の場合と異性の場合とでは聞き取る内容や深さは異ならないだろうか。また，ある少数民族のメンバーが，差別問題に関心がある調査者との対話で構築するストーリーと，民族宗教に関心がある調査者との対話で構築するストーリーとは同じだろうか。調査者が変わることによって別のストーリーが構築される可能性がある。こうした生活史の2側面の関係をどう考えたらよいか──ストーリーはフィクションか，ヒストリーではないのか？──という認識論上の問題がある。これについては（谷編，2008：14-18）で詳しく学習されたい。

　もうひとつ，歴史学，民俗学などの分野でも「生活史」の概念が用いられる。この場合は，ある地域や社会層の人びとが生活のなかで古くから用いてき

た衣食住，用具，無形文化などの歴史という，「地域史」や「社会史」と同義
で使われる。また，民俗学には「民俗誌」に対する「生活誌」という概念があ
る。祭りや民具などの民俗事象を個々に採集，整理した記録である民俗誌に対
して，その民俗事象が人びとの生活や社会のなかで担う意義や影響の記録を生
活誌という。その代表例に，宮本常一の名著『忘れられた日本人』(1984) があ
る。この本には村の生活誌と個人の生活誌の両方が描かれている。したがっ
て，民俗学のパースペクティブでは，個人の記録である生活史は生活誌の一形
態ということになる。

調べてみよう ❶

　この節では「個人の所持品」も生活記録と見なせるとした。そこで，あなたの身
近なお年寄り（祖父母や近所の方など）が，幼いころから今もずっと大切に持ってい
るもの―たとえば，お人形，調度品，本，文房具，楽器などなど―がもしもあった
ら，それにまつわる思い出話をうかがってみなさい。「どうして手放さずに持って
いるのですか？」と。

2.　生活構造変動分析としての生活史研究

　本章では，生活史を「生活構造変動過程」とみる研究法を紹介する。これま
での章で学んだように，生活構造の議論にはいくつかの系譜がある。そのう
ち，鈴木広の「個人（生活主体としての）を準拠点としてみた，社会構造と文化
体系とへの，接触の様式」(鈴木, 1969 : 252) という定義を踏まえて，生活史法
の分析枠組みを構築する。すなわち「生活主体が家族・親族，地域社会および
階層構造に接触する場面での社会関係・集団参与と，主体の生活様式・生活理
念との，形成，維持，発展，成熟，解体，再編等の持続・変容過程の過去から
現在までの記述，という形式で遂行される研究法」―これを私は「生活構造変
動分析としての生活史研究」と呼んでいる (谷, 1989 : 42-43)。

　生活史法が生活構造変動分析に適しているとする根拠は，生活史法がもつ 3
つの特性にある (Plummer, 1983＝1991: 101-105)。

① 生活史法は，時間的パースペクティブを内蔵しているので，対象を過程として把握することが可能である。

② 生活史法は，全体関連的な対象把握を志向する。

③ 生活史法は，主観的現実に深く入りこみ，内面からの意味把握が可能である。

一言でいえば，「濃い記述」（thick description）が可能だということだが（Denzin, 1989＝1992），もう少し詳しく説明しよう。まず，①の時間的パースペクティブが，生活構造変動分析に必要不可欠な前提条件であることはいうまでもない。また，生活構造が多岐にわたる「地位―役割」の大量の組み合わせで形成されていることが，②の全体関連的把握を必要としている。そして，生活構造が理念や価値や主観的意味の次元も含みこんだ深層構造をなしていることが，③の意味把握のアプローチを必要とする。

ここで注意しなければならないことは，これら①～③の特性は社会調査法の質的と量的とを問わず，どの方法にも大なり小なり含まれているということである。生活史法に固有の特性ではない。たとえば，第1節で「時間的パースペクティブ」が他の生活記録から生活史を分ける特色であることを指摘したが，量的調査（アンケート調査）でも，職業の経路分析など，時間的パースペクティブによる対象把握はなされている。

そうではあっても，やはりこれら3つが生活史法の強い持ち味であることは確かであり，とりわけ時間的パースペクティブについて，そのことがいえる。したがって，当然ながらこのことへの論及はずいぶん早くからあった。

1930年代，ブルーマー（Blumer, H.）は生活史を「個人のキャリア（経歴）をその発達過程においてとらえることができる記録」と定義した。「パーソナリティは進化する組織なので，発達の観点から記述されなくてはならない。しかるにそれを人生のある時点の『断面図』で判断すると，そこに誤認が生ずる。個人のパーソナリティを理解するためにはその形成過程をフォローしなくてはならない」―じつはこれは，トマスとズナニエツキが先の共著のなかで述べたことの繰り返しである。ブルーマーは，トマスたちが利用したウラデックの自伝が生活史データとして不適切だったために，彼らは時間的パースペクティブ

を生かしきっていない，自らの方法論を実践していないと批判したのだった（Blumer, 1939: 41-45）。

たしかに「発達過程」のフォローは容易ではない。しかし，その重要性は当時も広く認識されていた。生活史法の科学性を評価するための基準作りを試みたダラード（Dollard, J.）も，そのひとつに「幼年期から成人期にいたる発達過程の特徴であるところの，諸経験の継時的な関連性が強調されていること」を挙げている（Dollard, 1935: 8）。

さらに，人類学者のプラース（Plath, D.）による生活史法の活用の仕方も注目に値する。彼は，「第一次集団」や「重要な他者」などの概念は「すべて，中核的な人間関係における緊密な結合と相互浸透という要素を強調しており，私たち自身のアイデンティティの諸部分が，さまざまな形で他者たちの人生のなかに文字通り織りこまれていることを強調している。しかし反面，これらの概念には，持続と累積の要素—つまり，この種の緊密な人間関係の発展に必要な時間の奥行きという問題—から私たちの注意を巧みにそらしてしまうという難点がある」（傍点筆者，以下同）。そこで「人間の成熟にとって必要な長期にわたる相互的なかかわりに注意を促すために」は生活史法がふさわしいと述べている（Plath, 1980＝1985: 330）。

「時間の奥行き」と「時間的パースペクティブ」は同義である。現在の生活主体の社会関係と生活様式を過去のそれとの関連で理解し，未来の可能な選択肢を過去から現在にいたる時間的パースペクティブを通して構想するために，生活史を活用しよう。

調べてみよう ❷

小学1年生，小学6年生，中学3年生，高校3年生，そして現在—それぞれの時点における，あなたの所属集団の数をかぞえ上げてみなさい。（例）家族・学校の他—習いごとのひとつひとつ，趣味のグループ，地域のスポーツチーム，アルバイトの職場，部活，地域の青年団，いとこ会，宗教団体などなど。これによって「生活構造変動過程」なるものが，ある程度は実感できるだろう。

3. 生活史法とライフコース論

　今日，生活史法を有効利用している数少ない分野に家族社会学がある。家族社会学は生活史をライフコース論の一データとして位置づけることによって，これを体系的に活用している（図3-1参照，後述）。とはいえ，生活史法の用途は家族社会学に限らず，社会学の広い分野に開かれている。本節ではこのことを強調する。以下ではライフコース論の視点と，そこでの生活史の位置づけを考察して，ライフコース論が実質的に生活構造変動分析と同じであることを明らかにする。ちなみに，日本の家族社会学がライフコース論を米国から導入したのは1980年代であり，都市社会学者，鈴木広が自らの生活構造論を生み出したのは1960年代であった。

　まず，視点の共通性である。「ライフコース」とは，「年齢別に分化した役割と出来事を経つつ個人がたどる生涯の道」と定義されている（『新社会学辞典』有斐閣）。個人は出生とともに家族のなかで子どもとしての，きょうだいとしての，孫としての役割を取得・遂行する。長じて学校に入学すれば，生徒や学生としての，友人としての役割を取得・遂行し，卒業して就職すれば職業役割を，結婚すれば配偶者としての，子どもが誕生すれば親としての……という過程が生涯続く。定義中の「出来事」とは，傍点を付した出生，入学，卒業……などのことである。無論，「出来事」は生涯にわたって無数にあり，そのどれを切り出すかは研究者の視点による。

　これによって，ライフコース論が前節で紹介した「生活構造変動分析」と同じ視点に立つことが理解されよう。繰り返せば，生活構造変動分析とは「生活主体が家族・親族，地域社会および階層構造に接触する場面での社会関係・集団参与……の，形成，維持，発展，成熟，解体，再編等の持続・変容過程の過去から現在までの記述，という形式で遂行される研究法」であった。こちらには「役割」という概念が明示されていないが，これが生活構造論のキーワードであることは，前章までの学習で了解済みであろう。敷衍すれば，個人は社会・集団と「地位－役割」を介してつながっているから，「社会関係・集団参

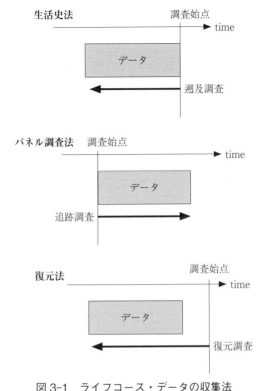

図 3-1　ライフコース・データの収集法

出所）嶋﨑（2008：67）。本章の文脈にあわせて用語の一部を変更，追加

与」の概念のなかに「役割」は埋め込まれている。一方，生活構造変動分析の
定義には明示的で，ライフコース論のそれには隠れている要素が「主体の生活
様式・生活理念」である。これが，鈴木広の生活構造論のユニークな部分であ
ることは強調されてよい。とはいえ，ライフコース論でも生活構造の主体的側
面は重視されている（嶋﨑，2008：60-62）。

　このように，個人の人生の軌跡を家族の軌跡や社会の歴史との関わりで考察
する視点において，ライフコース論と生活構造変動分析は共通している。要
は，「ライフコース」とは「生活構造変動過程」のことなのである。

　次に，ライフコース論における生活史の位置づけである。それは，データ収
集法のひとつということである。以下，嶋﨑尚子（2008：66-67）の挙げる例を

使わせていただいて説明しよう。新規学卒就職者の離職率が高いという近年の問題状況を受けて，どういう人が初職を継続し，どういう人が辞めるのかを観察する場合，主に3つの方法があるという。第1は，調査対象者の30歳時点で，大卒以後のキャリアを回顧してもらい，履歴データを作成する方法で，これが「生活史法」である。時間を遡及して調査する。第2に，大学卒業時点から同じ人に定期的に調査を繰り返すことでキャリアを追跡する「パネル調査法」がある。第3に，すでに記録された履歴書や企業の従業員ファイルなどから，個人のキャリアを復元する「復元法」である。以上の3つを調査者と調査対象の時間的な位置関係で整理すると，図3-1のようになる。実際の調査では状況に応じて，いずれかひとつか，複数の方法を組み合わせて使用する。

　以上の説明から，生活史法もライフコース論も，家族社会学のみならず，どの社会学分野でも使用可能な調査法であることがわかるだろう。

考えてみよう ❶

　新規学卒者の離職率の高さは，学卒後，離職せずに定年まで勤める人がいる一方，すぐに離職して別の人生コースを歩む人も大量にいるという，若者のライフコースの多様性を示唆している。他にも現代社会のライフコースの多様性をうかがわせる事象はないか，思いつくものをいろいろあげてみなさい。

---

4. 社会移動の研究——生活史研究の実例 ①

4. 1　はじめに問題あり

　道具は用途に応じて使いわける。刺身を切るのに出刃包丁は使わない。社会学も同様で，解明しようとする問題に合わせて調査法を選択する。「はじめに問題あり」である。では，生活史法はどんな問題にふさわしいだろうか。少なくとも3つの条件が必要である。

① 　調査対象のライフコースを辿る―生まれてから現在までの生活構造の変化を辿る必要がある場合，時間的パースペクティブを内蔵している生活史法が

有効である。たとえば社会移動の研究など。

②　調査対象である人と社会の，文化や生活様式や生活理念を深く知る必要が
あるとき。とくに調査者と調査対象者の間で生活様式等が大きく異なる場
合，たとえば，民族集団や宗教集団などを調査対象とする場合である。これ
を「異文化理解」という。

③　問題の答えがまだわかっていない段階での調査。社会調査には，すでに仮
説があって，それを検証するための調査と，仮説を見つけるところから始め
る調査とがある。それぞれ仮説検証型と仮説索出型という。論理的にはどの
調査法でも両方の型の調査が可能だが，どちらかといえば生活史法などの質
的調査は後者を得意とする。ちなみに，質的調査で仮説を索出し，量的調査
でそれを検証するコンビネーションを「混合研究法」(Mixed Methods Research:
MMR) という。

本節と次節では紙幅の都合もあって，生活史調査の全過程から「問題にマッ
チした調査法の選択」という局面を切り出して生活史研究の実例を紹介する。

4. 2　沖縄のＵターン

沖縄県は 1972 年に本土に復帰して以来最近までの約半世紀間，とても高い
失業率を記録してきた。本土の 2 倍，ときに 3 倍もの高さであった。近年はこ
れが劇的に改善されているが，非正規雇用率や新規学卒者の無業率は依然とし
て高く，県民所得は 47 都道府県中ワーストワンである。しかるに，那覇都市
圏への人口集中率が県人口の約 7 割を占めている（谷ほか編，2014：4）。このよ
うな高い失業率と高い人口集中率の同時併進を「過剰都市化」(over-
urbanization) という。有り体に言えば，仕事もないのに人が集まるという一見
非合理な現象が長い間続いてきた。どうしてこのようなことが起きるのか？

那覇都市圏への人口集中にはいくつかルートがあって，そのひとつが一度本
土へ進学，就職で出た後のＵターンである。これは一見奇妙な現象である。
東京や大阪で正規雇用で働いている人でも，ある日突然会社を辞めて戻ってく
る。戻ってきてもたいした仕事はないとわかっていて戻ってくる。かくして

1975 年の人口統計では 1 年間に沖縄県民の 1 万 8 千人が県外へ他出し，同数の 1 万 8 千人が U ターンしていた（谷，1989：25）。これではただでさえ窮屈な沖縄の労働市場になかなかゆとりは生まれない。この年の失業率は，全国平均 1.9％に対して沖縄県は 5.3％であった（同上：8）。

この現象—なぜ U ターンするのか？—を説明するためには，次のような問題構成を取る必要がある。U ターンそのものの理由や事情を深く理解するためには，そもそも「本土へ行く前に何をしていて，なぜ本土へ行ったのか？」を知る必要があるし，「行った先でどういう生活をしていたのか，それが U ターンとどういう関係があるのか？」も知る必要があれば，その人の人生上の U ターンの意味を知るためには「帰県後の生活」についても知る必要がある。このような U ターンの捉え方—社会移動論—が，数ある社会調査法のなかからライフコース論＝生活史法を選ばせるのである。

加えて，沖縄の独特の歴史と風土を考慮した場合，内地（本土）の先入観で現地の人をみてしまうことは慎まなければならない。まずは沖縄の人びとの文化，価値観，ものの考え方を理解する必要がある。「異文化理解」である。しかし，調査者が調査を始めるまで，沖縄の人のことをまったく知らなかったとしたらどうしよう？—まずは彼らの話にじっくり耳を傾けることから始めなくてはならない。

さらにもうひとつ，沖縄の U ターンに関して，しっかりしたデータに基づく言説が未だ存在しなかったとしたら，どうするか？—自分の足を使って調べなくてはならない。

以上の事情から割り出される調査法のひとつが，生活史法である。① 出生から現在までの社会移動の個人史，② 長時間対話することによって可能となる「異文化理解」，③ そうして集められた実証的データに基づく仮説の索出—生活史調査の 3 条件が，このテーマにはそろっている。

なお，生活史を聞く相手が 1 人や 2 人ではまったく不十分である。沖縄の本土他出と U ターンは，ライフコース論の用語を使えば「年齢効果」（嶋﨑，2008：49）である。いつの時代でも「10 代後半〜20 代」の出来事であったこと

が人口統計からわかっている。それで，この年齢層を「移動世代」（mobile generations）という。移動世代は何も沖縄に限ったものではないが，それはともかく，沖縄近現代史を背景に，戦前戦中期の移動世代，高度成長期の移動世代，本土復帰後の移動世代―これら3世代のUターン経験を比較する。その際，［3世代］に性別［男・女］と学歴［中卒・高卒以上］を組み合わせて，［3×2×2＝12通り］の人間類型を構成し，各類型からまんべんなく生活史を聞き取る努力をする。結局，私は31人のUターン経験者から生活史を聞き取った（谷，1989）。

　ここでの説明はこれまでである―「ウナギを焼く匂いだけ嗅がせておいて食べさせないのか！」と叱られそうだが，これに続く〈データの収集→整理→分析→仮説の索出〉については，上の拙著でご賞味（？）いただきたい。さらに，Uターン生活史から索出した仮説をアンケート調査で検証した研究に『持続と変容の沖縄社会』（谷ほか編，2014）がある。「混合研究法」（MMR）の一例として，あわせて参照されたい。

調べてみよう ❸

　MMRはさまざまな社会調査法の組み合わせの総称であって，目的も「仮説の索出→検証」に限定されない。他にどんな組み合わせや目的があるか，中村（2007）などを参照して調べてみなさい。

5.　世代を越えて――生活史研究の実例 ②

　個人の生活史を「世代内生活史」というならば，親から子，子から孫へと続く生活史は「世代間生活史」である。ライフコースの研究では世代内生活史だけでなく，世代間生活史も扱うことができる。これによって，いっそう長いタイムスパンで研究テーマを追うことができるし，より深い異文化理解に達することもできる。この点は後で詳説するが，そういうメリットがあるにもかかわらず，世代を越えた生活史を用いたライフコースの研究はきわめて少ない。

「世代間生活史」は私の造語である。

　本節で考えてみたい研究テーマは「民族関係」である。次のような問いを立ててみる。「異なる民族同士が，(1)現状においていかなる関係を結んでいるのか，いないのか。(2)将来においていかなる関係を結ぶことができるのか，できないのか，そして，(3)いかなる関係を結ぶことが望ましいのか，望ましくないのか？」——民族関係に関する現状分析と将来予測と望ましさの探究である。

　社会学の祖，コント（Comte, A.）は，「予見するために見る」という社会学研究の指針を示した。上の(1)と(2)はこれに照応している。現状分析に基づく理論構築をもって，将来を予見する。また，彼は市民革命で荒廃した19世紀初頭のフランスを望ましい社会に再組織するために社会学を創始した。望ましい社会の探究は社会学の重要なミッションなのである。上の(3)は，この問題意識に照応している。

　このような民族関係論にふさわしい調査法として「世代間生活史法」がある。これは，タテに祖父母・親・子・孫と，おじ・おば－甥・姪関係，ヨコに夫婦・きょうだい・いとこ関係—これら血縁関係のなかに個人の生活史を位置づけることによって，きわめて長いタイムスパンで民族関係と文化継承の変動過程を追求する方法である。これにより，一方で，世代間の比較を通して，家族・親族，職業，地域，学校，友人などとの接触パターンの持続・変容過程がつきとめられる。他方，肉親と婚姻の絆を通して，親から子へ，子から孫へ，おじ・おばから甥・姪へ，祖父母から孫への生活様式・生活理念・価値意識の継承・獲得・持続・変容過程が追求できる。この世代間生活史調査を関西に住む在日朝鮮人の4家族×4世代（親〜ひ孫），57人を対象に実施した。このときは共同調査である（谷編，2002）。

　家族を調査のユニットとするのには，そうせざるをえない理由がある。在日の人たちにとって家族とは近代的な小核家族ではなく，親族まで広がる大家族であり，これが，近現代の日本で彼らが生き抜くために必要不可欠な帰属集団として機能した。そうなったのには2つの必然性があって，①そもそも彼ら

は儒教文化で育っている。儒教は親子きょうだいのつながりを説く教えなので，家族を大事にするのは当然である。もうひとつは，②長い間続く日本社会の差別構造である。戦前からの日本人の差別と偏見によって社会から疎外されてきたために，どうしても家族に依拠せざるをえない。要するに，①絶対的強度と②相対的強度において二重に家族結合が強化されているのが，在日朝鮮人の生活構造である。ゆえに，在日のリアリティに迫ろうと思えば，家族のなかに―在日として数世代の歴史を刻む家族のなかに―入らないことには本当のところはわからない。そう考えて「世代間生活史法」を考案したのだった。

　ちなみに，私たちの世代間生活史調査から索出された数十個の仮説（谷編，2002：715-721）の中からひとつだけ紹介すれば，在日朝鮮人と日本人は同じ職場，地域，学校，教会，趣味集団などで活動を共にすることによって，いいかえれば，さまざまな地位－役割関係をバイパスして，互いの民族性の理解と尊重に到達していた。これを私は，民族関係の「バイパス仮説」と名づけた。生活構造論から索出された一仮説である。

考えてみよう❷

　あなたが生活史を用いて社会学の研究に取り組むとしたら，どんな問題を立てるだろうか？　前節の「生活史法の3条件」を念頭において考えてみなさい。

6.　生活史調査の倫理問題

　最後に，生活史調査の倫理問題，とくに「ラポール」と「個人情報」の問題に触れておく。生活史調査は調査対象者のプライバシーに深く関わる調査だけに，とりわけ調査倫理が厳しく問われることになる。

　一般に，社会調査の成否の鍵を握る初発の課題にラポール（rapport）がある。どの社会学関係の辞典類を参照しても，ラポールとは調査者と調査対象者の間の一定の信頼関係のことであり，これによって正確なデータの入手が可能

になる，との説明がなされている。この説明は間違いではない。とりわけ生活の深部を聞くことになる生活史調査の場合，そこに一定の信頼関係が成立しなければ，調査は成功しない。問題は，ラポールの成立根拠である。これを「調査者個人」ではなく「調査目的」におかなければならないということが，ここでいちばん強調したいことである。調査者は，個人的な信頼感や情緒に依拠するのではなく，相手に調査の趣旨をよく説明し，調査目的に賛同を得たうえで協力してもらう必要がある。なぜならば，個人的信頼感は調査対象者から利己的動機—調査に参加すれば何かが得られるとの期待—を引き出しかねないからである。しかるに，一介の調査者がそのような期待に応えられる可能性はきわめて低い。その結末を想定しつつ，慎重にラポールは形成しよう（山口，2003：559-562）。

　次に，個人を特定できる個人情報や，他人や社会に知られたくないプライバシーの保護は，とりわけ生活史調査では重大問題である。生活史のデータは〈プライバシーの塊〉といってよい。日本社会学会はじめ社会学関連の学会はどれも，「個人情報保護法」を遵守する立場から「学会倫理綱領」や「社会調査ガイドライン」を制定し，ウェブサイト等で公開している。社会調査一般に関して，それらの法令や綱領等を遵守することはもちろんだが，とくに生活史調査の場合は，調査対象者に次のことを約束してからインタビューを始めることをお勧めする。

① 　トランスクリプト（録音した声を文字化した記録）を公表する際には，個人名や地名など，個人が特定されるおそれのある固有名詞は出さない。

② 　トランスクリプトは，公表する前に対象者本人にフィードバックする。そして，訂正，削除，加筆等，自由に要望を述べてもらい，調査対象者が納得の上で資料として使わせてもらう。

③ 　インタビューで聞き取った内容は，研究以外の目的には使用しない。この点は，先述したラポールの成立根拠とも関わることである。

調べてみよう ❹

　倫理綱領等は，社会学関係の学会のみならず，どの大学，学会，調査機関でも制定している。試みに「一般社団法人社会調査協会」のウェブサイトにアクセスして，「社会調査協会倫理規程」の内容を確認してみなさい。

✑ 引用・参考文献

Bertaux, D. (1997) *Les récits de vie: perspective ethnosociologique*, Paris: Éditions Nathan.（小林多寿子訳『ライフストーリー―エスノ社会学的パースペクティブ』ミネルヴァ書房，2003 年）

Blumer, H. (1939) *Critiques of Research in the Social Science: An Appraisal of Thomas and Znaniecki's The Polish Peasant in Europe and America*, Transaction Books.

Denzin, N. (1989) *Interpretive Interactionism*, Sage Publications.（関西現象学的社会学研究会編訳『エピファニーの社会学―解釈的相互作用論の核心』マグロウヒル，1992 年）

Dollard, J. (1935) *Criteria for the Life History*, Yale Univ. Press.

宮本常一『忘れられた日本人』岩波書店，1984 年

濱谷正晴『原爆体験―六七四四人・死と生の証言』岩波書店，2005 年

中村高康「混合研究法―mixed methods research」小泉潤二・志水宏吉編『実践的研究のすすめ―人間科学のリアリティ』有斐閣，2007 年

Plath, D. W. (1980) *Long Engagements: Matuarity in Modern Japan*, Stanford University Press.（井上俊・杉野目康子訳『日本人の生き方―現代における成熟のドラマ』岩波書店，1985 年）

Plummer, K. (1983) *Documents of life: An introduction to the problems and literature of a humanistic method*, G. Allen & Unwin.（原田勝弘・川合隆男・下田平裕身訳『生活記録の社会学―方法としての生活史研究案内』光生館，1991 年）

桜井厚・小林多寿子編『ライフストーリー・インタビュー―質的研究入門』せりか書房，2005 年

嶋﨑尚子『ライフコースの社会学』学文社，2008 年

鈴木広「社会的移動論序説」九州大学文学部『哲学年報』⑵，1969 年

谷富夫『過剰都市化社会の移動世代―沖縄生活史研究』溪水社，1989 年

谷富夫編『民族関係における結合と分離―社会的メカニズムを解明する』ミネルヴァ書房，2002 年

谷富夫編『新版　ライフヒストリーを学ぶ人のために』世界思想社，2008 年

谷富夫・安藤由美・野入直美編『持続と変容の沖縄社会―沖縄的なるものの現在』ミネルヴァ書房，2014 年

Thomas, W. I. and Znaniecki, F. (1918-1920) *The Polish Peasant in Europe and America*, Dover.（桜井厚抄訳『生活史の社会学』御茶の水書房，1983 年）

山口一男「米国より見た社会調査の困難」『社会学評論』(212)，2003 年

📖 文献案内

石田忠編『反原爆―長崎被爆者の生活史』未來社，1973 年
編者は，ひとりの被爆者の生活史から「反原爆の思想の形成メカニズム」という仮説を索出した。① 被爆によるつらい体験が生きる意欲の喪失と正の相関関係にあり，② この喪失経験が深いものほど，「反原爆」を生きる支えにしている―この2段階仮説を，濱谷正晴（2005）が被爆者 6,744 人の質問票調査によって検証した。この2冊で，質的調査による仮説の索出と量的調査による検証という混合研究法の実際を学ぶことができる。

Hareven, T. K. (1982) *Family Time and Industrial Time*, Cambridge University Press.（正岡寛司監訳『家族時間と産業時間』早稲田大学出版部，2001 年）
ライフコース論を取り入れた家族社会学の代表作。20 世紀初頭のマンチェスター市の巨大織物工場「アモスケグ社」の元労働者とその家族から大量の口述史を聞き取り，これに工場跡に残っていた従業員ファイル，市の統計書，人口センサス，新聞，手紙，写真なども加えて，人びとの行動パターン，人生の意味づけ，家族の役割と，これらに影響を与えた歴史的環境について考察している。

桜井厚・小林多寿子編『ライフストーリー・インタビュー―質的研究入門』せりか書房，2005 年
生活史には「ヒストリー」と「ストーリー」の両面があることを本章で説明したが，この本は後者の側面をクローズアップしている。ライフストーリーのインタビューの開始からテクストの作品化にいたるまでの過程が豊富な事例とともに紹介されている。ライフストーリー研究の具体的な調査手法やものの見方を学びながら，「自分なりの研究法」を確立していくための手引き書として使える。

コラム❶　生活構造分析の継承　　　　　　小谷（三浦）典子

　古い話ではあるが，「生活構造」概念との出会いは，卒業論文（1969）「アノミー理論の現代的課題——社会的・心理的アノミーの統合をめざして——」に遡る。九州大学文学部で社会学を学び始め，内藤莞爾先生の演習でデュルケム（Durkheim, E.）の『自殺論』を読んで，個人を外部から拘束する「社会的事実」なるものに妙に納得したが，社会的アノミー状況にある個人のすべてが自殺するわけではなく，このことを理論的に説明する手立てについて考えた。

　近代化が進むなかで，個人が社会的束縛から自由を獲得していく反面，社会的に孤立し，不安感を懐く現象も同時に進行しており，心理的アノミーを測定するアノミー尺度が実証研究で使用されていた。この社会的アノミーと心理的アノミーを理論的につなぐ概念として「生活構造」に着目した。

　「生活」は日常的に使われている用語でもあり，Living や Life に関わる多面的な内容を含んでいることから，生活構造研究は，さまざまな学問分野で進められており，「生活構造」概念は何とも曖昧な概念であった。

　ところが，戦後 40 年の日本社会学の成果を整理・体系化しようとする「日本の社会学シリーズ」が企画され，全 20 巻の刊行が始まった。その 1 巻が，三浦典子・森岡清志・佐々木衛編（1986）『リーディングス日本の社会学 5 生活構造』（東京大学出版会）である。「生活構造」が，社会学講座として初めて取り上げられ，社会学界へのデビューとなった。

　本書の編集においては，社会学の研究成果に限定せず，生活学，社会政策学など「生活」に関わる周辺領域にまで踏み込んで文献を収集し，どのような概念として「生活構造」が用いられているかを探ってみた。

　「生活構造」は，衣食住の実物的生活から生活主体と生活環境によって構成される抽象的な生活システムにいたるまで，生活をトータルに把握しようとしており，生活者が生活行為を通じて社会へと関与していく「関係性」が通底していることに注目した。

　すなわち，社会によって社会的行為が規定される反面，行為主体が主体的に選択した価値基準に基づいて行動して社会を変化させていくという，行為主体と社会構造との結節点に「生活構造」があることを明示し，社会構造は，階層構造，地域構造，集団構造として具現化していることから，これを柱としてそれまでの生活構造研究の蓄積を整理した。

　ところで生活構造分析は，方法論的には，生活者に視点を置くことから，社会的行為を動機に遡って理解するウェーバー（Weber, M.）の理解社会学との親和性がある。「日本社会分析学会」の原点である「九州大学社会学会」の設立者内藤莞爾の，卒業論文（1941）「宗教と経済倫理—浄土真宗と近江商人—」改稿（1978）『日本の宗教と社会』（御茶の水書房に収録）は，周知のよう

に，ウェーバーの『プロテスタンティズムの倫理と資本主義の精神』に触発されたものである。内藤は論文中で，ウェーバーが宗教社会学の論稿に用いている用語 Lebensführung に対して，「生活構造」という訳語をあてている。近江商人の世俗的な生き方の背後には宗教倫理があるという意味あいで，「生活構造」と付記したとも考えられる。

　その学会を「社会分析学会」に発展させた鈴木広は，社会移動理論を考察するなかで，生活構造を「個人（生活主体としての）を準拠点としてみた，社会構造と文化体系とへの，接触の様式」（鈴木，1969：252）と定義し，1971年に「社会移動研究会」をたちあげた。

　産業化・都市化の程度を異にする人口急増都市（大野城市）と人口停滞都市（人吉市）において，大規模な調査が実施され，その成果が，鈴木広編（1978）『コミュニティ・モラールと社会移動の研究』（アカデミア出版会）である。コミュニティの分析枠組みには，社会移動と，フォーマルな団体参加やインフォーマルな社会関係，および文化体系への接点となるコミュニティ意識に加えて，生活が営まれる生活環境が「生活要件」として組み入れられている。

　それらを継承して，三浦典子（1991）『流動型社会の研究』（恒星社厚生閣）では，とくに，社会移動と社会移動の効果としての生活構造の変容に焦点をおいて，生活構造が帰属的なものから獲得的なものへと変容していく実態から，地域社会が土着型から流動型へと変化していくことを示した。

　資本主義経済の黎明期，高度経済成長期と時代は異なれ，「生活構造分析」は，日本社会分析学会の DNA のひとつとして継承されてきたように思う。

　その後，産業都市において生活に大きな影響力をもつ，企業の社会的責任や社会貢献活動に研究の軸足を移してきたが，経済活動や人の動きはグローバル化し，今日，人間の行為がもたらした気候変動のリスクが，翻って生活を脅かしている。

　持続可能な社会に向けて，生活構造分析はどのように寄与できるかを再考する転換点にきているのではなかろうか。

＊鈴木広「社会的移動論序説」『哲学年報』（九州大学文学部）第 28 輯，1969 年

第 II 部

現代社会 の 生活構造分析

第 **4** 章

家族の変容と家族機能

◖ この章のポイント ◗

　家族は私たちの日々の生活の中で，もっとも身近な社会関係のひと
つである。家族をめぐる状況はここ数十年の間に大きく変化し，近年
では特に少子高齢化という社会問題と関連づけて，個人的な営みであ
る家族形成や維持が論じられる度合いが大きくなっている。本章で
は，戦後から現代における社会の変化にともなう家族の変動と，家族
の機能のうち主に子育てや介護といったケア機能と愛情（情緒）機能
の関係について考察するとともに，家族機能という点から現代の家族
が抱えている課題についてみていくことにしよう。

⚷ キーワード

近代家族，家族機能，家族変動，ケア機能，愛情

1．家族の生活構造研究の視点

　家族の生活構造研究については家族周期との親和性が高く，早くから研究がなされている。家族が夫婦の結婚から子どもの出生，成長，子どもの離家，夫婦の老い，死と，生活の経過とともに一定の規則的変化をもつ。この経緯を家族の生活周期（家族周期）という。家族には，家族形成期（配偶者選択・結婚），育児・教育期，高齢期など，家族周期それぞれのステージでの生活課題があり，そのときそのときの選択の蓄積が生活構造として記述できるのである。初期の研究は家族周期と経済的な周期的浮沈に関するものが多くみられたが，近年では，特に子育てや介護という，ケアの役割が期待されるライフステージのありようが人びとの大きな関心事となっている。第 2 章で事例として示された性別役割分業のうち，家族内の役割の遂行がこれに該当する。

　さらに，このケア役割の担い手，という点で考えてみたとき，ケアは家族以外にも，たとえば保育所や介護施設などでもなされている。子育てや介護は個々の家族の生活課題であると同時に社会的課題でもある。このような，家族が社会の維持に対して，あるいは家族員個々の欲求充足に対してなす貢献を家族機能といい（森岡，1993a），子育てや介護，愛情（情緒）は家族の機能といわれるものである。

　家庭内でどの役割を誰が担うか，子育てや介護を家族内でどの程度引き受けるかなどは個々の家族により異なるが，特定の時代に現れる特徴がある。その，時代の変化とともに歴史的に示す家族の変化を家族変動という。20 世紀後半以降の家族変動とその背景の社会構造の変化は大きく，それぞれのライフステージで直面する生活課題は，個々の事情を超えて，その時代ならではの課題となる場合がある。本章では，家族変動と，主に子育てや介護といったケア機能と愛情（情緒）機能の関係について，近代家族の概念を用いてみていこう。

　近代家族は近代社会に出現した家族の典型的な形態と定義され，その特徴は公私の分離，情緒的結合の重視，子ども中心，性別役割分業などと整理できる（落合，2019；山田，2013）。山田は日本社会では，1970 ～ 80 年代が「近代家族」

の頂点にあったとみる（山田, 2013）。近代家族の概念を軸に戦後の日本の家族変動をみると，おおまかには近代家族が頂点に向かう（一般化する）時期と，近代家族的な家族が変容する方向と2つの時期に分けて捉えることができる。また，落合恵美子は戦後日本家族を「家族の戦後体制」と呼び，女性の主婦化，再生産平等主義，人口学的移行期世代の3つを柱に挙げた。そして，それは1955～75年まで続き，それ以降は変容を始めたとみた（落合がこのように述べたのは1990年代で，後に1975年にすっぱりと終わったといえず，何が変わって何は変わらなかったのかを検証している）（落合, 2019）。まずはこの2つの時期に分けて家族の変化をみていくことにする。

2. 家族の変動(1)──戦後から1970～80年代

2. 1 統計にみる家族の変化

　この時期，社会構造の経済的側面では，高度経済成長（1955～73年頃）に伴う産業構造の変化や急激な人口移動，雇用労働者の増加などがみられた。第1次産業主体の社会から第2次・第3次産業主体の社会となるとともに，自営業および家族従事主体の社会から雇用主体の社会へと変化した（表4-1）。雇用労働者の増加はサラリーマン家庭の増加となり，生産労働（市場での労働）を夫が担い，家事労働（無償労働）を妻が担うという，性別役割分業が典型として規範化されていく。1972年に総務省が行った「婦人に関する世論調査」では，性別役割分業（「夫が外で働き，妻は家庭を守るべきである」という考え方）に賛成する（賛成＋どちらかといえば賛成）回答の割合が，男女とも8割を超えている（表4-2）。また，未婚率は後の時代に比べると低い（表4-4）。さらに，出生コーホート別年齢別既婚女性の出生児数は，明治生まれの女性では4人以上子どもを産んでいる女性が多数いる一方，0人の女性も1割以上いるが，昭和一ケタ～22年生まれの女性は2～3人産んでいる人が多くなり，0人の女性が3％台と減少している（落合, 2019）。落合は，みんなが平均して子どもを2～3人産み育てる状況がこの頃達成されたといい，そのような社会を「再生産平等主義」

表 4-1　戦後の社会と家族，世帯の変化

(%)

項　目		1950年	1960年	1970年	1980年	1990年	2000年	2010年	2015年
産業（3部門）別就業人口の割合	第1次産業	48.5	32.7	19.3	10.9	7.1	5.0	4.0	3.8
	第2次産業	21.8	29.1	34.0	33.6	33.3	29.5	23.7	23.6
	第3次産業	29.6	38.2	46.6	55.4	59.0	64.3	66.5	67.2
従業上の地位（3区分）別就業人口の割合	雇用者	39.3	53.9	64.2	71.2	78.8	83.0	83.0	84.0
	自営業主	26.2	22.1	19.5	17.1	13.5	11.4	9.4	8.8
	家族従事者	34.4	24.0	16.3	11.6	7.7	5.6	3.9	3.3

出所）「国勢調査」より作成

表 4-2　「夫は外で働き，妻は家庭を守るべきである」という考え方に関する意識

(%)

		1972年10月	1979年5月	1992年11月	2002年7月	2012年10月	2019年9月
女性	賛成	48.8	29.1	19.8	12.8	12.4	6.5
	どちらかといえば賛成	34.4	41.0	35.8	30.5	36.0	24.6
	どちらかといえば反対	7.6	18.3	26.4	29.4	30.4	38.5
	反対	2.6	4.5	11.9	21.7	18.4	24.9
	わからない	6.6	7.1	6.1	5.6	2.8	5.5
男性	賛成	52.3	35.1	26.9	17.2	13.3	8.6
	どちらかといえば賛成	31.5	40.5	38.8	34.1	41.8	30.8
	どちらかといえば反対	6.3	13.4	20.9	24.1	25.2	34.4
	反対	2.4	4.0	7.7	18.0	15.8	21.2
	わからない	7.5	7.0	5.7	6.7	3.8	4.9

出所）総務省「婦人に関する世論調査」(1972)，内閣府男女共同参画局『平成27年版　男女共同参画白書』，同『共同参画』(2020年9月号）より作成

の社会と呼んだ。

　また，戦後の家族変動をみる上で，日本における日本国憲法の施行（1947年）と，民法改正によるいわゆる「家制度」の廃止（1947年）も重要である。明治民法で規定された家制度（1898年）は，家父長制，長子相続制を中心とした，直系家族制の根幹であった。一方，日本国憲法では結婚や家族に対し男女の平等が謳われ，この制度改正は近代家族が一般化するひとつの要因となってい

る。

　国立社会保障・人口問題研究所「第 15 回出生動向基本調査」（2017 年）によると，恋愛結婚・見合い結婚の割合が 1960 年代後半に逆転し，恋愛結婚の割合が一層大きくなっていく。あわせてこの時期は核家族世帯数が増加している。直系家族制規範は弱まりはしているが，人口学的視点でみると，高度成長期に家族を形成する世代はきょうだい数が多く（人口学的移行期世代），直系家族制の同居規範を残したまま核家族化が進行している（落合，2019）。

2.2　家族機能におけるケア機能と情緒的機能の増大

　このような社会構造の変化や核家族化の進行は，伝統的社会と比較して家族機能の変化をもたらした。オグバーン（Ogburn, W.）は，近代工業勃興以前の家族は，経済・地位付与・教育・保護・宗教・娯楽・愛情という 7 つの機能を果たしていたが，産業化の進展に伴う専門機関の出現により，愛情以外の 6 つの機能は企業・学校・政府などに吸収されて衰弱し，愛情というパーソナリティ機能が相対的に卓越してきたことを 1930 年頃に指摘している。また，パーソンズ（Parsons, T.）は，家族の機能が縮小していくなかで，子どもの第一次社会化，成人のパーソナリティの安定化の機能に注目した（森岡，1993b）。日本では，労働力の再生産に関する経済機能を中心とした戦前の家族から，生きがいを支える愛情機能を中心とする現代家族への変化が看取されると森岡は述べる（森岡，1993a）。

　あわせて，わが国の政府の見解もみておこう。

　厚生省人口問題研究所は，昭和 31（1956）年版から平成 3（1991）年版の『厚生白書』および，昭和 31 年版から平成 4（1992）年版の『国民生活白書』で捉えられている家庭機能の分析を行っている。『厚生白書』については，表現方法は時期によって異なるものの，家庭を生活の基礎的集団であるとした上で，家庭機能として子どもの養育機能，老人の介護機能，情緒的機能の 3 点を挙げている。特に子どもの養育と老人の介護が重視されており，（分析対象期間においては）その姿勢には変化がみられないと分析されている。また，家庭機能は

低下，あるいは弱体化しており，このために行政施策が必要であるという認識も記されている。一方，国民生活白書については，家族の安らぎという情緒機能が重視されている。家庭機能が変化，縮小していると捉えられているが，それは必ずしもマイナスの評価がなされておらず，家庭機能の縮小は家庭機能の純化であり，「愛情」機能に収斂していくことこそが，家族員相互の自由な個性発揮の可能性を与えるものとされている（厚生省人口問題研究所 1993）。ここでの厚生白書や国民生活白書の分析における，家族機能の低下，縮小という認識には，女性の職場進出が進んだことによるケア労働力不足も含まれている。

このような情愛への関心は，育児や介護の家庭での役割を正当化する根拠にもされてきた。

政府は「子どもは三歳までは，常時家庭において母親の手で育てないと，子どものその後の成長に悪影響を及ぼす」という「三歳児神話」をテレビや新聞などのメディアを通して流布し，「子どもの育児は家庭責任，母親責任」であると，乳児保育に否定的な風潮を広めている（藤原，2013）。また，わが国は戦後から高度経済成長期にかけて社会保障制度が急速に発展し，社会福祉分野の主要な制度が整備されるとともに，1961 年には国民皆保険，国民皆年金の体制も確立された。しかし，1973 年のオイルショックを契機に，財政硬直化を理由に「福祉見直し論」が叫ばれるようになる。政府は 1979 年 8 月に閣議決定した「新経済社会 7 カ年計画」において，「日本型福祉社会」の実現を目指すが，ここでは家族や地縁を通じた伝統的な私的扶養や相互扶助が「福祉における含み資産」とみなされた。1975 年，65 歳以上の者のいる世帯のうち，三世代世帯の割合が 54.4％であった。また，女性の非労働力人口が 1975 年は戦後最大（55％）で，三世代世帯の多さ（近居も含めて）による世代間扶養の期待が大きかったのである。

政府において，家族におけるケア機能の重要性が主張されていたが，縮小したといわれる家族機能は，実際には家族のみで担ってきたものばかりではない。親族や地縁社会を含む社会関係の中で担われていたものも，伝統的な社会では相対的に大きかった。人口の地域的移動と家族規模の縮小，個人主義の進

68

行は，親族や地縁からの援助を期待できず，家族内部で個人的責任問題を解決
できるか，公的な制度によって扱われるかのいずれかとならざるを得ない。

　戦後から高度経済成長期，女性全体の労働力率はほぼ横ばいで，1970年代
に微減している。この時期に家族従事者（主に農業）が減少するが，雇用労働
者の増加とで相殺され，女性全体の労働力率が下がるほどではなかったとみら
れる（落合，2019）。政府の期待とは裏腹に，少なからず妻・母親が雇用労働者
化し，核家族で妻が育児に専念できない場合，即保育所が必要となる事態が出
現していた。1960年代には保育所不足が深刻化，保育所づくり運動が繰り広
げられ，保育所は増設されている（日下・笠原，2016）。高齢者介護に関しては，
1970年代後半以降，直系家族における親夫婦と子夫婦の考え方の違いが注目
されたが，社会問題として表面化するのは女性の就業が進む1980年代後半頃
からである。

3. 家族の変動⑵——1980年代以降の変容

3.1　統計にみる変容

　まず，統計や意識調査から1980年代以降の社会構造や家族の変化をみよう。
性別役割分業に関しては，共働き世帯が増加する。1980年は「男性雇用者と
無業の妻からなる世帯」1,114万世帯に対し，「雇用者の共働き世帯」は614
万世帯であったものが1990年代はともに900万世帯前後で推移し，1997年に
世帯数が逆転している。両者の世帯数の差は年々広がる傾向にあり，2019年
には前者が582万世帯，後者が1,245万世帯となっている（『令和2年版男女共同
参画白書（概要）』）。性別役割分業の賛否については，賛成（賛成＋どちらかという
と賛成）の割合が，2019年には女性31.1%，男性で約39.4%にまで減少してい

表 4-3　雇用形態別雇用者数・割合

		1990 年	2000 年	2010 年	2015 年
男性	雇用者数（万人）	2,674	2,892	2,865	2,908
	非正規雇用者の割合（％）	8.8	11.7	18.9	21.9
女性	雇用者数（万人）	1,695	2,011	2,273	2,395
	非正規雇用者の割合（％）	38.1	46.4	53.8	56.3

出所）2000 年までは総務省「労働力調査特別調査」（2 月分の単月調査），2010 年以降は総務省「労働力調査（詳細集計）」（年平均）より作成

る（表 4-2）。「男女共同参画社会に関する世論調査」とその前身にあたる調査によると，女性が職業をもつことについての考え方は，1986 年までは「中断再就職」志向が多数派だったが，1992 年以降は「中断せず両立」志向が増加して，男性では 2002 年，女性では 2004 年から逆転して，一時的な揺らぎはみられたものの，2016 年までその差は拡大している（落合，2019）。また，非正規雇用比率が男女とも高まっており（表 4-3），男性の稼ぎ手役割の揺らぎと女性の経済的不安定さが現れている。

　さらに，表 4-4 にあるように，未婚率が上昇するとともに，平均初婚年齢が上昇し（晩婚化），第 1 子出産時の母の平均年齢も上昇する（晩産化）。また，家族類型別一般世帯割合のうち，単独世帯の割合が増大し，2010 年にはいわゆる「標準世帯」と言われていた夫婦と子ども世帯の割合を超え，最も割合が大きい世帯となった（表 4-4）。65 歳以上の者のいる世帯構造も大きく変化し，単独世帯や夫婦のみの世帯の割合が増大している（表 4-5）。社会全体においても少子高齢化が進行しており，出生数の減少，合計特殊出生率の低下，年齢 3 区分別人口割合の変化は表 4-4 のとおりである。

　とくに少子化のインパクトは大きかった。1990 年，前年の合計特殊出生率が 1.57 と発表された。これは「ひのえうま」により過去最低であった 1966 年の合計特殊出生率の 1.58 を初めて下回ったことから，「1.57 ショック」と呼ばれた。当時，未婚率の上昇は一時的に出生率を減少させるが，「晩婚・晩産化はタイムラグを持って出生率低下を回復させる」という政府見解があった。実際に，1950 年代生まれの女性の平均子ども数は，最終的にはそれ以前の世

表 4-4　戦後の社会と家族、世帯の変化

項目			1950 年	1960 年	1970 年	1980 年	1990 年	2000 年	2010 年	2015 年
年齢 3 区分別人口の割合（%）	65 歳以上		4.9	5.7	7.1	9.1	12.1	17.4	23.0	26.6
	15 ～ 64 歳		59.6	64.1	68.9	67.4	69.7	68.1	63.8	60.7
	15 歳未満		35.4	30.2	24.0	23.5	18.2	14.6	13.2	12.6
家族類型別一般世帯の割合（%）	親族のみの世帯	夫婦のみの世帯	‐	7.3	9.8	12.5	15.5	18.9	19.8	20.1
		夫婦と子ども世帯	‐	38.2	41.2	42.1	37.3	31.9	27.9	26.8
		ひとり親と子ども世帯	‐	7.5	5.7	5.7	6.7	7.7	8.7	8.9
		その他の親族世帯	‐	30.5	22.7	19.7	17.2	13.6	10.2	8.6
	非親族世帯		‐	0.3	0.3	0.2	0.2	0.4	0.9	0.9
	単独世帯		‐	16.1	20.3	19.8	23.1	27.6	32.4	34.5
世帯数総数（千世帯）			‐	22,231	30,297	35,824	40,670	46,782	51,842	53,332
平均世帯人員（人）			5.0	4.5	3.7	3.3	3.0	2.7	2.5	2.4
未婚率（%）	男性	25-29 歳	34.4	46.1	46.5	55.2	65.1	69.4	71.8	72.7
		30-34 歳	8.0	9.9	11.7	21.5	32.8	42.9	47.3	47.1
		35-39 歳	3.2	3.6	4.7	8.5	19.1	26.2	35.6	35.0
	女性	25-29 歳	15.3	21.7	18.1	24.0	40.4	54.0	60.3	61.3
		30-34 歳	5.7	9.4	7.2	9.1	13.9	26.6	34.5	34.6
		35-39 歳	3.0	5.5	5.8	5.5	7.5	13.9	23.1	23.9
婚姻件数			715,081	866,115	1,029,405	774,702	722,138	798,138	700,222	635,225
離婚件数			83,689	69,410	95,937	141,689	157,608	264,246	251,379	226,238
平均初婚年齢（歳）	夫		25.9	27.2	26.9	27.8	28.4	28.8	30.5	31.1
	妻		23.0	24.4	24.2	25.2	25.9	27.0	28.8	29.4
第 1 子出産時の母の平均年齢（歳）			24.4	25.4	25.6	26.4	27.0	28.0	29.9	30.7
出生数（人）			2,337,507	1,606,041	1,934,239	1,576,889	1,221,585	1,190,547	1,071,305	1,005,721
合計特殊出生率			3.65	2.00	2.13	1.75	1.54	1.36	1.39	1.45

出所）年齢 3 区分別就業人口の割合から未婚率までは「国勢調査」、婚姻件数以降は「人口動態統計」より作成

表 4-5　65 歳以上の者のいる世帯構造別割合と世帯数

項　　目		1980 年	1990 年	2000 年	2010 年	2015 年
割合 （%）	単独世帯	10.7	14.9	19.7	24.2	26.3
	夫婦のみの世帯	16.2	21.4	27.1	29.9	31.5
	親と未婚の子のみの世帯	10.5	11.8	14.5	18.5	19.8
	三世代世帯	50.1	39.5	26.5	16.2	12.2
	その他の世帯	12.5	12.4	12.3	11.2	10.1
世帯数（千世帯）		8,495	10,816	15,647	20,705	23,724

出所）「厚生行政基礎調査」「国民生活基礎調査」『平成 30 年版　高齢社会白書』より作成

代と同水準になった。しかし，1960 年代生まれの女性は，1990 年代以降，20歳代の出生率低下を埋め合わせるほどには 30 歳代以降での出生率は上昇せず，合計特殊出生率は反転を示さないまま落ち込んだのである（河内，2016）。

　この時期の大きな法制度の動きとして，第三号被保険者制度（主婦の年金権の確保）の制定（1985 年），「男女雇用機会均等法」および「派遣労働法」の制定（1985 年）および施行（1986 年）がある。これらは日本の女性の生き方に大きく影響を与え，日本の女性が主婦，キャリアウーマン，パート・派遣労働者の 3つに分割された（落合，2019）。派遣労働者の増加は女性のみでなく男性の経済状態も不安定にし，近代家族の形成・維持に影響を与えている。

考えてみよう ❶

　未婚化が進行しているのはなぜだろうか。単独世帯が増加しているのはなぜだろうか。未婚でいること，1 人世帯のメリットとデメリットを考えてみよう。

---

3. 2　近代家族の変容と家族機能

　近代家族が頂点だったとみられていた頃，近代社会が構造転換を遂げ，近代家族にも大きな影響を与えた。ひとつはポスト工業経済と呼ばれる状況が出現し，近代家族の経済基盤を崩す。男性が家計の支え手であることが近代家族の性別役割分業の前提であったが，女性の雇用労働者化が進む反面，男性の収入格差が拡大する。もうひとつは個人化の進展であり，それは家族の規範に影響

を及ぼした。家族領域の個人化は2種類ある。ひとつは家族の枠内での個人化であり，家族を保持したまま，家族形態や家族行動の選択肢の可能性が高まるプロセスである。もうひとつは，家族関係自体を選択したり，解消したりする自由が拡大するプロセスである（山田，2004，2013）。

　社会の構造転換による近代家族の変容に加え，近代家族そのものの抑圧性も指摘されてくる。上述した個人化傾向も抑圧に対する解放を内包しているが，「生活の責任，つまり扶養やケアの責任を持ち合う」ことや「愛情の場」を家族に委ねることへの批判も生じる。近代家族を近代的価値（自由・平等・友愛）の観点からみたときに，近代家族を形成しているがゆえに問題が生じているという視点が現れたのである（山田，2013）。役割関係から解放され，相手をお互いに選び合っていることだけに依存する関係を，ギデンズ（Giddens, A.）は「純粋な関係性」と呼んだ。人びとにとって，親密で純粋な関係性を作り上げることへの関心が高まったが，純粋な関係性には構造的矛盾がある。まず，アイデンティティ形成には未来への志向が含まれる。また，外的な要請（授かりもの，労働力，跡取り，老後の世話の担い手としての子ども）ではなく，純粋に内的な欲求（純粋に子どもを産み育てたいという気持ち）であっても，子どもをもつ選択をするなら比較的長期にわたって持続への志向性が強く押し出されるからである（吉澤，2000）。

　近代家族が一般化する時期に，政府もまた家族にケア機能を期待していたが，1990年代以降，政策の方向に変化が生じている。たとえば，育児休業制度は1972年に施行された「勤労婦人福祉法」の一部の規定でスタートしたが，1991年，単独で「育児休業法」として成立した。「1.57ショック」以降，保育所の役割を認識しつつも，母親の育児責任を強調し家庭保育の理念を推し進めてきた国の政策に変化が現れ，さまざまな子育て支援事業が行われるようになる。介護領域については，世帯の小規模化・家族の縮小化が進み，高齢者のみの世帯が増加してきたことなどを背景に，「介護の社会化」を謳い文句として2000年に公的介護保険制度が導入された。

　1990年代は，ケアに関連した国の社会保障改革の方向性として，「家族（世

帯）単位から個人単位へ」ということが強調され始めた時期でもあるが，社会
保障制度における「個人単位」化の実現には抵抗がみられる。その背景には，
とりわけ子育て領域における「家族単位」，そして不確かなものになりつつあ
るとはいえ，「男性稼ぎ手家族」を規範レベルで維持することへの政治的期待
がある。一方，高齢者介護政策については，介護保険制度の制度設計は個人単
位化しているが，制度設計それ自体に，暗に介護を担う家族の存在が想定され
ている（藤崎, 2013）。性別役割分業規範に加え，親元に残らなかった跡取りが
老親を呼び寄せる状況が注目されたり，介護離職や男性介護者が抱える問題が
顕在化したりしており，性別を超えた家族責任規範をみることができる。

調べてみよう❷

　介護や子育てにおける支援制度はどのようなものがあるかを調べてみよう。

4. 家族機能からみる家族の現在とこれから

　戦後，家族の規模の縮小や女性の就業による性別役割分業の変化とともに，
個人化の進展によりそもそも家族をもたない，家族を解消する選択が拡大し，
それが統計上にも現れている。このような状況下で，ケア機能は次第に脱家族
化してきたが，家族が担い手として期待されているところは今なお大きい。と
はいえ，家庭内での役割分担もうまく機能していない。このような状況により
生じている事象を通して，家族の現在とこれからについてみていこう。

4.1 近代家族への回帰

　個々人としては，近代家族の形成以外に経済的自立やケア，社会的承認のモ
デルがないため，近代家族への意識上の回帰現象がみられていると山田はみる
（山田, 2013）。「第15回出生動向基本調査」によると，未婚者で結婚の「利点
があると思う」と回答する者が「利点はないと思う」を大幅に上回っている。
そして，第9回調査（1987年）と第15回調査（2015年）を比較すると，利点と

して考えている項目で（2つまで回答），「子どもや家族をもてる」を回答した者の割合は，男性は20%から35.8%，女性は33%から49.8%と上昇し，「精神的安らぎを得られる」を回答した者の割合（男性35%→31.1%，女性32%→28.1%）を上回っている（厚生省人口問題研究所，1989年；国立社会保障・人口問題研究所，2017年）。この時点では情緒的安定よりも家族をもつこと自体を結婚の利点として回答する者が多くなっている。同調査での未婚者の生涯の結婚意思も，微減しているとはいえ「いずれ結婚するつもり」の回答が多数派である。

藤崎宏子は，ケア政策について，男女共同参画，仕事とケアの両立支援をより積極的に推進してきた子育て領域に比して，介護態勢の多様性ゆえに高齢者介護領域においては家族モデルを設定しにくいと述べている（藤崎，2013）。それは裏返すと，高齢者介護領域に比べ，子育て領域は家族以外の枠組みが今のところ想定されないということになろう。高齢者介護領域については，制度設計自体に介護を担う家族の存在が想定されるなかで，家族モデル以外のスタイルが広がるかどうか気になるところである。

また，経済機能は，近代家族が一般化した時期に，家族の機能としては相対的に低下したとみなされていたが，それは，比較的経済的に安定した社会で，男性が「家計の担い手役割」を担うことで一家の生計が成り立っていた人が多数派だったため，とくに意識する必要がなかったのかもしれない。経済的に不安定な状況に直面してきたことにより，家族機能としてあらためて経済機能の重要性が浮き上がってきた可能性もある。

4.2 長時間労働と家族主義

労働時間から家族の生活をみてみよう（ここでの労働時間とは仕事と家事などの両方を含む）。総務省「社会生活基本調査」によると，2016年，共働き世帯夫婦の家事・育児・介護時間（1週間の平均）は，妻が258分，夫が39分である。この時間だけみると夫婦の差が歴然としており，女性の二重労働の状況がここからもみてとれる。一方の仕事時間は，妻が296分，夫は490分となっており，家事・育児・介護時間と仕事時間を合わせた時間数は，妻が554分，夫が

529 分である（妻の就業形態は不明である）。各家庭レベルでは経済的安定のために共働き傾向は続くことが予想され，その中で妻の二重労働状況を改善するには，夫の仕事時間の短縮も含め，ワークライフバランスを維持する適切な労働時間について見直す必要があろう。

　また，このような労働の長時間傾向は，生活が職場と家庭の往復のみの生活となり，それ以外の社会関係の構築を阻害する可能性がある。縮小した家族の機能を補う近隣ネットワークの構築は時間があればできるというものではないが，個々人や家族が孤立しない仕組みを形成することが必要である。

4. 3　生き方の多様化と生活保障

　ライフスタイルの多様化により，本章の冒頭に述べた家族周期が現れないライフコースを歩む人びとも増えている。それは，人びとの選択肢が増えてきたことを意味する。しかし，その選択にあたって，個々人が希望する選択肢が用意されているのか，多様な生き方が主体的な選択の集積なのか，などと考えてみることも必要であろう。実際に，経済が不安定になり，近代家族をめぐる規範が弱体化してくると，近代家族を形成，維持することが誰にも可能なものではなくなっている。たとえば，「国勢調査」によると，2015 年，50 歳時未婚率が男性 23.4％，女性 14.1％だった。彼らの年代が調査対象だった 1992 年の「第 10 回出生動向基本調査」では，18 歳から 34 歳の独身者のうち，「一生結婚するつもりがない」と回答した人は男性 4.9％，女性 5.2％であったことから，結婚するつもりだったが，結果としてしなかった人が多いことが推察される。婚姻件数が減少するとともに，一時期より減少したにせよ離婚件数も少なくない状況である（表4-4）。これまで統計資料でもみてきたように，標準的な家族をもつ人ばかりではない社会となっている。近代家族を形成・維持できない人への扶養やケア，社会的承認をどのように保障していくかは，現代社会の大きな課題といえる。

4. 4　家族主義と孤立化を超えて

　わが国は，家族を形成すると，家族に対しきわめて高い凝集性を示す社会であるといえよう。それは育児や介護のほかにも，家族が何か支援が必要な状況で家族が丸ごと孤立する可能性があることを示唆する。さらに，家族がいなくなると一層孤立しやすい状況になる。

　内閣府が 2015 年に行った「高齢者の生活と意識に関する国際比較調査」では，アメリカ，スウェーデン，ドイツと比較し，近所の人と「病気の時に助け合う」高齢者の割合は日本が最も少なく，相談や互いに世話をする友人がいないと回答する割合は，日本が最も多い（『平成 28 年版高齢社会白書〔全体版〕』）。また，2005 年の調査だが，日本は家族以外の人と社交のために全く，またはめったに付き合わない人の比率が OECD 諸国の中で最も高い結果となっている（厚生労働省，2012）。

　2010 年，NHK の番組を契機に，「無縁社会」という言葉が時の社会を映す用語として注目された。「無縁社会」はかつて日本社会を紡いできた地縁，血縁といった地域や家族・親類との絆を失っていったのに加え，終身雇用が壊れ，非正規雇用の増加もあり，会社との絆であった社縁までが希薄化したなかで生み出されていた。長寿化したことにより定年退職後の人生も長期化している。無縁が他人事ではないと，不安に感じている人は多いのではないだろうか。

　健康を損ねたり経済状態が不安定になったりしたとき，自身の生活を支えるのは誰（何）か。人は必ずケアが必要な状態で生まれ，病気や障害，失業の可能性もあり，やがて老いる。そのようなときにも必要なケアを受けることができ，個人の尊厳を維持できるような制度設計が必要である。

　ケア機能に関してみると，家族か公的制度かという二元論的な視点でなく，家族や公的制度も視野に入れ，市場や NPO，地域コミュニティなども含めた地域での仕組みづくりが進められている。家族規範が強い場合，地域活動への主体的関与はハードルが高いかもしれないが，地域で互いに支え合うことができる関係を構築することは，生活する地域の，社会的に望まれる生活水準の維

持や，選択肢の広がりなどに結びついていくことを期待できるのである。

考えてみよう❷

　生活している地域で，安心して生活を営むことができるのはどのような状況だろうか。そのために，一人ひとりの住民にできることはないだろうか。

注
1）岡村益（1972）を参照した。

引用・参考文献
藤崎宏子「ケア政策が前提とする家族モデル―1970 年代以降の子育て・高齢者介護」『社会学評論』64(4)，2013 年，604-24
藤原辰志「子ども・子育て新システムの問題点―幼保一体化政策『関連三法』について」『愛知江南短期大学紀要』42，2013 年，45-55
河内優子「日本における少子化問題の特殊事情―晩婚・晩産化とリプロダクティブ・ヘルス／ライツ」『共立国際研究：共立女子大学国際学部紀要』33，2016 年，35-52
国立社会保障・人口問題研究所『2015 年社会保障・人口問題基本調査（結婚と出産に関する全国調査）　現代日本の結婚と出産―第 15 回出生動向基本調査（独身者調査ならびに夫婦調査）報告書』2017 年，https://www.ipss.go.jp/ps-doukou/j/doukou15/NFS15_reportALL.pdf（2021 年 11 月 1 日閲覧）
厚生労働省「第 1 回社会保障審議会生活困窮者の生活支援の在り方に関する特別部会資料」2012 年，https://www.mhlw.go.jp/stf/shingi/2r98520000029cea.html（2021 年 11 月 1 日閲覧）
厚生省人口問題研究所『平成 4 年度　家庭機能とその変化に関する研究―厚生白書，国民生活白書にみる家庭機能のとらえ方』（研究資料第 279 号），1993 年
厚生省人口問題研究所『昭和 62 年　第 9 次出産力調査（結婚と出産に関する全国調査―第Ⅱ報告書　独身青年層の結婚観と子供観』1989 年，https://www.ipss.go.jp/syoushika/bunken/DATA/pdf/J08585.pdf（2021 年 11 月 1 日閲覧）
日下慈・笠原正洋「地域子育て支援施策の変遷―支援者の専門性を中心に」『中村学園大学・中村学園大学短期大学部研究紀要』48，2016 年，7-22
森岡清美「家族機能」森岡清美・塩原勉・本間康平編『新社会学辞典』有斐閣，1993 年 a
―――「家族機能の変化」森岡清美・望月嵩共著『新しい家族社会学（三訂版）』培風館，1993 年 b，197-206
内閣府男女共同参画局『共同参画』2020 年 9 月号
落合恵美子『21 世紀家族へ―家族の戦後体制の見かた・超えかた（第 4 版）』有斐閣，2019 年
岡村益「家族周期と生活構造」森岡清美編『社会学講座　第 3 巻　家族社会学』東

京大学出版会，1972 年，119-138

山田昌弘「家族の個人化」『社会学評論』54 (4)，2004 年，341-54

───「日本家族のこれから」『社会学評論』64 (4)，2013 年，649-62

吉澤夏子「人間の社会にとって家族は必然か？」大沢真幸編『社会学の知 33』新書館，2000 年

📖 文献案内

上野千鶴子編『主婦論争を読む I・II』勁草書房，1982 年
「主婦とはなにか」「主婦の解放とはなにか」「家事とは何か」というテーマについて，1955 ～ 1972 年に 3 次にわたって繰り広げられた論争の全記録をまとめたものである。当時の論争内容を，今日の状況と照らしあわせて読んでみたい。

落合恵美子『21 世紀家族へ──家族の戦後体制の見かた・超えかた（第 4 版）』有斐閣，2019 年
家族社会学の基本書に位置づけられている。初版は 1994 年。日本の家族は変わったのか，「家族の戦後体制」は終わったのか。アジア諸国の家族も視野に入れながら，日本の家族の特徴や変化を分析している。

NHK「無縁社会プロジェクト」取材班『無縁社会──〝無縁死〟三万二千人の衝撃』文藝春秋，2010 年
血縁や地縁，社縁が崩壊し，家族が孤立した無縁の状況を「無縁社会」と表現した。同年に放送された NHK スペシャルの番組に内容を追加，再構成されたものである。無縁社会を考えることから今後の日本のあり方を考えることができる。

第5章

地域福祉活動とコミュニティ

—— 地域福祉活動はなぜ必要なのか ——

この章のポイント

　コミュニティにおける地域福祉活動の必要性が政策的に強調されている。しかし，人口減少傾向にあるコミュニティの実態や，活動の担い手や受け手として参加する人びとの意識などが十分に検討されないまま期待だけが先行しているようでもある。本章では，地域福祉活動の必要性について，制度的な福祉サービスの補完，世帯と家族の双方への関与，支援者と被支援者との関係，被支援者の生活支援としての機能といった側面から検討する。これによって，地域福祉活動がなぜ必要とされるのか，という問いについて考える手がかりを示したい。

キーワード

地域福祉活動，コミュニティ，地域集団，民生委員

1．地域福祉活動への期待と現実

　地域住民による地域福祉活動によって，さまざまな福祉課題解決を目指す政策的な動きがある。人びとの福祉ニーズは多様化しており，高齢者ならば高齢者福祉制度，障害者であれば障害者福祉制度といった対象別に構築されてきた従来の社会福祉制度では対応できない制度の狭間にある問題への対応が求められているとされる。一例を挙げれば，8050 問題と呼ばれる，80 歳代の親と 50 歳代の引きこもり状態にある子が同居し，高齢の親が中年の子どもを経済面や生活面で支え続けているような世帯の問題がある。仮に親が要介護状態となったときに，介護保険などの高齢者福祉制度によって親側は支援できるが，子側は対象外となり取り残されてしまう事態にいかに対応すべきかが問われることとなった。さまざまな福祉課題が浮上するなかで，厚生労働省は高齢者介護について，団塊の世代が 75 歳以上となる 2025 年を目途に，「地域の事情に応じて高齢者が，可能な限り，住み慣れた地域でその有する能力に応じ自立した日常生活を営むことができるよう，医療，介護，介護予防，住まい及び自立した日常生活の支援が包括的に確保される体制」(厚生労働省，2021：362) である地域包括ケアシステムの構築を目指すとしている。つまり，8050 問題でも問われている各種制度の連携の不備を解消し，可能な限り在宅で，すなわちコミュニティでの生活継続が目標とされたのである。しかし，社会福祉協議会などの地域福祉専門機関からは，地域包括ケアシステムができたとしても，制度的対応だけでは十分ではなく，それを補完するために，地域住民による地域福祉活動で支えられた「地域共生社会」の形成が必要だとの声があがっている。しかし，地域福祉活動に対して，何をどのように補うことが求められているのかは明確ではない。

　これらは見守り活動やふれあい・いきいきサロン活動などの地域福祉活動への政策的な期待であり，そこにはコミュニティが福祉問題の解決機能を有しているという前提が垣間みえている。しかし，地方ではコミュニティそのものが人口減少や少子高齢化といった人口構造の変化を抱えている場合も少なくな

い。さらに，通勤や通学によって日常的に移動し，昼間はコミュニティから離れる人びとが，都市だけではなく農村でも一般化するなかで，福祉課題に取り組むことのできる地域住民は少なくなっている。いうまでもなく，地域福祉活動は単なる空間としてのコミュニティではなく，コミュニティに居住する人びとが地域福祉活動の担い手となることで，コミュニティでの課題解決が実現されているのであって，いくら地域福祉活動が大切であると行政側から一方的に期待が寄せられても，それに応えることのできる地域住民が限られれば，活動の維持や継続は難しい。

　本章ではこうした状況をふまえて，コミュニティで地域福祉活動が果たしている機能について考えてみたい。それは，制度的な福祉サービスとの関係において，なぜ住民による活動の必要性が強調されるのかという問いにもつながっている。

2.　近隣関係と地域福祉活動

　コミュニティで地域福祉活動が行われるためには，住民同士の関係が取り結ばれていることが前提になるといわれている。これは地域福祉活動に限らず，たとえば，豪雨や震災といった大規模な自然災害に見舞われることが増えるなかで，普段からの近隣との付き合いがあるからこそ緊急時でも互いに支え合うことができ，近隣との関係をもつ人びとが多いコミュニティの方が，そうでない場合と比較して課題への対応が円滑に運ぶことが，行政や社会福祉協議会等によって指摘されてもいる。

　それでは，地域住民同士での付き合いは大切かと問われたら，あなたはどのように答えるだろうか。大切だと思いつつも，実際にはなかなか難しいと考えるかもしれない。ましてや，一歩踏み込んで地域住民同士の支え合い活動といわれても，忙しくて時間もないし，何をすればよいのかもわからないと思う人もいるだろう。

　現状を確認するために，内閣府による全国調査である「社会意識に関する世

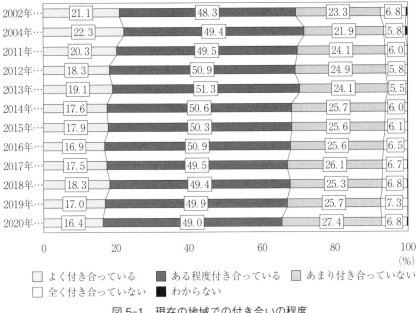

図 5-1　現在の地域での付き合いの程度

注）2016 年調査までは，20 歳以上の者を対象として実施。2017 年調査から 18 歳以上の者を対象と
して実施。
出所）内閣府（2020）一部修正

論調査」から「あなたは，地域での付き合いをどの程度していますか」という
質問への回答をみてみよう。2020 年の結果では，「付き合っている」（「よく付き
合っている」と「ある程度付き合っている」との合計）の割合が 6 割（65.4％）を超え，
「付き合っていない」（「あまり付き合っていない」と「全く付き合っていない」との合
計）の割合が 3 割強（34.2％）となっている。近隣関係の希薄化が指摘されてい
るにもかかわらず，地域での付き合いがある回答者が 6 割に達することを意外
に思った人もいるのではないだろうか。だが，注意すべきは，「地域での付き
合い」の中身である。「付き合っている」と回答した人が，どのような付き合
いを想定したのかは，これだけではわからない。

84

表 5-1　年齢階層別近所付き合いの程度

年齢階層		お互いに訪問し合う人がいる	立ち話をする程度の人がいる	顔をあわせればあいさつをする	顔は知っているが，声をかけたことはほとんどない	ほとんど顔も知らない	その他	合計
青年層	度数	23	72	136	10	16	0	257
	%	8.9	28.0	52.9	3.9	6.2	0.0	100.0
壮年層	度数	112	285	349	20	31	3	800
	%	14.0	35.6	43.6	2.5	3.9	0.4	100.0
高齢層	度数	316	342	292	9	14	8	981
	%	32.2	34.9	29.8	0.9	1.4	0.8	100.0
全体	度数	451	699	777	39	61	11	2038
	%	22.1	34.3	38.1	1.9	3.0	0.5	100.0

注）設問は「あなたは，ご近所の人とどの程度のお付き合いをしていますか」である。
　　未回答分の掲載は省略したが，合計（％）はこれらを加えて集計している。
出所）山口県社会福祉協議会（2019）

表 5-2　地域活動への参加別近所付き合いの程度

仕事以外の地域活動への参加		お互いに訪問し合う人がいる	立ち話をする程度の人がいる	顔をあわせればあいさつをする	顔は知っているが，声をかけたことはほとんどない	ほとんど顔も知らない	その他	合計
現在活動している	度数	185	255	185	7	1	5	638
	%	29.0	40.0	29.0	1.1	0.2	0.8	100.0
過去に活動したことがある	度数	139	225	221	8	13	2	608
	%	22.9	37.0	36.3	1.3	2.1	0.3	100.0
活動したことがない	度数	89	197	362	26	47	4	725
	%	12.3	27.2	49.9	3.6	6.5	0.6	100.0
全体	度数	413	677	768	41	61	11	1971
	%	21.0	34.3	39.0	2.1	3.1	0.6	100.0

注）設問は「あなたは，仕事以外に地域で活動されていますか」である。
　　未回答分の掲載は省略したが，合計（％）はこれらを加えて集計している。
出所）山口県社会福祉協議会（2019）

2.1　近隣関係の実態

　山口県での調査では，近所付き合いを具体的に例を挙げて尋ねている。年齢階層別の全体では「顔をあわせればあいさつをする」が4割弱（38.1％），次いで「立ち話をする程度の人がいる」が3割強（34.3％）となり，両者で7割を超える結果となっている。一方で，「お互いに訪問し合う人がいる」という濃密な近所付き合いを行っている人は，全体で2割程度（22.1％）であった。ま

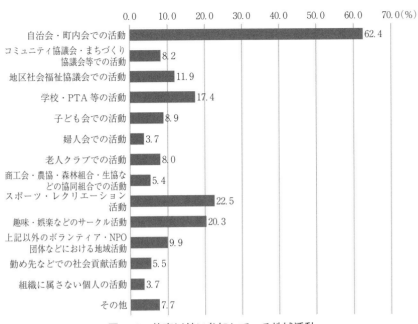

図 5-2　仕事以外に参加している地域活動

出所）山口県社会福祉協議会（2019）

た,「ほとんど顔も知らない」(3.0%),「顔は知っているが, 声をかけたことは
ほとんどない」(1.9%) などの, より浅い近所付き合いの割合はそう大きなも
のではない。コミュニティで過ごす時間が長いと思われる 65 歳以上の高齢層
と比較して, 18 ～ 39 歳の青年層では, 近所付き合いが浅い人の割合は確かに
多いが, それでも 1 割程度に留まっている。山口県での限られた結果ではある
が, 全国調査に示された付き合いの内実は, 顔をあわせればあいさつする程度
が中心ではないかと推察される。このように地域での付き合いの実態はさまざ
まであって, 付き合いがあるという人びとが全国で 6 割を超えているからとい
って, それが住民同士での支え合い活動につながるかといえば, 疑問ありとせ
ざるを得ない。
　では, こうした近所付き合いと, 自治会・町内会などへの地域集団参加との
関係はどうなっているだろうか。「現在活動している」「過去に活動したことが

ある」人は，「活動したことがない」人よりも「お互いに訪問し合う人がいる」といった濃密な付き合いをもつ人の割合が高く，「活動したことがない」人は「顔をあわせればあいさつをする」などの浅い付き合いの割合が高い。これは当然の結果かもしれない。近所付き合いが浅ければ，活動に誘われることも少なく，参加したくとも，その機会に乏しくなるからだ。また，集団参加の対象は，自治会・町内会が6割に達する以外はいずれも低調である。

<table>
考えてみよう ❶
</table>

　近所付き合いはコミュニティの人びとの関係を示すひとつの指標であるが，コミュニティのつながりが弱いことと並んで，強すぎることで起こる問題はないかも考えてみよう。

3. 地域福祉活動の展開と担い手

　1980年代以降に日本では少子高齢化が急速に進み，家族の小規模化も進行した。第4章でも示されたように，家族内だけで高齢者介護などの福祉ニーズ充足が難しくなり，介護の社会化が求められた。高齢者介護領域をみると，1990年代に入っても家族介護規範は依然として残り，入所型の福祉施設利用の抵抗感に加え，施設自体の量的不足もあって，認知症高齢者の受け皿として，社会的入院とも呼ばれた医療機関への入院が選択される事態となった。医療機関は治療の場であるにもかかわらず，長期入院という形で，あたかも社会福祉施設のように生活せざるを得ない事態は，医療財政を圧迫した。これを変えるために介護はいかなる主体が行うことが望ましいのか，また実際に可能なのかが問われた。そして，本人の自助努力や家族だけに頼るのではなく，国や地方自治体，社会福祉法人，NPO，ボランティアなどといった，福祉サービスの供給主体の多元化の必要性と同時に福祉サービス提供者の確保が問題となった。また，在宅での生活継続が重視され，入所型の施設サービスと組み合わせて行うことが望ましいとされた。さらに，高齢者の生活に身近なコミュニテ

ィで介護を行うことでニーズ把握が容易になるという実践的な意義に加え，介護提供の責務を地方自治体が担う方がニーズに柔軟に対応できるとして，高齢者介護の地方分権化が進行した。また，従来の措置制度ではなく，権利としてのサービス利用を促す利用制度への転換が進み，介護サービスの提供は公的機関のみではなく，民間事業者やNPOなどの多様な提供主体が参入し，民営化も進行した（藤村，1999）。こうした介護サービス等の拡大の動きとともに，安否確認としての見守り活動や声かけ，閉じこもり防止のためのふれあい・いきいきサロン活動などの地域住民の相互支援意識に支えられた地域福祉活動が高齢者の社会的孤立状態の解消にとって効果的であることが経験的に確認されてきた。住民参加による活動の担い手確保が進められるなかで，交通費や食事費用の受け取りを認める有償ボランティア，低額の利用料と報酬とを組み合わせ，社会福祉協議会などによって組織化され，移送サービス，食事サービス，ホームヘルプサービスなどを提供する住民参加型在宅福祉サービスといった有償型サービスも登場した。その後，2000年の公的介護保険制度の導入，地方自治体による地域福祉計画，社会福祉協議会による地域福祉活動計画の策定，さらには，地域共生社会の実現，先に述べた地域包括ケアシステムの構築といった一連の地域福祉政策としての動きがあり，コミュニティの住民による福祉課題解決が促されてきた。

　ごく簡単に1980年代以降の日本の高齢者介護政策の動きを示したが，地域福祉活動は，たとえば社会的孤立といった高齢者の抱える個別の福祉課題解決を目指してはいるが，単なる個別支援のサービス提供体制としてではなく，活動によって福祉課題の負担が軽減され，コミュニティでの生活継続が実現されていくためにも機能しており，生活支援活動ともいえる。生活を人びとの集団参加によって取り結ばれる関係性の総体とすれば，生活支援は，多様な地域集団へ参加している地域福祉活動の担い手と，受け手としての高齢者が互いに関係を取り結ぶことによって，地域福祉活動の基盤が形成されてはじめて成立することになる（高野，2022）。

3. 1 地域福祉活動の展開

　それでは，実際に地域福祉活動はどのようにコミュニティで動き出すのであろうか。次の一連の動向は仮想例ではあるものの，地域福祉活動の関係者にとっては経験的に理解されると思われる。まず，近所の一人暮らし高齢者が鍋を焦がしボヤ騒ぎを起こしたことを知り，軽い認知症ではないかと気になる（問題把握）。近所の知り合いにそのことを話すと，相手も同じく気になっていたが，何をすればよいのか迷うまま時間が過ぎていたことがわかる（情報共有）。そこで，地域の民生委員に相談したところ民生委員による高齢者への訪問を経て，社会福祉協議会から委嘱されている福祉委員や自治会・町内会の人びとによる話し合いが行われ（課題共有），地区社会福祉協議会の支援を受けて，民生委員，福祉委員などを中心とした見守り活動の実施につながっていく（地域福祉活動の開始）。場合によっては公的介護保険制度の機関である地域包括支援センターなどとも連携しながら（制度活用），地域福祉活動の存在が広く地域住民に理解されていく。すると，これまで地域福祉活動には関心をもっていなかった住民も，自分でも何かできるかもしれないと考えて活動に参加し始める。そして，関係機関，団体の連携が生まれ，たとえば居場所が必要ではないかと，ふれあい・いきいきサロンのような新たなサービスが生み出されていく（地域福祉活動の拡大）。しかし，やがて担い手の高齢化や転出によって活動継続が難しくなる（地域福祉活動の終結）。あくまでも仮想例だが，地域福祉活動が立ち上がり，広がり，そして変化していくといった一連の動きは，このように展開していく（高野，2015b）。活動を主に支えているのは，民生委員や福祉委員などが中心である。こうした人びとはどのようにして担い手となっていくのであろうか。

調べてみよう ❶

　市区町村社会福祉協議会のウェブサイトなどで，どのような福祉課題の解決を目指して地域福祉活動が行われているのかを確認してみよう。地域福祉活動の対象や目的，担い手に注意しながら確認するとよい。

3.2　地域福祉活動の担い手

　たとえば民生委員の場合，自治会・町内会といった地域集団での活動経験を
もっている場合が多く，そうした実績を踏まえて，地域福祉活動に適任との評
価を得て，自治会・町内会からの推薦を受け委嘱されている。地域福祉活動の
担い手は，多様な地域集団に参加している人びとが相互に関係をもちながら活
動する傾向があり，コミュニティでの活動の蓄積の上に民生委員活動も存在し
ている。つまり，あるコミュニティにおける地域集団への参加状況が，その量
において豊富であり，質において濃密であれば，そうではない場合よりも，地
域福祉活動の担い手が多くなり，また，活動も活発になると仮定できる（高野,
2022）。地域福祉活動の担い手を増やすことが求められるのであれば，単に福
祉活動への参加を促進するだけではなく，コミュニティで活動する人びとにと
って活動の基礎となる地域集団が組織化され，それらへの参加が促されること
も必要となる。地域福祉活動を行う集団の状況は，多様な地域集団との関係性
のなかで捉えておくこと，すなわち，地域福祉活動を行う集団と多様な地域集
団は，その担い手においても，活動目的においても関係し，重なり合っている
ことを考える必要がある。しかし，地域福祉活動と親和性が高いと考えられて
きたコミュニティでの地域集団は，自治会・町内会をはじめとする自動加入型
が存在感を保ってきたが，先に山口県の地域集団参加の状況を示したように，
自治会・町内会への加入率はある程度維持されてはいるものの，活動実態は弱
体化する傾向にある。都市地域では未加入者の割合も増加している。このよう
な事態は，地域福祉活動の担い手となる機会を提供してきた地域集団の衰弱に
もつながりかねない。一方で，個人の自発的な参加によって，たとえば子ども
食堂などを運営し子どもの居場所を作ることを目指すといった個別課題解決型
の NPO などが登場しているが，このような組織はこれまで自治会・町内会と
いった自動加入型の地域集団との連携を十分意識してきたわけでは必ずしもな
かった。両者がどのような関係をコミュニティで形成していくのか，こうした
点もふまえて，今後，地域福祉活動の担い手となる経路がどのように変化して
いくのか注視する必要がある。[3]

4. 地域福祉活動の補完性

　こうしたコミュニティの現状のなかで，効率的な福祉課題解決のために地域福祉活動の必要性が強調され過ぎれば，それは労働力としてのみ活動を評価することになりかねない。しかも地域住民による相互支援活動なのだとして無償性が強調されるならば，地域福祉活動への動員に外ならないともいえる。先に制度的な福祉サービスと地域福祉活動の関係のあり方を検討する必要性を指摘したが，地域福祉活動による制度的な福祉サービスの補完について，2つの事例を通して考えてみたい。

　地域福祉活動は，同じコミュニティで生活する人びとが，担い手（支援者）でもあり，受け手（被支援者）でもある。この点は重要である。しかし，本来対等な立場にあるはずの両者が，ひとたび地域福祉活動の支援者と被支援者とに分かれてしまうと，双方の関係は微妙に揺らぎはじめ，ともすれば支援を受け入れる立場にある被支援者は，支援する側として強い立場となる支援者の意向を意識し，これ以上の迷惑はかけたくないと，活動から距離を置く場合すらある。これを回避するには，できるだけ担い手と受け手とを対等な関係に近づけ，同じコミュニティに暮らしているという共通点に支えられた相互支援活動であることを両者が繰り返し確認していく必要があろう（高野，2020：14-15）。被支援者がためらわずに活動を利用するためには，被支援者が自身の困難な状況に気付いていない事態を，支援者が一歩踏み込んで変えていくことと，被支援者側が遠慮せずに支援者と意思疎通が実現できる仕組みが求められている。

4.1　被支援者の自己認識の状況

　山口県の過疎地域で高齢者を対象とした聞き取り調査を行った。[4)]　聞き取りでは，地域福祉活動の利用実態だけではなく，高齢者の生活の全体像を可能な限り把握することを目指した。地域福祉活動に支えられている高齢者は，活動を利用するだけの受け身の存在ではない。日々の暮らしのなかで，農村高齢者であれば農作業を行い，食料品の買い物をし，時には通院もし，近隣住民と話し

もする。別居子が週末に来訪し，一緒に自動車で買い物に行くこともあるだろう。民生委員の見守り活動を敬遠する人もいれば，楽しみにしている人もいる。高齢者を，地域福祉活動の利用者として一括りにするのではなく，個々の高齢者の生活の多様性を把握し，生活を全体として捉えることが大切であり，これによって，活動の受容や拒否の理由も検討できる。こうした聞き取りによって，一人暮らし高齢者のなかには，自身が困難な状態にあったとしても，そのことに気付いていない場合があることがわかった。

　調査対象地域の在宅介護支援センターでは，一人暮らし高齢者の食料品の買い物実態を調査し，日常の食料品の買い物に困っているかどうかを確認していたが，困っているという回答は少数であったため，買い物に困っている高齢者は少ないと判断していた。しかし，一人暮らし高齢者の食料品の購入先や，食事内容については未確認であった。当時85歳であった一人暮らしの男性高齢者は，食事の用意は自身で行うが，一日の食事は1〜2回と少なく，食料品の買い物には，週に2〜3回自家用車を自分で運転し，片道20分程の場所にあるスーパーマーケットまで出かけていた。そして，肉や魚，酒などを買い過ぎないよう注意しながら購入していた。別居子も冷凍食品などをたまに送ってくれるとのことで，買い物には困っておらず，食事にも困っていないと話していた。つまり，この高齢者は，先の食事調査では困っていないと答えた側に入ることになる。

　しかし，高齢での運転には不安があり，また，食事の量も少ないため体調も心配される。それに気付いていないのか，あるいは認めるのを避けているのかまでは把握できなかったが，少なくとも，自身が不安定な状態にあるとは本人は話していない。一方で，先の調査で食事に困っていると回答した人のなかには，自動車の運転ができなくなり買い物がうまくできず食事が単調となるといった問題や，栄養バランスの取れた食事をしたいと感じている人が含まれている可能性がある。このことから，自分自身の食事に問題があると気づき，それを認めて話してくれた人が，わずかしかいなかったと考えるべきなのだ。

　食事に限らず，自身の置かれている状態を適切に判断することは，思いのほ

か難しいということでもある。それでは，不安定な状態に気付けるのは誰であろうか。まず考えられるのは別居子であるが，同居していなければ高齢者の実際の食生活の実態はなかなか見えてこない。しかし，民生委員は高齢者の買い物状況などから，高齢者の不安定な状態を把握でき，それを別居子に伝えることができる。自身の問題に気付いていない高齢者と，そのことを見逃している別居子とを民生委員がつなぐことで，家族による支援効果は高まるであろう。

　高齢者福祉制度の対象は，個人を単位として制度設計されているため，一人暮らし高齢者世帯では個人としての高齢者自身のみが制度の対象となる。しかし，世帯でみれば一人暮らし世帯であっても，高齢者の生活は別居子という家族からの社会的支援によっても支えられており，家族との関係を含めなくては生活全体を捉えることは難しい。民生委員は高齢者と同じコミュニティで暮らす住民でもあり，世帯としての高齢者と，家族としての別居子の双方に働きかけることができる。このことは地域福祉活動が制度的なサービスを補完するひとつの例といえよう。

4．2　対等な関係形成の必要性

　次に，高齢者が無理なく自身の状況を支援者である地域福祉活動の担い手に伝えるための方法論を，福岡市のＳ団地での見守り活動の事例からみてみよう[5]。この団地でも一人暮らし高齢者世帯の見守り活動を民生委員が行っていたが，ある高齢者を訪問したところ返事がなかったため，数日後に再訪したが，やはり返事がなかった。中で倒れている可能性もあるため，あらかじめ把握していた緊急連絡先の別居子に電話したところ，その高齢者は別居子宅に滞在していたことがわかった。民生委員としては事故とならなかったことに安堵する一方で，出かける前に，しばらく不在にすると伝えてくれていれば不安を感じずに済んだとの思いもあった。しかし，高齢者の側からすれば，わずかな間の不在をいちいち連絡していては民生委員をかえって煩わせることになると，遠慮した可能性もある。そこで，社会福祉協議会のコミュニティソーシャルワーカー[6]と話し合い，「不在にしますカード」という用紙を作成し，高齢者自身が

民生委員に連絡できる仕組みを設けた。カードは，民生委員に直接手渡ししなくとも，民生委員の家のポストに入れておけばよいこととした。思い立ったときにすぐに届けられる工夫でもある。

　民生委員は，普段からいつでも話しに来て欲しいと伝えていたが，高齢者には遠慮もあった。民生委員と高齢者が同じコミュニティで暮らし，関係が形成されているからこそ，互いに配慮し合い，結果として行き違いが起こったともいえる。こうした状況を，カードを介在させ，支援者と被支援者との関係を少し緩和させることによって，被支援者側の負担感が軽減されている。このことは担い手と受け手とを対等な関係に近づけていく取り組みでもあり，こうした方法論が生みだされていくことで，地域福祉活動が円滑に受け入れられていくのである。

調べてみよう ❷

　あなたの身近な高齢者は地域福祉活動に担い手として，あるいは受け手として参加したことがあるだろうか。参加されていれば感想を，参加されていなければその理由を聞いてみよう。

---

5. コミュニティと地域福祉活動

　地域福祉活動が制度的な福祉サービスを補完していることを示した。地域福祉活動は，世帯と家族の双方に働きかけることができること，同じコミュニティで暮らす者による相互支援活動として支援者と被支援者とを対等な関係に近づけることで成立していること，さらに，被支援者の生活支援として機能していることなどを指摘した。しかし，地域福祉活動は非効率だと感じられたかもしれない。高齢者の社会的孤立を効率よく防ぐのであれば，行政などが対象者を決定し，近隣住民に指示を与えて，定期的に訪問するよう促せばよいと考える人もいるのではないだろうか。だが，本章で示したように同じコミュニティで暮らしているのだから，何かできることがあれば手伝いたいという地域住民

の相互支援意識が地域福祉活動を支えている。行政や社会福祉協議会が効率よく課題解決を目指すあまり，住民を動員するような動きになっては，地域住民は活動から離れていく可能性がある。地域福祉活動を必要だとする政策的な期待のなかで，活動に参加している人びとが負担感をもつことになってはならないと思う。

　社会学的な地域福祉活動分析の意味は，利他的な行為の構造把握にあるのであって，地域福祉活動のあるべき姿といった理念型を論じることにはない。異論はあるかもしれないが，地域福祉活動はあくまでも手段として把握すべきであって，活動を行うこと自体が目的とされることになってはならないと思う。活動が行われることによって，いかなる社会を目指すのかが曖昧にされたまま，活動参加の拡大を図る動きは，本末転倒である。本章では，地域福祉活動を必要とする社会とはいかなる社会であるのかという問いには十分に答えることはできなかったが，この問いには引き続き注意を払う必要があるだろう。

注

1) 本調査は社会福祉法人山口県社会福祉協議会によって 2018 年 6 月に山口県内在住の 18 歳以上男女 5,000 人（県内 19 市町の人口に応じて按分し，19 市町の選挙人名簿抄本から無作為抽出）を対象として実施された。回収数は 2,156 票（回収率 43.1％）であった。本調査は，ほぼ 5 年ごとに継続調査として実施されており，筆者は初回調査（2009 年）から分析等の機会をいただいている。データの使用を快諾くださった山口県社会福祉協議会に感謝したい。

2) 民生委員は，「民生委員法」に基づき各市区町村に設置される民生委員推薦委員会による選考等によって推薦され，厚生労働大臣から委嘱される。任期は 3 年で再任が認められているため，全国的に「なりて不足」が起こるなかで，長期継続も稀ではない。報酬はなく，活動費（活動費用弁償費）として年額 6 万円程度が支給されている。民生委員は「児童福祉法」によって児童委員を兼ねている。定数は，各市区町村の人口や面積，地理的条件，世帯構成の類型等によって世帯数を基準として決定されている（たとえば，中核市および人口 10 万人以上の市の場合，170 から 360 までの間のいずれかの数の世帯ごとに民生委員・児童委員 1人）。2019 年 12 月の民生委員・児童委員の一斉改選では全国で 22 万 8,206 人が委嘱され，定数（23 万 9,682 人）に対する充足率は 95.2％であった（全国民生委員児童委員連合会，2020）。

3) 経路には地域性があり，消防団などといった機能集団としての地域集団への参加と，道普請（道路維持作業）などの生活を支える集落維持のための活動が一体として維持されている農村と，子ども会などの機能集団への参加が中心となって

いる都市とでは，人びとの活動参加への意味づけが異なっている可能性にも注意
が必要である。

4) 聞き取り調査は，山口県社会福祉協議会主催のフィールドワーク研修会の一環
として，2013 年 10 月 4 〜 5 日に山口県 M 市 A 地区の 13 世帯 17 人の高齢者
（夫婦のみ世帯，一人暮らし世帯からの有意抽出）を対象とし，半構造化調査票
を用いた個別面接方式で実施した。

5) 聞き取り調査は，九州大学文学部社会学・地域福祉社会学研究室によって社会
調査実習の一環として実施した。2015 年 7 月から 2016 年 2 月にかけて S 団地内
で月 1 回開催されていた 3 つのふれあい・いきいきサロンに参加し，ひとつのサ
ロン活動の担い手 11 人に対して半構造化調査票を用いた集合面接方式で実施し
た。

6) 8050 問題などの制度の狭間の問題といった個別課題に対応し，それを地域課題
として共有する場を設け，課題として提起した上で，支援対策を検討し実施する
ことなどを目的として，市区町村社会福祉協議会に配置されている。

🖊 引用・参考文献

渥美公秀『災害ボランティア―新しい社会へのグループ・ダイナミックス』弘文
堂，2014 年

藤村正之『福祉国家の再編成―「分権化」と「民営化」をめぐる日本的動態』東京
大学出版会，1999 年

厚生労働省『令和 3 年版　厚生労働白書―新型コロナウイルス感染症と社会保障』
2021 年

鈴木広「ボランティア行為の福祉社会学」『広島法学』12(4)，1989 年，59-87

高野和良「人口減少社会における社会的支援と地域福祉活動―山口県内の『見守り
活動』の実態から」徳野貞雄監修，牧野厚史・松本貴文編『暮らしの視点からの
地方再生―地域と生活の社会学』九州大学出版会，2015 年 a，175-194

―――「相互支援活動の地域福祉社会学」『現代の社会病理』30，2015 年 b，107-
118

―――「つながりのジレンマ」三隅一人・高野和良編著『ジレンマの社会学』ミネ
ルヴァ書房，2020 年，3-16

―――「人口減少社会における地域福祉活動と生活支援」小松理佐子・高野和良編
著『人口減少時代の生活支援論』ミネルヴァ書房，2022 年近刊

山口県社会福祉協議会『2018 年度福祉に関する県民意識調査報告書』2019 年

全国民生委員児童委員連合会『令和 2 年度　全国民生委員児童委員連合会事業計
画』，2020 年（https://www2.shakyo.or.jp/wp-content/uploads/2020/03/da6bb5f21
c234a566f038d83cc6587a5.pdf（2021 年 10 月 1 日閲覧））

📖 文献案内

岡村重夫『地域福祉論　新装版』光生館，2009 年（初版は 1974 年刊行）
高齢者，児童，心身障害者等の抱える日常生活上の困難に対してサービスを提供す
る「コミュニティ・ケア」と，その効果的実施の前提としての住民参加を促す「地
域組織化活動」によって構成される新たな概念として「地域福祉」を定義した。地
域福祉はサービス提供体系ではなく，奥田道大らの地域社会類型なども検討しなが

96

ら，地域が単なる空間ではなく，コミュニティとしての構造をもつことではじめて地域福祉が機能し，住民の生活維持につながるとする。やや難解だが，日本の地域福祉研究を考える上では基本文献である。

仁平典宏『「ボランティア」の誕生と終焉―〈贈与のパラドックス〉の知識社会学』名古屋大学出版会，2011 年
ボランティアとは何であり，いかなる価値があるかについて，「これまで人々は何を語ってきたのか」が検討される。戦前期から 2000 年代にかけて，日本でボランティアがどのように語られてきたのかを詳細に整理し，ボランティアに対する評価が，どのような「政治的，社会的文脈」のもとで行われ，その結果はどうであったのかが提示され，ボランティアと動員との関係などが検討される。本章で十分に言及できなかった社会学的なボランティア研究を概観できる。

ジョン・F・エンブリー著，田中一彦訳『新・全訳　須恵村―日本の村』農山漁村文化協会，2021 年
1930 年代の熊本県須恵村での暮らしを合衆国の若い人類学者が記録している。「部落生活の二つの顕著な特徴は，協同と交換である。協同は，村民のグループが自発的に一緒に作業することである。協同は『ボス』がいないことを暗に意味し，つまり一緒に働くことを人々に強制する人はいな」（153 ページ）かったのだが，貨幣経済が浸透し，機械の使用が広がることで協同が崩れつつあったことが示される。効率化と地域福祉活動との関係を考える上でも示唆に富む。

第 **6** 章

自殺のトレンドと日本の労働環境

この章のポイント

　本章では日本社会における自殺の現状について分析を試みる。社会学の古典として名高い『自殺論』（Durkheim, 1897）が世に出た当時，自殺はもっぱら個人的な理由によるものだと考えられていた。今日では自殺の背後にはさまざまな社会的要因があることが認められている（「自殺対策基本法」）が，社会学は自殺という行為を社会の中にどのように位置づけるのだろうか。デュルケームは個人の意識を逃れた社会的事実に自殺率を左右する社会的要因を求めた。しかしそれらの要因は，人びとが社会に向き合い，生活をする姿勢に影響を与えるものでもあったからこそ，自殺に結びついたのではないだろうか。

♪ キーワード

集団本位的自殺，過労自殺，地位剥奪的貧困，労働の二極分化

1.　近年の日本における自殺傾向の現状

　日本における自殺者数は，この四半世紀にわたって大きく変動してきた。警察庁が作成する「自殺の状況　資料」各年度版によると，1990 年代半ばまではおよそ 2 万人から 2 万 5,000 人の間で推移していた自殺者数は，1997 年の 2 万 4,391 人から 1998 年の 3 万 2,863 人へと 1 年間で実に 34.7% の増加を示し，以後自殺者が年間 3 万人を超える状況が 2011 年まで 14 年間続いた。この 3 万人という数字は，交通事故による年間の死亡者数の 5 ～ 6 倍にあたる。その後 2012 年に 3 万人を下回ってからは毎年減少しており，2019 年には 2 万 169 人と，自殺者数は 2 万人を割り込もうとしていた。しかし，2020 年に新型コロナウイルス感染症が社会生活に与えた影響は甚大で，女性の自殺者が増加したことによりこの年は反転して増加している。短期間で生じたこのような自殺者数の変動は，日本社会のどのような側面を反映しているのであろうか。

　自殺者数が急増した 1997 年から 1998 年にかけては，バブル経済崩壊後に大量に発生した不良債権のため，日本でも大手の証券会社や銀行が経営破綻した金融危機の時期にあたる。日本社会ではとくに，倒産件数や失業者数の増減が自殺と関連することが指摘されてきたが，経済的困窮だけを自殺の主な原因と考えてもよいものだろうか。日本における自殺がどのような社会環境と関連しているのか探るために，以下にみるように自殺急増の特徴を確認してみよう（江頭，2007）。

　自殺率には明確な性差があり，日本以外の他の社会と同様，つねに男性の自殺率が女性の自殺率を上回る。厚生労働省の「人口動態統計」各年度版によると，1998 年以降の自殺の急増は，男性自殺率の急増によるものであることがわかる。同時期の女性の自殺率についても若干の増加はみられるものの，自殺率についてのデータが利用できる期間全体の中では，比較的低く抑えられているといえよう。

　また，自殺率は年齢とともに増加するという一般的な傾向があるが，年齢別の自殺率の様相についても男女間で大きな相違が認められる。女性の自殺率

は，年齢とともにゆるやかに上昇する傾向がみられ，1998年の自殺急増時の前後では，年次による差異はほとんど見受けられない。これに対してこの時期の男性の年齢別自殺率は，かなり特異なパターンを示している。後に示す図6-1の2000年の折れ線のように，男性の自殺率は50歳代の後半に大きなピークがあり，高齢期の後期に再び上昇するというパターンを見せている。しかも，50歳代に最初のピークがあるというパターンは1997年以前にすでにできあがっており，1998年以降男性の自殺者が急増したのはそのパターンがより先鋭化して強烈になったためだと解釈することができよう（江頭，2007：127）。

　年齢別自殺率は，とくに男性について2000年以降も大きな変化がみられた。図6-1は，2000年から2019年にかけての変化を示したものであるが，男性の50歳代後半にみられた自殺率のピークは徐々に低くなり，また高齢者の自殺率も低下している。そして，中高年の高い自殺率が緩和されるのと対照的に，20歳代の若年層の自殺率の上昇がみられ，20歳代以降について自殺率は全般的にフラット化している。また，女性の年齢別自殺率も高齢者の率が低下し，同様のフラット化の傾向がみられる。2012年以降における自殺数の大幅な減少の大部分は，男性の50歳代後半に大きなピークがある自殺率のパターンが，徐々に消滅していったことによるものであるということができる。

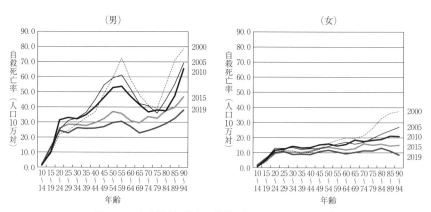

図6-1　年齢別自殺率の推移（2000〜2019年）

出所）厚生労働省大臣官房統計情報部編『人口動態統計』各年度版より作成

　自殺者が急増して高止まりの傾向を見せていた頃に話を戻そう。とくに日本において自殺は失業者に多いといわれるが，職業の有無や職種と自殺の関係についてはどうなっているだろうか。警察庁の「自殺の概要」各年度版により職業別の自殺者数の推移を確認すると，無職者の自殺数が最も多く，また，1997年から1998年にかけてその数は急増している（1万1,590人→1万5,266人）が，その一方で被雇用者全般（5,696人→7,960人）や自営業者（3,028人→4,355人）も同時期に自殺が増えていることがわかる。その他の職種では，若年の「学生・生徒」や母数の少ない「管理職」の自殺数が少なく，自殺者数の変化が比較しにくい。そこで，2020年の自殺者数2万1,081人とほぼ同じ自殺者（2万1,084人）を出した1991年の職業別自殺者の数値を100とした指数に換算して，変化傾向を分析した。

　それによると，「被雇用者」も「無職者」と同様に1991年との対比で1998年以後は50％前後の増加を示しており，それ以上に「管理職」や「自営者」の自殺数の伸びがそれぞれ87％増，75％増と大きく，職業をもつ者についても自殺のリスクが高くなったことが明らかだ。その後，自殺者数が3万人を下回って下がり始めた2012年以降は，「管理職」や「自営者」の減少割合は大きく，「主婦・主夫」とともに1991年との対比で50％から75％程度に低下した。その一方で，実数は少ないが「学生・生徒」の指数が2020年は200を超えている。

　自殺率には地域的な差異も大きい。これまでで3万4,427人と最も自殺者数が多かった2003年のデータはそのことを如実に示している。厚生労働省大臣官房統計情報部編（2005）によると，2003年における47の都道府県別の人口10万人当たりの男性の年齢調整自殺死亡率（各県の人口構成が1985年の全国の年齢構成と同じになるように調整して算出した死亡率）は，南関東1都3県，中京圏，関西圏など大都市圏において26.5〜30程度と低い。逆に高いのは，50を超える青森，岩手，秋田の北部東北地方のほか，40を超える山形，新潟，島根，高知，佐賀，長崎，宮崎，鹿児島，沖縄など，周辺的な地域においてである。自殺率は年齢とともに上昇する傾向があるので，標準的な年齢構成にあるもの

として調整しなりれば，高齢化の進んだ周辺部の自殺率の高さはより際立つこ
とになろう。直近の状況については，年齢調整死亡率のデータが利用できる
2015 年には，全国の値は 33.2 から 23.0 へと低下し，また，自殺率が都市部
で低く周辺部で高い傾向は同じであるものの，値のばらつきも小さくなってい
る（2003 年：都道府県の値の平均 35.7，標準偏差 7.14，変動係数 0.20，2015 年：都道府県
の値の平均 24.0，標準偏差 2.71，変動係数 0.11，2015 年のデータは厚生労働省大臣官房統
計情報部編，2017）。

調べてみよう ❶

　この節で利用した官公庁の統計資料などは，一昔前なら公立の大型図書館や大学
の図書館，資料室に行かなければ見ることができなかった。しかし現在では，紙媒
体では発行せずにインターネット上のウェブサイトで公開する方向に変化してい
る。警察庁の「自殺の状況」や厚生労働省の「人口動態統計」をインターネットで
検索し，より詳細な情報を集めてみよう。

2. 過労自殺の特徴と集団本位的自殺

　ところで，これまで統計データで確認してきたような，自殺の急増期から高
止まりの時期にかけての日本の自殺傾向は，いわゆる過労自殺の色彩を強く帯
びていることが指摘できる。過労死や過労自殺の案件を専門的に扱う弁護士の
川人博によると，過労自殺の特徴として以下のようなことが指摘された（川人，
1998）。

　まず，過労自殺は男女比では圧倒的に男性が多い。これは，ある年代以上は
まだ女性のフルタイム労働者が少なかったこと，フルタイムの正規雇用でも女
性は男性ほど長時間労働を行っている例が少ないことによるものだろうとされ
る。次に，過労自殺は幅広い範囲の労働者で生じており，ほとんどすべての業
種・職種で，組織内の役職を問わず，20 歳代から 60 歳代までの年齢層で発生
している。そして，裁判や労災申請で取り上げられるのは青年層が多いが，過
労自殺の発生数は職責が重い中高年で多いはずであると川人は指摘しており，

このことは 50 歳代後半に自殺率のピークがあり，1997 年から 1998 年にかけての経済危機に際してこの年代の自殺率の上昇幅が大きいこと，管理職の自殺増加率が大きいことにも表れている。そして，過労自殺にまで至る過程で自殺者が自らの限界に達するまで仕事に打ち込むのは，組織や職務への一体感・従属意識が非常に強いからで，遺書が残されている場合自責の表現が目立ち，会社や上司への非難は稀である。過労自殺のこのような特徴から，川人はデュルケーム（Durkheim, É.）の自殺類型における集団本位的自殺（suicide altruiste）に対応するものと想定する。集団本位的自殺であれば，大都市部で低く周辺部で高いという自殺率の地域分布の傾向とも合致する。というのは，都市化と個人主義が結びつきやすいことから，大都市圏では集団本位主義の傾向が弱く，周辺的な地域では強いと想定できるからだ。自殺率の地域差については社会的な孤立，すなわち自己本位的自殺を説明原理とする別の見方もあり，この点については後に検討する。

　デュルケームは『自殺論』（Durkheim, 1897＝2018）において自殺を規定する社会的要因を 4 つに分類した。これらは，社会集団が個人を自らに結びつけ「統合」しているかどうか，そして，社会集団が個人の欲望など情念を「規制」しているかどうかという，社会状態の二側面に関連している。「統合」が弱すぎる状態と強すぎる状態が，それぞれ自己本位主義と集団本位主義であり，「規制」が弱すぎる状態と強すぎる状態は，それぞれアノミーと宿命主義と呼ばれる。これらの社会的要因は，個別の具体的な自殺の原因にも関連しているが，社会や時代によって特有の値をさまざまに示す社会的自殺率に，より明確に表れる。そして，集団本位的自殺は，「統合」を軸にして自己本位的自殺と対をなす自殺類型である。

　自己本位主義は社会集団の統合が弱まり，個人的自我が過度に主張されている状態だ。この状態において，自分以外の他者との結びつきが弱いと，自らの生に意味が感じられなくなり，何らかの苦難に直面したときには，容易に自らの命を絶つ。『自殺論』の分析において，教会の統合が弱いプロテスタントが統合の強いカトリックよりも，家族に包摂されていない未婚者が包摂された既

婚者よりも高い自殺率を示すのは，この原理による。逆に，統合が強力すぎる集団本位主義においては，個人が集団に完全に埋没し，個人の人格・生命が無に等しくなる。このため，古代社会やいわゆる部族社会において，生に執着しない価値観のためささいな理由から自殺し，近代社会においても軍人の自殺率が高い傾向にある。

　デュルケーム自身は集団本位的自殺を近代社会で増加する自殺とは無関係と考えていた（Durkheim, 1897＝2018: 644）が，近年日本で問題となっている過労死・過労自殺の背景にはむしろ集団本位主義の状態があることを，これらの問題に法律や医療の現場で対応している実務家が指摘している（川人，1998；大室，2017）。

　また，男性の過重労働をもたらす要因のひとつに，職場や職務に対する労働者の一体感があることは，過労死・過労自殺の事例の分析においてしばしば見いだされることである。労使関係論の熊沢誠は自殺遺族の手記や労働災害が認定されないことに対する行政訴訟，企業に対する民事訴訟の判決文などによって明らかになった事実を資料として，1980年代以降に発生した多数の過労死・過労自殺事件の経緯を生々しく再構成している（熊沢，2010）。熊沢自身の基本姿勢としては労働者とその家族の側に立って企業労務の責任を厳しく問うものであるが，その熊沢であっても「強制された自発性」（熊沢，2010：13，154，172，364）と表現せざるをえないような労働者側の自ら「働きすぎてしまう」傾向が，過労死・過労自殺が発生する状況の重要な要因となってるのだ。長引く過重労働で明らかに体調が悪化しているのに，休養や診療をすすめる家族の懇願を振り切って仕事に出て行き，脳・心臓系疾患により突然死したり，過労自殺の原因となる鬱病を徐々に悪化させたりする事例がほとんどである。そこまで無理をして彼らが働いてしまうのは，会社から頼りにされている，上司から期待されている，という他者からの評価に応えなければならないという義務感によるものであったり，休めば同僚に迷惑がかかるという他者への配慮であったり，きびしい納期に間に合うよう仕事を完成させたいという職業意識であったりする。

　法哲学の井上達夫によると，このような日本の労働者の自己犠牲的働き方の原因は，労働者と経営者が一体となった企業の共同体的性格であるという（井上，2011）。この共同体的性格は，終身雇用・年功賃金・協調的企業内組合といった日本的な労使関係，そして株主の影響力が弱く，企業を構成して運営する主体が従業員と従業員から昇格した経営者であるという労使の人的一体化などにより，歴史的に形成されてきた。過労死を引き起こすほどの過重労働の問題が発生するのは，階級対立による搾取というよりは，会社が「資本家のもの」から「我々従業員のもの」に変容しているからこそ，共同体がその構成員に課す献身要求に歯止めがかからなくなったことによるものである。「管理職も一般労働者と同様に過労死する日本の会社は，ある階級が他の階級を搾取する場というよりも，『みんながみんなのために』燃え尽きるほど奮闘することを期待される共同体なのである」（井上，2011：166-7）

考えてみよう ❶

　「命よりも大事なもの」があり，それに向かって一生懸命に働くというのは，充実した生活を送ることでもあり，ある面では素晴らしいことである。しかしそのことによって本当に命を落としてしまえば，本人やその家族，周囲の人びとにとっても悲劇でしかない。日本の労働者はどうしてそこまで働き過ぎてしまうのだろうか。

3.　社会関係資本と自殺

　これまで，日本における自殺の急増が主に中高年男性の過労自殺によるものであり，男性の年齢調整自殺死亡率が大都市部では低く周辺部では高いという地域分布もそのことの反映であると述べた。しかし，このような自殺の地域分布については，別の考え方がある。

　ボードロとエスタブレ（Baudelot and Establet, 2006＝2012）によると，世界各国のデータを用いて自殺と豊かさの関係（自殺率とGDP）を散布図に示すと，豊かな国ほど自殺率が高いという相関関係が現れる。しかし豊かさと自殺につい

てのこの関係は，日本をふくめ最も豊かな国々の「内部」では同様ではない。アメリカ，イギリス，フランスなどでは，都市化して経済的に豊かな地域では自殺率は低く，最も貧困な周辺部において自殺率が高い。デュルケームは『自殺論』において「じつに貧困が人びとを〔自殺から〕保護しているとさえいうことができる」（Durkheim, 1897＝2018: 401）と述べた。その当時と異なり，貧困はわれわれを自殺から守ってくれなくなったのだ。

　ボードロとエスタブレによると，このような変化は経済発展がもたらした豊かさが労働の意義を変え，さらには人びとと社会との結びつき方を変えたことと関係している。豊かな社会における労働は単に食べるためのものではなくなり，それを通して他者と結びつき，他者から承認され，信頼関係を築き，自己有益感をもたらし，人びとを社会に統合する性質をもつようになる。学歴が高く，資格をもち，報酬が多い，知的で雇用が安定した職業ほどそのような特性をもつだろう。しかもそのような職業が大都市圏に集中しやすいのはいうまでもない。これに対して，豊かな社会では人間関係における孤立は貧困層に襲いかかる。多くの人びとが平等に貧しく，それゆえに助け合っていた時代の「統合された貧困」とは異なり，豊かな社会で「よい仕事」に就けなかった人びとの「地位剥奪的な貧困」は，経済的社会的生活への参入の機会を徐々に奪い，社会的な孤立をもたらす。この新たな形態の貧困は，先進諸国で不安定雇用や非正規労働が増加したのと軌を一にして増えているという。

　デュルケームが『自殺論』を著した19世紀の社会では，経済発展は個人主義や個人の孤立をもたらし，その帰結として自殺率が上昇した。当時は，経済発展と平行して自殺率も上昇するという関係があった。しかし今日においては，社会統合と経済的地位の関係が変化し，貧しい人びとの方が孤立しやすくなり，豊かさと自殺の関係が逆転してしまったのである。そして，もし自殺率の地域差がこのメカニズムのみで決まるのであれば，周辺的な地方における自殺率の高さは集団本位主義を背景とする過労自殺によるものであるとする前節の理解とは相容れず，正反対の解釈と言わざるをえない。周辺的な地方における自殺率の高さは，「社会的孤立」によるものだろうか，「過剰な統合」による

ものだろうか。

　ところで，この場合，豊かさがもたらす社会統合とは，職業労働を通したネットワークや信頼関係で社会と結びつくことであり，社会関係資本（social capital）の概念によって表される市民的共同性と同義であると思われる。社会関係資本はさまざまな指標化の工夫がなされており，失業率との逆相関関係などその社会的効果についての知見も多い。本節では，社会関係資本によってもたらされる社会統合と自殺の関係を検討することで，日本における自殺傾向の複雑な様相に光を当ててみたい。その際，社会関係資本の定義としては，これまで健康問題や死亡率との関連が議論されてきたパットナム（Putnam R. D.）の「社会的ネットワーク，およびそこから生じる互酬性と信頼性の規範」（Putnam, 2000 = 2006: 14）を採用することとする。

　本章では自殺率の地域分布と社会関係資本の関係を検討するために，内閣府国民生活局（2003）において試算された地域別のソーシャル・キャピタル指数を用いることにした。ソーシャル・キャピタル指数とは，文字通り社会関係資本の蓄積度を表す数値である。この指数は，社会関係資本の構成要素である「ネットワーク」「信頼」「互酬性の規範」を定量的に測定するために，郵送およびインターネットによって個別の指標を全国規模で標本調査し，その結果を都道府県別に集計したものである。

　表 6-1 には，社会関係資本を測定した各指標およびそれによって構成された指数と 2003 年および 2005 年の年齢調整自殺死亡率の関係を，47 の都道府県をケースとした相関係数で示している。2003 年は自殺数が最も多く，またソーシャル・キャピタル指数の測定が行われた年である。また，2005 年は男女別・年齢階級別・都道府県別の死亡率のデータを利用することができる。社会関係資本と自殺の関係でまず注目されることは，男性の自殺率は社会関係資本と正の相関を示し，女性の自殺率は負の相関を示していることだ。すなわち，社会関係資本が蓄積され統合度が高い地域ほど，男性においては自殺率が高く，女性では逆に自殺率が低い傾向がある。そして，2003 年よりも 2005 年のデータのほうがその傾向がより強くなっている。表には示していないが，2005

表 6-1　自殺率とソーシャル・キャピタル指数の相関関係

| | つきあい・交流 | | | | | | 信頼 | | | | |
| | 近隣でのつきあい | | 社会的な交流 | | | | 一般的な信頼度 | 相互信頼・相互扶助 | | | |
	近所づきあいの程度	近所づきあいのある人の数	友人・知人との職場外でのつきあいの頻度	親戚とのつきあいの頻度	スポーツ・趣味・娯楽活動への参加状況	(指数)	一般的な信頼度	近所の人々への信頼度	友人・知人への信頼度	親戚への信頼度	(指数)
年齢調整自殺死亡率（2003 年・男）	.239	.418**	.024	.426**	.405**	.389**	-.027	-.095	.085	.309*	.108
年齢調整自殺死亡率（2003 年・女）	-.151	-.066	-.158	.002	-.214	-.150	-.112	-.339*	-.105	-.156	-.282
年齢調整自殺死亡率（2005 年・男）	.229	.404**	.214	.459**	.470**	.457**	-.030	-.151	.216	.310*	.137
年齢調整自殺死亡率（2005 年・女）	-.058	-.125	-.322*	-.240	-.375**	-.287	-.150	-.304*	-.396**	-.289*	-.452*

| | 社会参加 | | | | |
| | 社会参加 | | | | |
	地縁的な活動への参加状況	ボランティア・NPO・市民活動への参加状況	寄付の状況	(指数)	統合指数
年齢調整自殺死亡率（2003 年・男）	.263	.222	.478**	.374**	.365*
年齢調整自殺死亡率（2003 年・女）	.033	-.155	.057	-.051	-.182
年齢調整自殺死亡率（2005 年・男）	.282	.216	.407**	.352*	.393**
年齢調整自殺死亡率（2005 年・女）	-.155	-.109	-.070	-.113	-.323*

＊ 5％水準で有意　＊＊ 1％水準で有意
出所）内閣府国民生活局（2003），厚生労働省大臣官房統計情報部編（2005），厚生労働省大臣官房統計情報部編（2007）から作成

　年の年齢階級別の自殺死亡率との関係では，男性で自殺率の最初のピーク（50代後半）を迎える直前の 50 代前半を中心に強い正の相関が現れている。日本では主に男性において失業と自殺の関係が深いといわれており，またソーシャル・キャピタル指数と完全失業率との間に負の相関が指摘されている（内閣府国民生活局，2003：61-62）だけに，意外な印象を受けるであろう。

　社会関係資本の指標（ソーシャル・キャピタル指数）と男女の自殺率とのこのような関係は，どのように説明できるだろうか。前述のように，自己本位的自殺は社会統合が欠如した状態において，集団本位的自殺は社会統合が過剰な状態において引き起こされる自殺類型である。社会統合を説明原理として，その強弱の両極に自殺を関連づける理論を，ベナール（Besnard, 1973＝1988）は「U 字

曲線モデル」と名づけた。すなわち，社会統合の強弱を横軸に，自殺率を縦軸にとれば，社会統合が弱すぎる U 字の左側（自己本位的自殺）と強すぎる U 字の右側（集団本位的自殺）で自殺率が高く，U 字の中間点では自殺率が低くなる。ここで女性が U 字の中間点より左側に，男性が中間点より右側に位置していると仮定すれば，社会統合を強める社会関係資本は，女性を U 字の中間点に近づけ，男性を中間点から遠ざけることになり，自殺率については男性と女性で反対の効果がみられることになる。実際，男性の労働時間はより長く，女性の労働時間はより短くなるというように，性別で労働時間が両極化する傾向が強まっているという指摘（森岡，2013）がある。

　ところで，先述のように地域別のソーシャル・キャピタル指数と完全失業率との間に負の相関が指摘される一方で，完全失業率と正相関することが予想される自殺率が男性においてソーシャル・キャピタル指数とも正相関していることは，どのように理解すればいいのだろうか。これら 3 つの変数間の関係を検討してみると，やや複雑な相互規定関係があることが判明した。まず，図 6-2 左の相関係数に示すように，2003 年の都道府県別完全失業率のデータを加えて 3 変数間の相関係数を算出してみると，ソーシャル・キャピタルの統合指数と完全失業率が負の相関関係にある一方で，両者ともに自殺率と正の相関関係にあることがわかる。ただし，完全失業率と自殺率との相関関係はそれほど強いものではなく有意ではない。次に，図 6-2 右の重回帰分析に示すように，自殺率を従属変数，統合指数と完全失業率を独立変数とする重回帰分析のモデルによって解析すると，統合指数と完全失業率を自殺率に結びつける標準化係数の値は大きくなり有意性も増した。ソーシャル・キャピタルの統合指数と完全失業率は負の相関関係にあるために，自殺率との関連を相互に弱め合ってそれを見えにくくしているが，他方の値が一定であれば自殺率との関連はより強いことを意味している。すなわち，社会関係資本が男性の自殺率に対してもつ影響力は表 6-1 に示されているよりも大きいということが考えられるのだ。

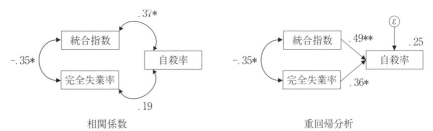

図6-2　ソーシャル・キャピタル指数，完全失業率，年齢調整自殺死亡率（男）の
　　　　相互関係

出所）内閣府国民生活局（2003），総務省統計局「労働力調査」，厚生労働省大臣官房統計情報部編
　　　（2005）から作成

調べてみよう❷

　社会関係資本の蓄積は，社会にとってさまざまなメリットがあるということで注
目されてきた。しかしその一方で，「ダークサイド」と呼ばれるデメリットも指摘
されている。私たちが社会生活を送る上での社会関係資本のメリットとデメリット
について調べてみよう。

4．労働の二極分化と自殺

　前節においては，周辺的な地方における高い自殺率の原因は「社会的孤立」
なのか「過剰な統合」なのか，という問いを立てた。データを分析して見えて
きたのは，相対立する両者がそれぞれ自殺率の高さの原因となっている可能性
である（江頭，2014）。

　経済活動のグローバル化，とくに労働市場のグローバル化は，海外の低賃金
労働力の活用への道を開き，人件費コストでの国際競争を激化させた。日本の
労働現場は，正規雇用の削減と非正規雇用の拡大によってこの事態に対応して
きたが，残った正規労働者には長時間労働やサービス残業などの過重労働が強
いられる。社会関係資本がもたらす社会的結束は，通常は自己本位主義を緩和
して自殺を減少させるが，集団本位的自殺が生じるほどの過度な統合状態にお
いては，それをさらに過剰化させて自殺を増加させる。この過剰化の効果が現

れているのが，過重労働によって過労死や過労自殺が頻発している層と重なっている。そして，そのような事態が生じる可能性は，個人化の傾向がある大都市圏ではなく，集団主義的傾向が強い地方部で高いだろう。

その一方で，ボードロとエスタブレが指摘しているように，経済的に豊かな社会において不安定雇用や非正規労働に従事する人びとは「地位剥奪的な貧困」に陥り，仕事を通して他者と結びつき，信頼関係を築くことが難しくなる。そのような経済的社会的孤立化が生じる可能性は，経済活動が盛んな大都市圏ではなく，周辺的な地域で高くなるはずである。この労働力の二極分化が，「過剰な統合」と「社会的孤立」という 2 つのルートで周辺部の自殺を増加させ，自殺率の地域分布に帰結しているのではないだろうか。

本章ではこれまで主に 1997 年から 1998 年にかけての自殺の急増期，そして自殺者数が最大であった 2003 年前後を中心に日本における自殺を検討してきた。次に，その後の自殺が減少していく時期についても概観しておこう。

年間 3 万人を超える自殺数の高止まりに対応すべく，2006 年には「自殺対策基本法」（2016 年に改正）が施行されて自殺対策の基本理念と基本事項が定められ，その対策実施のための「自殺総合対策大綱」が 2007 年に策定（2012 年に改訂，2017 年に再改訂）された。2012 年の大綱改訂では，全国一律ではなく，地域の実情に沿った実践的な取り組みを中心とするように自殺対策を転換し，各都道府県が自殺対策計画を定め，またその計画に沿って市町村が自殺対策計画を定めることとなった。国からは自殺対策を実施するための交付金が支給され，対面や電話による相談，自殺の兆候を発見して未然に防ぐゲートキーパーなどの人材養成，自殺者の遺族や自殺未遂者への支援などのさまざまな事業が展開されている。このような施策の効果であることを検証するのは難しいが，2012 年に自殺者が 3 万人を割り込んで以降自殺者数は減少傾向が続いており，最新の大綱は 2026 年までに 2015 年（人口 10 万人当たりの自殺者 18.5 人）を基準に自殺死亡率を 30% 以上減少させることを目標に設定した。

図 6-1 で示したように，近年では男性の 50 歳代の自殺率が劇的に減少している。日本経済の景気がゆるやかに回復してきたことや，労働基準監督署が違

法な過重労働を強いる企業の名前を公開するようになるなど，過労自殺が発生する背景が後退し，過重労働を防止する対策の効果が現れていると思われる。さらには，もともと自殺率の高い男女高齢者の自殺率も目に見えて低下していることから，自殺対策の政策効果も現れているのだろう。

　自殺の減少期にみられるもうひとつの特徴は，20歳代を中心とするの若い世代の自殺率の動きである。これらの年代の自殺率は男女ともに，2000年代半ば以降上昇し，2010年代に入って他の年代の自殺率が急低下しても同じスピードでは低下していない。壮年期以上の年代とは異なる要因が背後にあるのだろうか。川人（2014）の解釈によると，中高年労働者の人員整理の影響もあって，企業は十分に時間をかけて若手育成をすることをやめ，新人にも「即戦力」としての役割を求めるようになったという。そのため，経験と能力に見合わない過度の負担が若年労働者にかかり，心身の健康を損なう新入社員や20歳代の労働者が増える結果となる。これもやはり過労死・過労自殺の新しいリスクとして考えるべきであろう。

　これらの自殺数減少期におけるさまざまな特徴についても，自殺の急増期や高止まり期のメカニズムの説明と整合性のある理解の仕方を探っていく必要がある。

調べてみよう❸

　皆さんが住んでいる都道府県や市区町村ではどのような「自殺対策計画」を定めているだろうか，またそれはどの程度地域の実情を反映したものだろうか。インターネット上に公開されている情報を調べてみよう。

📎 引用・参考文献

Baudelot, Ch. and Establet, R. (2006) *Suicide: l'envers de notre monde*, Paris, Éd. du Seuil.（山下雅之・都村聞人・石井素子訳『豊かさのなかの自殺』藤原書店，2012年）

Besnard, Ph. (1973) "Durkheim et les femmes ou *le Suicide* inachevé," *Revue Française de Sociologie*, 14(1): 27-61.（「デュルケムと女性，あるいは未完の『自殺論』」杉山光信・三浦耕吉郎訳『デュルケムと女性，あるいは未完の「自殺

論」』新曜社，1988 年，1-54）

Durkheim, É. ([1897] 1983) *Le suicide: étude de sociologique*, Nouvell édition, Press Universitaires de France.（宮島喬訳『自殺論　改版』中公文庫，2018 年）

江頭大蔵「危険社会の理論と日本の自殺」『日仏社会学会年報』17，2007 年，21-39

──「過労自殺とデュルケームの自殺類型について」『社会分析』37，2010 年，27-45

──「社会関係資本と現代日本の自殺傾向について」『社会分析』41，2014 年，47-66

井上達夫『現代の貧困─リベラリズムの日本社会論』岩波現代文庫，2011 年

川人博『過労自殺』岩波新書，1998 年

──『過労自殺　第二版』岩波新書，2014 年

厚生労働省大臣官房統計情報部編『第 5 回　自殺死亡統計　人口動態統計特殊報告』厚生労働省大臣官房統計情報部，2005 年

──『平成 17 年度　都道府県別年齢調整死亡率　人口動態統計特殊報告』厚生労働協会，2007 年

──『平成 27 年度　都道府県別年齢調整死亡率　人口動態統計特殊報告』厚生労働協会，2017 年

熊沢誠『働き過ぎに斃れて─過労死・過労自殺の語る労働史』岩波書店，2010 年

森岡孝二『過労死は何を告発しているか─現代日本の企業と労働』岩波現代文庫，2013 年

内閣府国民生活局「ソーシャル・キャピタル─豊かな人間関係と市民活動の好循環を求めて」2003 年
　https://www.npo-homepage.go.jp/toukei/2009izen-chousa/2009izen-sonota/2002social-capital（2022 年 2 月 1 日閲覧）

大室正志『産業医が見る過労自殺企業の内側』集英社新書，2017 年

Putnam, R. D. (2000) *Bowling alone: The collapse and revival of American community*, Simon & Schuster.（柴内康文訳『孤独なボウリング─米国コミュニティの崩壊と再生』柏書房，2006 年）

総務省統計局「労働力調査」（〈参考〉労働力調査（基本集計）都道府県別結果）
　https://www.stat.go.jp/data/roudou/pref/index.html（2022 年 2 月 1 日閲覧）

📖 文献案内

Baudelot, Ch. and Establet, R. (2006) *Suicide: l'envers de notre monde*, Paris, Éd. du Seuil.（山下雅之・都村聞人・石井素子訳『豊かさのなかの自殺』藤原書店，2012 年）
本書は，『自殺論』刊行から 100 年以上経過した今日において，その間に蓄積されてきた世界各国のデータを分析することで，自殺がどのような社会的背景のもとに生じるのか，自殺と他の社会現象との関係に根本的な変化が生じたことを指摘する。

川人博『過労自殺』岩波新書，1998 年
過労死や過労自殺の個別事例を取り扱う法律実務家ならではの，その背景にある日本社会の構造にまで目が行き届いた考察。日本の年間自殺者数が一挙に 3 万人を超

えたまさにその年に上梓されたが，根深い問題がそれ以前から存在していたことが
わかる。

熊沢誠『働き過ぎに斃れて──過労死・過労自殺の語る労働史』岩波書店，2010年
医師や弁護士といった実務家でないと，自殺者の情報にじかに接近することは困難
であろう。そこで著者は，遺族による行政訴訟，民事訴訟の公開された判決文など
にもとづいて，過労死・過労自殺事件の経緯とその背景を生々しく描き出して分析
する。

第 **7** 章

日本における宗教生活
—— 家の信仰と個人の宗教 ——

この章のポイント

　宗教をめぐる世界の状況は，20世紀以降，欧米を中心に広がった世俗化の趨勢である。その一方で，宗教は今日でも合理的な生活世界とされる職業との関係も大きい。

　日本における宗教と生活は，世俗化だけでは理解できない事象が多い。日本の事情を理解するには，時間および社会関係（参加）という生活構造論，組織や社会的属性等の社会学の観点が有効である。つまり日本の宗教生活を家の信仰・儀礼と宗教組織への参加に区分することを通して，年中行事や通過儀礼および宗教組織の信徒の社会的属性や宗教活動の外延化といった宗教と生活に関する多様な実状が整理・理解できよう。

🔎 キーワード

世俗化，職業生活，家の信仰・儀礼，地域の祭り，
日本の宗教生活

1．宗教による生活の規定と変容──世俗化と職業世界

1．1　世俗化の諸相

　宗教をめぐる私たちの今日の生活は，ひとことで言えば，「世俗化」と呼ばれる状況にある。柳川啓一によれば，世俗化には，ひとつは時代を問わず社会に存在する現象，もうひとつは近現代──とりわけ第二次世界大戦後──の欧米で広がった現象，という2つの認識が存在する[1]。そのうち2つ目の認識に関して，世俗化の特徴は ① 非宗教化の傾向，② 宗教と非宗教の社会領域との分化，③ 宗教の概念や存在様式の変容，に区分できるという（柳川，1987：2-4）。

　近現代社会に生じた世俗化は，柳川の指摘の通り，欧米社会で顕著な事象であった。その ② の特徴に関して興味深いのは，ロックフェラー（Rockefeller, J. D.）がキリスト教の理念と科学の融合を目指して 19 世紀末に創設したシカゴ大学である。社会学部の設立はアメリカで最初であったが，その教員が牧師の資格者や伝道者あるいは神学の影響を受けていた事実は，一見すると，世俗化の逆流のようである（Faris, R. E. L., 1967 = 1996：31）。しかし矢澤修次郎によれば，19 世紀末以降の牧師の教育機関への進出は，大学教育が神学（部）であった時代と相違して，「19 世紀後半に進行した『地位革命』における敗残者」となった状況に由来する。すなわち「思想の世俗化が不可逆的に進行し，高等教育が拡大されるについて，彼らの知的・道徳的なリーダーシップが徐々に相対化され始め……社会改革運動，社会福祉運動を展開することによって彼らは世俗的なリーダーシップを確立し，それを通じて道徳的・精神的影響力，権威，社会的威信を再確立しようとしたのである。社会学は，彼らの意図を実現するための重要な武器であった」（矢澤，1984：155-6）ことを反映しているのである。こうした 19 世紀末のシカゴ大学の事象は，実は，19 世紀後半までの宗教（神学）のイニシアティブの低下に伴う，② の宗教と非宗教の分化が生んだ世俗化の渦のひとつに位置づけられる事象といえよう[2]。

　宗教と社会をめぐる欧米の 20 世紀前半の状況を住民生活のレベルで実証したのが，リンド（Lynd, R. S.）である。研究者としてのリンド自身の経歴はこの

時代の宗教と世俗の関係を体現し，宗教と非宗教を行き来するものであった。リンドは大学卒業後，20世紀の消費文化を象徴する広告の職についた後，デューイ（Dewey, J.）が教鞭をとる神学校に入学する。そして司牧実習地であった砂漠地帯の石油基地の宗教・社会の実状を告発した新聞記事が契機となって，親会社のスタンダード石油社主のロックフェラー（Rockefeller, G. D.）の設立した社会宗教研究所の主任研究員になり，ミドルタウン研究（1929年）に着手するのである。

　アメリカ・インディアナ州マンシーにおける一連のミドルタウン研究は，本来，小工業都市の宗教に関するプロジェクトであった。中西部に位置するマンシーで，リンドは牧師の役割を担いながら参与観察や聞き取り，アンケート調査を実施し，自動車・映画・ラジオといった消費文化の侵入に伴う生活の変容を明らかにした。リンドの記述を整理すれば，図7-1のようになる。なかでも自動車は1900年にはじめて登場し，産業化・都市化が進む人口5万人のマンシーの馬の文化を衰退させ住民生活を一変させるものであった。

　リンドによれば，自動車が市民の間に大きな感情的コンフリクトを引き起こした生活領域が，家庭と宗教であった。そのうち宗教に関しては，日曜日丸一

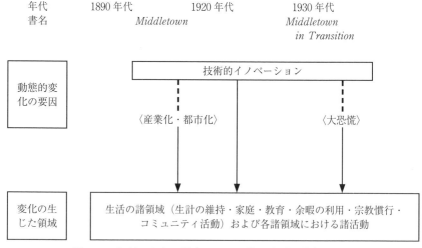

図7-1　ミドルタウン研究における住民生活の変化の要因

日におよぶ旅行が教会に対する脅威となり，「晴れであろうが雨であろうが，日曜日の朝，私は教会に行かないことはない」という慣れ親しみ疑問の余地のない住民の生き方を変容させ，看板や新聞の広告および月賦販売の普及によって，住民が賞賛していたプロテスタンティズムの倫理が妨害され，自動車はいくつかの家庭で用心深い貯蓄の習慣を乱すようになる。すなわち19世紀までの宗教倫理（規範意識）が低下し，広告による欲望の創出と購入費用の準備のいらない信用販売の普及によって消費文化が展開していくのである。

　リンド自身の経歴および一連のミドルタウン研究から判明するのは，20世紀初めに消費文化として出現した世俗化の大波に飲み込まれたり逃れたりしながらも，① の非宗教の生活が広がっていく地方の工業都市に住む人びとの生活である（叶堂，1995：116-129）。

1．2　職業生活と宗教──休日の誕生・勤労観・意図的コミュニティ

　生活領域の中でも職業は，一般に，合理化という社会の趨勢がいち早く浸透した最も世俗的な生活領域とみられる。実際，ミドルタウン研究では，葬儀業者が霊柩車を馬車から自動車に切り替えたことに対する人びとの親和性対応が記述されている。しかし職業世界もまた，宗教と関係の濃い生活領域である。

　現代の職業生活の特徴は時間によって整序され，その基盤は労働日と休日という時間サイクルである。世界の多くでは，月曜日から金曜日の平日が労働日，土曜日・日曜日の週末が休日というサイクルが一般的であるが，実は，この週間サイクルはユダヤ教の宗教生活に由来する。旧約聖書の天地創造では神による天と地，万物の創造が6日間（現在の日曜日〜金曜日）で行われ，7日目に休息をとったとされる。そのためユダヤ教では，神が創造の業（労働）を休んだ7日目（土曜日）が安息日とされる。紀元後になるとユダヤ教徒であったイエスの弟子たちが労働日の始まる日曜日の朝に集会を開催したことで，キリスト教の制度化とともに，日曜日が聖日（主日，教会に出席する日）に転じるのである。

　産業革命時は長時間の労働であったが，その後，次第に短縮化され，19世

紀のイギリスでは工場法によって土曜半休の労働形態が広がっていく。こうした労働状況の変容のなかで，聖日（holy day）の綴りが休日（holiday）に転じるとともに，7番目の土曜日と1番目の日曜日を合わせて週末（weekend）と呼ぶようになり，日曜日を休日とみなす非宗教の生活スタイル（世俗化）が浸透していく（荒井，1989：46）。

　ちなみに，大正時代の東京・月島調査によれば，日本における労働日と休日の状況は毎日曜日あるいは月2回の日曜日の休日が広がる一方で，休日を曜日ではなく1日・15日という日にちで設定する工場（会社）も多く残存していた（月島調査，1970：146-7）。

　次に，勤労観と宗教の関係にふれたい。ウェーバー（Weber, M.）は，キリスト教のプロテスタンティズムの倫理が職業（経済活動）に及ぼす影響に関して，プロテスタント（ピューリタン）が職業を宗教行為に位置づけていた点に着目する。プロテスタントにとって，職業（天職，vocation, calling）とは神の声・呼びかけ（vocal・call）に応えることである。ちなみにカトリックでは神の声に応えること（vocation）は，世俗を離れ聖職の道を歩む召命を意味する。ウェーバーは，プロテスタントの勤労観および日常生活（世俗）における禁欲を通して，勤労の成果がさらなる生産の拡大に結びついたと理解する。

　実は，日本人の勤勉さと宗教に関する議論も多くなされている。橋爪大三郎は，こうした議論を整理して，「ひとつは，日本人は表面上宗教を信じていないようにみえるが，実は宗教に等しい信念を持っているとするもの。もうひとつは，日本人は宗教を信じていないからこそ資本主義で成功したとするもの」（橋爪，2006：270）という見解に区分している。

　さらに，住民の社会的属性—宗教と職業—とコミュニティの関係も指摘されてきた。意図的コミュニティとは，住民の宗教や職業を含む生活全般が一致するコミュニティを指し，ヨーロッパに派生したプロテスタント系セクトおよびそのアメリカ移住後の状況が典型とされる[3]。坂井信生はさらに排他性という特徴を加えて，産業革命以前の生活様式をつづけるアーミッシュやハッタライト，メノニータスのコミュニティを「聖なる共同体」と呼んでいる。

　とはいえ，日本でもかつては職業・宗教を含む生活の一致を特徴とする集落が数多くみられた。集落の大半の世帯が地縁関係（および，時として親族関係）で結ばれるとともに，農業や漁業といった同業関係および同じ神社の氏子，同じ寺の檀家という宗教関係で結ばれていたからである。こうした同一性の高い住民によって形成されたコミュニティでは，デュルケーム（Durkheim, É.）の指摘する統合機能によって社会が維持されていたといえよう。

　その後，郊外化や混住化が進行するなかで，地域住民の間の職業・宗教等の同一性が，急激に減少していく。同じ信仰を維持しつつも，職業の多様化による信徒組織の分離も生じている。一例を挙げれば，長崎県佐世保市 H 地区は，大正期に長崎県内から開拓移住の目的で多くのカトリック信徒世帯が来住し，農業と漁業（漁労）等の第一次産業に従事しながら H 教会を設立していた。しかし高度経済成長期になると，佐世保の都市化・工業化に伴い郊外化し造船会社等に勤務する非農業の信徒世帯が多数来住するようになる。来住した造船会社等の従業員が教会内外に勤労者の会を設立したため，H 地区では，信徒の職業の多様性によって教会内に分節が生じる。その結果，非農業世帯を信徒とする K 教会が H 教会の巡回教会として派生する。さらにその後，2 つの教会は信徒数が逆転し，現在では，K 教会が主教会，H 教会が巡回教会に転じている。[4]

調べてみよう ❶

　注の 2 ）の宗教の名のもとで許容されていたかつての生活事象や活動には，どのようなものがあったのだろうか。

2.　日本における宗教の特徴──信仰と宗教

　私たちの生活に及ぼす世俗化の影響は大きいものの，今日でも，宗教が何らかの形で私たちの生活に関係しているのも事実である。こうした日本における宗教生活の状況に関して，表7-1 の NHK 放送文化研究所の調査で，信仰・儀

表 7-1　宗教的活動と家の信仰

	1973 年	1978 年	1983 年	1988 年	1993 年	1998 年	2003 年	2008 年	2013 年	2018 年
墓参り	62.0	64.8	67.7	65.0	69.7	67.7	67.6	68.4	72.0	70.9
礼拝・布教	15.4	16.0	17.0	14.9	13.2	11.4	12.4	12.3	11.4	9.7

（単位%）

注）複数回答の項目のうち「ふだんから，礼拝，お勤め，修行，布教など宗教的なおこないをして
　　いる」（礼拝・布教）と「年に1，2回程度は墓参りをしている」（墓参り）の項目の数値を示し
　　ている。
出所）NHK 放送文化研究所（2020：付録Ⅰ 21）

礼を実践している人びとが 20 世紀後半の 6 割から増加し近年 7 割に達している状況，そして宗教（教団）の活動を実践する今日の人びとが 20 世紀後半（1988 年）の 3 分の 2 に減少しつつも約 1 割が携わっている状況が明らかになる。

2. 1　信仰と宗教——信仰のない宗教

　日本で暮らしている多くの人びとにとって，宗教を生活の基盤にする外国の人びとの暮らしは身近なものではない。平日の朝そして毎日曜日に教会のミサや礼拝に行く欧米の人びとや金曜日にモスクで礼拝するイスラム諸国の人びとと異なり，日本では日常的，定期的に寺院や神社の儀礼に参加する人がまれなためである。その一方で，地域の地区・町内には神社や祠があり，定期的に祭りが開催され，神棚を祀る世帯や職場は今日も一定数存在する。さらに寺院の数も多く，農村・都市を問わず多くの世帯に仏壇があり，定期的に法要を行っている世帯が数多い。

　柳川は，日本における宗教状況を理解するために，信仰と宗教を区分する。そして宗教を組織（教団・教会）・教義（祈り・礼拝等の儀式を含む）を要件とするものとし，信仰を良心・確信・信念といった内面に関わるものと規定することで，「信仰のない宗教」という日本の一般的な社会状況が明らかになるという。さらに東京でドーア（Dore, R. P.）が実施した調査の結果，すなわち霊魂の存在に関して大部分の人がニヒリスティックに死んだら何も残らないとか，灰になるだけと答える一方で，みな仏壇を拝んでいるという状況に言及し，「何かを

信じることをうるさくいわない場合には，あるいはそのへんがぼやけている場合には，信仰のない宗教というのがありうる」と結論づける。そして，こうした認識から，たとえば，多様な年齢層が参拝する今日の初詣のにぎわいは，実は，交通機関が発達した近現代の現象で，それは年の改まりとともに心が改まるという思いからの行為とみている（柳川，1991：5-27）。

2.2　信仰と宗教──宗教と個人

　一方，ドーアは，日本における信仰・宗教の特徴は，家族・世帯単位および個人単位という区分によって明確になるとみている。まず日本人の信仰の多くが死者の霊を礼拝するものと捉えて，「家族を礼拝の単位にしている儀礼か，あるいは少なくとも，家族成員としての意識が礼拝者の態度の重要な要素となっている儀礼」という社会的特徴を指摘する。すなわち，ドーアによれば日本人の信仰は「宗教的信念というより，むしろ家意識との関係の方が深い」ものである。そして儀礼が家に基づく実例として，仏教信仰を示すシンボルが多くない一方で，先祖の位牌が祀られた仏壇，個人ではなく家の成員を弔う墓，家族（世帯）を単位とする檀那寺との関係（檀徒組織）等を挙げている（Dore, 1958 = 1962: 235, 249, 252）。

　次に，ドーアは，個人を単位とする日本の信仰を苦しみや悲しみを経験した人が死を意識するなかで個人で参加する宗教儀礼や信念と捉える。こうした個人の信仰（いわゆるひとり信者）の受け皿になるのが，仏教やキリスト教，そして新宗教である。しかし日本では，「特定の宗教団体の一員となり，明確な教理を信じて，『自分はキリスト教または仏教の信者である』という意識をはっきりもっている者は少ない」（Dore, 1958 = 1962: 273）とみている。

　一方，大村英昭によれば，病気等の非情の苦難から宗教を求める人びとは，一定数存在する。大村は，こうした人びとが集う大阪府生駒の周辺を事例に取り上げて「実に雑多な中小零細の宗教事業が群居し，その顧客たるや，いかにも共同体から見離されたような苦難の人であり，その求めるところは実に真剣そのものだった」（大村，1984：109）と述べ，苦難にある人びとがすがる中小零

細の宗教には，既成の宗教が制度化していくなかで潜在化させていった信仰治療（大村によれば，ダーティワーク）という特徴が現れていると指摘する。

3. 日本における宗教生活——家族の信仰・儀礼と宗教活動

柳川のいう信仰と宗教，そしてドーアが用いた家族と個人の区分によって，日本の宗教生活の輪郭が明確になる。その上で，こうした宗教の状況を日常レベルで把握するためには，生活構造論の分析視点のうち社会関係（参加）および時間という観点が有効といえよう。

すなわち，まず社会関係（参加）の観点によって，宗教組織や信仰・宗教活動に関わる地域組織への人びとの参加の状況が明らかになる。こうした組織への参加が家族を単位にしている場合，家の信仰・儀礼という特徴を帯びることになる。一方，個人の信仰に着目することで，個人的な事情や状況等を契機にした信仰や宗教組織への関わり（入信）の状況，社会的属性による宗教組織等への関与の態様が把握できよう。

次に，多くの宗教儀礼や信仰行事が時間の整序（秩序）のなかで行われることから，時間という観点によって，人びとの宗教生活が時間によって構造化された一面が明らかになる。こうした時間の整序による個人や家族と信仰・行事との関わりによって，「信仰のない宗教」と呼ばれる状況の一端が明らかになろう。

3. 1 家族の信仰——通過儀礼

家族の人生段階に対応した儀礼や年中行事の多くは，信仰が関係する事象である[5]。柳川は「誕生，幼児期，成人，結婚，厄年，還暦など，そして死去にいたる各段階において行われる儀礼を『生涯儀礼』とよび，季節儀礼と並んで，タテ糸とヨコ糸のように織りなし，儀礼のネットワークをはりめぐらせている」（柳川，1989：36）と理解する。このうち生涯儀礼は新生児の誕生以前および家族員の死後にも行われるため，通過儀礼の用語の方が適切とし，妊娠をめ

ぐる儀礼・命名・お七夜・お宮参り・七五三あるいは十三参り，その後は成人
式・結婚式，さらに葬式と初七日・七日ごとの儀礼，三十五日または四十九
日，一周忌，三周忌，七周忌，十三周忌の法事を儀礼に挙げている（柳川，
1989：37-41）。こうした通過儀礼は欧米でも同様で，キリスト教（カトリック）の
場合，誕生日の洗礼，学齢期の初聖体，成人式にあたる堅信，そして結婚，さ
らに死を前にした終油（現在は病者の塗油）が秘蹟とされている。

　しかし，今日，こうした通過儀礼のいくつかは割愛・省略され，結婚式は神
社等での挙式が減少し，葬式・墓制等の簡略化・非宗教化の傾向がみられる。
福武直によれば，結婚式は第二次世界大戦前の農村では，自宅で挙式し披露す
るのがふつうであった。戦後になると公民館や町の旅館で披露宴をする形が増
え，1975 年のセンサスでは式場は集落の公民館 20％，市町村公民館 17％，神
社・寺院 5％，個人の家 20％，その他（旅館・ホテル等）56％になっている（福
武，1990：58）。さらに高度経済成長期以後には，ホテルや結婚式場に宗教空間
が付設されるようになり，また婚姻の位置づけが家と家から個人と個人の儀礼
に変更されるなかで，個人の儀礼という色合いの強いキリスト教の結婚式が増
加する傾向にある。

　葬儀も家と家との関係―親族・地縁―や同業や同僚といった職縁にある人が
集合する儀礼から，家族で見送る小規模の葬儀形態への移行が顕著である。ま
た墓制も家族規模の縮小や単身者の増加および非宗教的な死生観が広がるとと
もに，都市の地価高騰の影響もあって，従来の形態に変化が生じている。

3. 2　年中行事

　一年の間にとり行われる宗教（季節）行事も一生の間うちにとり行われる通
過儀礼と同様に，時間による整序である。橋本満によれば，「毎月のようにく
り返される『伝統の祭り』には，季節季節の食べ物が用意され，祭りの食事が
くり返し整えられることによって……人々の一年を区切る」（橋本，1999：164）
役割をもつものである。さらに中野卓等の記録を手がかりに京都の生活を事例
にして，年の初めの行事，3 月の雛の節句，5 月の稲荷社の祭り，7 月の祇園

祭，8月のお盆，10月の時代祭，12月の迎春の用意等の年中行事を紹介している。

3. 3　祭　り

　神社の祭りも家（世帯）を構成単位とする地域組織（氏子組織・町内会）が関わる年中行事である。神社の祭礼は，神社のなかの神事と氏子が山車を引き回したりみこしをかついだり，おどりを踊る付け祭りからなる。一般に，地域の人びとが担うのが付け祭りである。

　一例を挙げれば，図7-2は，埼玉県秩父市の秩父神社の夜祭（付け祭り）の祭礼組織である。12月に開催される夜祭は，絹の産地であった秩父に江戸（その後，東京）から買い付けに来た商人の接待で盛大となり，神社の舞台では歌舞伎が上演されている。最大の出し物は屋台（山車・笠鉾）の引き回しで，中央地区（旧大宮郷）の6つの町内が担当し，昭和以後の合併地区の住民（町内会）も秩父神社の氏子とされたため，屋台6町内の山車・笠鉾の行列に加わる地区も存在する。また，中央地区（旧大宮郷）の煙火主催町内は，夜祭の夜のハイライトの冬の花火の担当で，屋台町内以外の11町内である。なお，煙火の町内にも合併地区の町内会が関わっている。

　このように秩父の夜祭では，祭礼組織は町内会・集落組織が単位で，合併地区の町内会・集落も新たに秩父神社の氏子になり，中央地区のそれぞれの町内

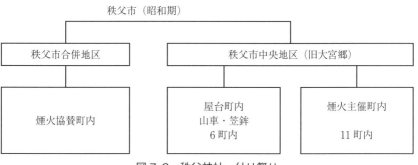

図7-2　秩父神社　付け祭り

会に組み込まれる形で夜祭に参加している。

　一方，地域の祭りのなかには，非宗教の祭りも広がっている。1977年から広島市中心部で開催されているフラワーフェスティバルは，1975年の広島東洋カープのセントラル・リーグ初優勝を契機に企画されたもので，神社の付け祭りに由来するものでない。そのため世俗化の③の特徴といえる「市民宗教」的なイベントといえよう。

3.4　宗教活動

　次に，宗教組織に加入している人びとの宗教と生活についてみていきたい。

　昭和期，福岡市の創価学会信徒を調査した鈴木広によれば，当時の信徒はすべて新規加入者で，年齢は30・40代で女性が多く，学歴の高くない下層の中産階級・労働者階級という特徴があった。入信（回心）の理由は，病気28％，人にいわれて25％，家族関係16％，お金に困り13％，自分個人の問題10％であった。そして入信後の活動は，インフォーマルな折伏活動とフォーマルな活動を含めた勤行・折伏・教学・会合・登山・講読が最小限度求められる信徒としての活動で，こうした活動を通して個人の確立および家族生活の回復・和合，そして組織内における地位や指導性の上昇等が得られたという（鈴木，1970：299-307）。

　宗教組織に加入している信徒の属性と活動内容に関して，次に21世紀の状況をみていきたい。[6]カトリック長崎大司教区のアンケート調査によれば，回答した信徒（20歳以上）の性別は男性36.8％，女性63.2％で，女性が3分の2弱である。アンケートの回答率を宗教コミュニティへの参加の指標にすれば，同時期の長崎大司教区現勢統計表の20歳未満を含む性別の比率（男性45.6％，女性54.4％）との比較から，多くの女性信徒がミサや小教区の活動に参加している状況が判明する。一方，男性信徒はミサ・小教区の活動に参加していない人が多く存在するものの，他の回答状況から，一定数の男性がミサとともに小教区の行事や役員会活動に積極的に参加している二極化した状況が判明する。

　家庭生活に関する回答は，社会に対する責任を果たす89.8％，愛に生きる

88.3％，ミサに参加78.0％，カトリックの学校に入学させる65.2％，子どもの信仰の模範になる62.4％，性教育に努める58.9％，要理教育に努める51.8％，召命の祈りをする44.5％，ボランティアに参加する37.7％，平和運動に参加する26.6％であった。

こうした傾向から，長崎大司教区の多くの信徒が次世代への信仰の継承を強く望んでいる状況，すなわちカトリック信仰を代々伝わる「家」の信仰と認識している状況が判明する。その一方，信徒の自由回答から，多くの信徒が家族（とりわけ子ども）に対して，家族（子ども）は自分の意思と行動の自由を有する「個人」として尊重すべき存在という考えをもっていることも判明した。たとえば，主日のミサに家族で参加したいという思いを強く抱くものの，子どもが部活等の学校行事や学業の優先を望むならば，そうした子どもの思いや行動を理解し受け入れることが親の愛という思いをもつ信徒が多いことが判明した。

さらに，現役世代の信徒の多くが，自由回答で主日のミサに参加できない理由として職業生活を挙げ，また所属する小教区のミサや小教区の行事・役員会活動，大司教区の行事や運営に参加できないこと，家庭における祈りや信仰の模範を勤めていない，関心を抱いていない理由としても職業生活を挙げている。

その一方で，社会に対する責任を果たしているという信徒の回答の多くが，職業をその理由に挙げているように，一般的な社会通念や学校教育におけるキャリア教育等の結果，職業が経済的基盤にとどまらず主要な生活領域に位置づけられていることが判明した。そのため，こうした現実に生きる現役世代の多くの信徒が，信仰を大切にする生き方と職業を重要な生活領域に位置づける生き方の二極の間のいずれの地点に自分の信仰・職業生活を定置しようかと苦慮している状況がうかがえる。

また，アンケート調査の結果から，一定数の長崎のカトリック信徒が付加的活動に関与している状況も判明した。この点に関して，多くの宗教組織でも同様に信徒が社会（平和）活動や医療・福祉活動に取り組んでいることも，今日の社会的特徴といえよう。たとえば，浄土真宗本願寺派の教団単位の医療・福

祉活動の取り組み（ビハーラ）の場合，その会員の属性は門信徒 49％，僧侶 32％，寺族 19％，男女比では男性 37％，女性 63％である（猪瀬，2016：336-7）。この結果からも，宗教に付加的な活動の担い手としても女性が多数を占めている状況が明らかである。

　このように，日本では，家族の信仰・儀礼が生活に定着している一方で，いくつかの事象が変容している状況，また宗教活動および宗教活動に付加される傾向にある社会活動やボランティア活動等を担っているのが女性という社会的特徴を指摘することができよう。さらに宗教活動への参加が個人としての関与という特徴をもちつつも，組織の創設や加入の年数や代を経ていくうちに家の信仰に位置づけられる傾向，さらに職業生活と信仰生活の位置づけをめぐる今日の問題状況が明らかになった。

調べてみよう ❷

　家族の一年間の行事，両親や祖父母の経験した人生の通過儀礼にはどのようなものがあるか尋ねてみよう。

考えてみよう ❶

　秩父神社の夜祭では，図 7-2 のように中央地区の町内会に合併地区の町内会が組み込まれている。こうした祭りの体制づくりには，どのような目的があるのだろうか。

4．宗教生活に関する整理

　本章では，私たちの生活に関わる宗教の状況をみてきた。

　まず，現代社会の特徴とされる世俗化がいずれの時代にもみられるという認識は，実は，日本の状況を通して理解できるものである。とはいえ 20 世紀以降の欧米を中心に生じた事象と捉えるのが，生活変動の観点からは妥当な認識である。

　世俗化の趨勢のうち ① 非宗教化の傾向は，ミドルタウン研究で判明したように産業化・都市化および消費文化の展開のなかで人びとの生活に浸透し，② 宗教と非宗教の領域の分化は，たとえば，大学制度・学問領域における宗教の「聖なる天蓋」の崩壊—宗教の撤退—として生じている。なお過渡期には，ロックフェラー家のように宗教と（自然・社会）科学との結合を目指す動きがみられた。また ③ 宗教の概念や存在様式の変容は，今日，「市民宗教」と呼ばれる多くの事象に現れている。

　次に，柳川やドーアによる個人・家族の信仰・儀礼および宗教組織への参加の区分，そして時間および社会関係（参加）という生活構造の観点から，私たちの宗教生活の輪郭が明らかになった。まず1週間や1年間という時間（および各期の宗教儀礼）による生活の整序と循環，そして直線的時間（生涯・年齢）における通過儀礼を通した整序と生活の段階化，さらにそうした儀礼の衰退と変容である。次に宗教組織への参加（活動）に関して，諸外国に比べると活発とはいえないものの，宗教活動の担い手としての女性の存在，宗教活動が宗教自体から外延化する傾向，また宗教の次世代への継承という世代間関係および生活構造における職業活動と宗教活動のミスマッチ状況が明らかになった。

考えてみよう ❷

　ウェーバーは，近代社会の特徴を呪術からの解放と捉えている。このウェーバーの見解は社会学の一般的な理解であるが，同じ社会学者のバーガー（Berger, P.）は見えないもの，わからないものを信じることが人間の知性であると主張する（Berger, 2004＝2009：19-23）。社会学者のなかで見解の分かれる宗教・信仰について，あなたの見解はどのようなものだろうか。

注

　1）柳川によれば，世俗化（secularization）という用語は宗教改革の時代に存在している。この時代の secularization とは，教会の財産が世俗の為政者に引き渡される状況を意味していたという（柳川，1989：142）。

　2）日常レベルの事象，たとえば，ぜいたくとされたごちそう・旅行・芸術が，宗教の名のもとで正月のおせち料理・お伊勢参り等の宗教講・神社や寺院の建築として正当化・許容されていた時代から，料理・旅行・芸術自体を充足することが

許容され，当然視されるように変化したことでも，宗教と非宗教の領域の分離が
理解できよう。

3）コミュニティの成員が共通の原始宗教に属する場合，合致的宗教集団と呼ばれ
る。一方，意図的コミュニティとは，マクガイヤ（McGuire, M. B.）によれば，
成員が連帯して生活することを選択したコミュニティである。その社会的特徴
は，コミュニティへの自発的な関与が成員の美徳とされていること，成員間の宗
教と職業が一致していることである。こうした社会的特徴によって，意図的コミ
ュニティは成員のアイデンティティと帰属意識の強固な基盤になっているという
（McGuire, 2002＝2008: 104-5）。

4）一方，鹿児島県の奄美大島の集落では，集落における職業関係—大島紬の親方
と子方関係—を通して，親方のキリスト教の信仰が子方の世帯に広がっている
（安斎，1984：28）。

5）かつては家の信仰（先祖祭祀）は親族関係のひとつであった同族でも行われて
いた。また集落内では宗教講および宗教講から派生した経済講・社会講が結成さ
れていた。

6）カトリック長崎大司教区が 2011 年に 20 歳以上の信徒を対象にアンケート調査
を実施している。その調査結果および会報（『よきおとずれ』2013 年 11 月号）
に掲載された概要を利用している。

✐ 引用・参考文献

安齋伸『南島におけるキリスト教の受容』第一書房，1984 年

荒井政治『レジャーの社会経済史』東洋経済新報社，1989 年

Berger, P. (2004) *Questions of Faith: A Skeptical Affirmation of Christianity*,
Blackwell Publishing.（森本あんり・篠原和子訳『現代人はキリスト教を信じら
れるか—懐疑と信仰のはざまで』教文館，2009 年）

Dore, R. P. (1958) *City Life in Japan: A Study of a Tokyo ward*, Routledge &
Kegan Paul.（青井和夫・塚本哲人訳『都市の日本人』岩波書店，1962 年）

Durkheim, É. (1912) *Les formes élémentaires de la vie religieuse: le système
totémique en Australie*, PUF.（古野清人訳『宗教生活の原初的形態（上・下）』
岩波書店，1975 年）

Faris, R. E. L. (1967) Chicago Sociology 1920-1932, Chandler Publishing.（奥田道
大・広田康生訳『シカゴ・ソシオロジー 1920-1932』ハーベスト社，1996 年）

福武直『日本の農村（第二飯）』東京大学出版会，1990 年

橋本満「京の年中行事と家の祭り—差異化と統合」宗教社会学の会編『神々宿りし
都市—世俗年の宗教社会学』創元社，1999 年

橋爪大三郎『世界がわかる宗教社会学入門』ちくま書房，2006 年

猪瀬優理「仏婦がつくる地域—ビハーラの可能性」櫻井義秀・川又俊則編『人口減
少社会と寺院—ソーシャル・キャピタルの視座から』法蔵館，2016 年

叶堂隆三「ミドルタウン研究の今日的意義—地域生活研究としての再評価」『社会
科学討究』（118），1995 年

Lynd, R. S. Lynd, H. M. (1929) *Middletown: A study in Modern American Culture*,
Harcourt, Brace Javanovich.（中村八郎訳『ミドルタウン』青木書店，1990 年）

———(1937) *Middletown in Transition: A study in Cultural Conflicts*, Harcourt,

Brace Javanovich.

McGuire, M. B. (2002) *Religion: the Social Context (5th Edition)*, Wadworth Pub. Co.（山中弘・伊藤雅之・岡本亮輔訳『宗教社会学―宗教と社会のダイナミックス』明石書店，2008 年）

NHK 放送文化研究所『現代日本人の意識構造（第九版）』NHK 出版，2020 年

大村英昭「地域の信仰」井上俊編『地域文化の社会学』世界思想社，1984 年

坂井信生『聖なる共同体の人々』九州大学出版会，2007 年

鈴木広『都市的世界』誠信書房，1970 年

『月島調査』（関谷耕一解説，生活古典叢書第 6 巻）光生館，1970 年

柳川啓一「世俗論を超えて」『東洋学術研究』(112)，1987 年

―――『宗教学とは何か』法蔵館，1989 年

―――『現代日本人の宗教』法蔵館，1991 年

矢澤修次郎『現代アメリカ社会学史研究』東京大学出版会，1984 年

Weber, M. (1920) Die Protestantische Ethik und der 'Geist' des Kapitalismus.（大塚久雄訳『プロテスタンティズムの倫理と資本主義の精神』改訳版，岩波書店，1989 年）

📖 文献案内

櫻井義秀・三木英編『よくわかる宗教社会学』ミネルヴァ書房，2007 年
世界と日本の宗教の状況および社会学における宗教研究の理論と展開について学ぶことができる。

Todd, E. (2015) *Qui est Charlie?: Sociologie d'une crise Religieuse*, Seuil.（堀茂樹訳『シャルリとは誰か？　人種差別と没落する西欧』文藝春秋，2016 年）
ヨーロッパにおける宗教の実状，とりわけパリ等の大都市と地方における宗教をめぐる地域状況の差異を知ることができる。

叶堂隆三『カトリック信徒の移動とコミュニティの形成』九州大学出版会，2018 年
江戸後期から昭和期までのキリシタン（カトリック信徒）の開拓移住に信仰が関係していたこと，移住地で教会を設立し意図的コミュニティの形成を目指したことを知ることができる。

コラム❷　社会学にとっての時間　　　　　　　辻　正二

　時間という概念は，あらゆる科学の領域でその存在の意味が問われ，またさまざまな事象を解明するために利用されてきた。理系では，物理学はもちろん，天文学，時間生物学などの多くの時間に関する研究領域が存在する。文系では，時間そのものを考察対象とした哲学や心理学の領域，そして社会科学では労働時間論や生活時間論などの研究が知られている。

　このことは，社会学でも同じである。たとえば，社会学の創始者である A. コントの場合，彼が提唱した社会学は，社会静学と社会動学の二大領域からなるもので，前者は社会の安定・調和をもたらす研究分野（家族社会学や宗教社会学）であり，後者の方は，社会の進歩をもたらす研究領域（社会変動論）であった。コントが論じたことで有名な「三段階の法則」は後者に分類され，過去から未来に向けて社会が進化していく様態を明らかにすることを目的にしていた。この意味で，社会学は創設段階から時間の視点が重要であったといえる。

　『自殺論』などの著書で有名な É. デュルケームもまた，人間社会における時間に注目し，社会学にとっての時間の重要性を提起した人物として無視はできない。彼は，『宗教生活の原初形態』のなかで，オーストラリアの原住民にみられるトーテミズムのような宗教の儀礼やシンボルなどのなかに，人間の時間認識の枠組みと，時間の範疇が存在していて，これらが社会生活の外枠としての認識を可能とするとみた。この視点は，物理的な時間（時計で計測するような時間）とは異なる，人間が社会生活のなかで創造してきた時間リズム（「社会的時間」）の存在に注目する画期的なものであった。

　人間は，個人の誕生から死に至るまでの，その人自身の時間をもっている。一方で，人間は，個々ばらばらにではなく，家族，親族，地域社会，学校，職場，国家などの集団に属し，それらの集団に固有の社会的時間のなかで生きる存在でもある。家族を例にとると，結婚などを契機にして家族の時間が動き出すと，その一連の時間の流れのなかでは，子どもの誕生や親たちの死などの出来事が生じる。親の死によって，親自身の時間はそこで止まってしまうが，親から子どもへと家族が引き継がれていると考えれば，そこでは家族という集団の時間の継続（時間の持続性）が生じているといえる。また，それらの出来事は，家族の誕生日や命日として，家族の時間にリズムを生んでいると捉えることもできる。こうした社会的時間の持続性やリズムに注目することによって，地域社会，職場，学校などにおけるさまざまな集団活動のなかに規則性を見出すことが可能となる。

　ある集団の社会的時間のリズムは，出来事を通して（または将来生ずる出来事を予期することを通して），時間の流れのなかに節目を形成し，過去，現在，未

来という時間区分が，その集団にとってより明確になる。これら時間区分のなかで，過去については，人間は自分自身の個人的記憶をもつことができる。では，集団にとっての過去はどのように記憶されるのだろうか。この問題を「集合的記憶」という概念で明らかにしようとしたのが，É. デュルケームの下で学んだ M. アルヴァックスである。彼は，集合的記憶を個人的記憶や歴史と対比することで，その特徴を説明している。集合的記憶のわかりやすい例は，集団を担い手とするもので，家族，学校，友人，村落，職業集団，政党，宗教集団などが伝承・保存・想起するタイプの記憶である。また，「集合的記憶の潮流（社会的記憶）」と呼ぶことができるタイプは，社会全域に普及している世論，雰囲気，精神などで，具体的には新聞・雑誌，ポスター，絵画，大衆小説，教科書などに表現されている。そして，集合的記憶は，時間的枠組みに思いをめぐらすことによって，過去の出来事のイメージを再構成することを可能にする。たとえば，墓参りなどは，この時間的枠組みを通して，信頼していた近親者の追憶のなかに自分と他者とを結びつけることを可能にする行為と捉えることができる。このような集合的記憶という観点からの時間の捉え方は，戦争や自然災害，目下私たちが経験している新型コロナウイルスの流行など，人間社会にとって脅威となった出来事を，後世に語り継いでいく上で，重要な視点を与えてくれるのではないか。

　以上，社会学で時間という概念を取り扱っている，古典的な研究のいくつかを紹介してみた。ここでは触れなかったものとしては，他にも比較文明論的な時間の考察（真木悠介『時間の比較社会学』）や，未来論（最近のものだと，ユヴァル・ノア・ハラリ『サピエンス全史』）などもあり，これらも社会学的な時間に関する研究に含めることが可能であろう。

第 8 章

都市的生活様式の限界と
農村的生活様式の切り崩し

── 都市と農村の社会分析のために ──

この章のポイント

　都市と農村は現代社会の2つの地域社会であり，そこには2つの暮らし方（生活様式）がある。この都市的／農村的生活様式論は日本の社会学のオリジナリティを示す重要な研究課題である。都市的生活は専門機関に依存的な暮らしだが，それに依存しきっているわけにはいかない（都市的生活様式の限界）。農村的生活様式は自律的な暮らしであったが，過疎化，限界化の問題がある（農村的生活様式の切り崩し）。現代の巨大システム（都市的生活様式を可能にする，専門機関，つまり，商業サービス，行政サービス）に取り囲まれた暮らしが圧倒的になればなるほど，人びとの暮らしに社会や地域が必要である。

🔑 キーワード

都市的生活様式，農村（村落）的生活様式，限界集落，過疎

1. 都市と農村の違い

1. 1　ソローキンにみる

　地域社会には都市と農村（村落）がある（本章では農村と村落は互換的に用いる）。本章の課題は，農村の中でも過疎地域とか限界集落と呼ばれる地域の現状を捉えることである。ただ，その前に都市と農村という言葉の意味をはっきりさせておく必要がある。

　そこで，都市と農村の特質を適切に対等に対比，検討した定義が，ソローキン（Sorokin, P.）の都市と農村の定義である。ソローキンはアメリカの都市と農村を以下のように8項目にわたって対比した（Sorokin, P. and C. C. Zimmerman, 1929＝1940: 3-98）。

(1)　職業……農村では農業，都市では非農業が中心。

(2)　環境……農村では自然が優越。都市では人為的環境が優越。

(3)　人口量……同一国家，同一時代においては，農村よりも都市で人口量が大。

(4)　人口密度……同一国家，同一時代においては，農村よりも都市で人口密度が高い。

(5)　人口の同質性・異質性……農村は同質性が高い。都市は異質性が高い（多種多様な人がいる）。

(6)　社会移動……都市は農村よりも水平的，垂直的移動性が大。

(7)　社会分化・階層分化……都市は農村よりも社会分化と階層分化が大。

(8)　社会的相互作用組織……農村では第一次的接触が多い。都市では第二次的接触が優位。つまり，農村では知り合いの中村さんがお百姓であり，別の知り合いの田中さんが市役所の職員である。都市では，匿名で顧客と店員などのように人格の一面で相互作用する。

1. 2　奥井復太郎にみる

　前節ではソローキンによる，アメリカの都市，農村の8項目対比をみた。日

本でこれに似た考察をしたのは奥井復太郎である。奥井（1940：11-18）は(A)職業，(B)自然的物的環境，(C)人口量及び人口密度，(D)組織および制度，(E)社会構成の5項目で都市，農村の対比を行っている。この奥井の対比は日本の都市と農村を対象にした点で重要である。

この内で奥井の(A)職業，(B)自然的物的環境，(C)人口量および人口密度，(E)社会構成は（個々の項目の考察には光るものがあるのだが），ソローキン（前節）の(1)職業，(2)環境，(3)人口量，(4)人口密度，(8)社会的相互作用組織と結論的にはほぼ同じ内容である。違うのは次の2点で，こちらが重要である。ここには日本の都市，農村の特徴が出てくるからである。

まず，奥井には，ソローキンの(5)人口の同質性・異質性，(6)社会移動の対比がない。この2項目は，アメリカの都市，農村の対比にこそ適切な項目であり，日本の都市と農村の対比を考える時，「その適用に多少の困難を感じる」項目なのである。アメリカの都市理論の特色は，「第一は非伝統的なる点であり，したがって第二に著しき可変性運動性であり，第三に雑異性の理論」であると考えるからである（奥井，1940：71）。この可変性運動性は，ソローキンの(6)社会移動，雑異性は(5)人口の異質性に対応する。「シカゴ市！ これについてのあらゆる統計はそれが諸君の手に届く頃にはもう時代遅れになっている」といわれるくらいに，[1] アメリカでは都市の変貌（可変性運動性）が激しく，雑異性（異質性）が大きかったのである。[2]

これに対して，奥井が強調したのは(D)組織及び制度の項目である。この項目は，ソローキンの(7)社会分化・階層分化と近いが，奥井の独創が大きく，非常に重要である。奥井は次のようにいう。重要なので，やや長いが，引用する。

「組織及び制度による特質：社会は集団的生活である故に，常に何等かの組織と制度とを持つ。多数の人々が一緒に生活している為に，(イ)全体の為に個人を規律する組織や制度が必要になると共に，(ロ)個々の人々が処理するよりも，全体を包含して特定の機関に処理せしむる方が便利の場合があり，其処に再び組織が生まれて来る。例をもって云えば交通統制の如きは巨大なる人口集

団の社会にもっとも必要な事であって，人口集団が小さい場合はその必要を見ない。之れと同様な取締規則が田舎に比して都会に多い。さらに田舎では各自が銘々井戸を掘って飲用水を用意するが都会では水道経営者に委せて飲用水の供給を得る。宴会の如きも田舎では自宅で自家の手で行うに対して都会では料理屋でやる。又は自宅で行うにしても料理屋を出張せしめてやる。このように多勢の人々が一緒に生活していると，色々の組織や制度が出来てくる。……かくの如き組織や制度の反面は，分業という事実に外ならない」（奥井，1940：16-17）[3]。

　ここから都市と農村の2つの対比が示される。ひとつは分業ということだが，たとえば，家事，育児，教育，医療衛生，治安，消防，ゴミ・汚物処理，救護救恤（きゅうじゅつ）……等々が都市では専門の機関（組織や制度）に委ねられる。これらは農村では家族のなかで行われることである（奥井，1940：483）。ここから，都市は生活上の営みを（極端に云えば）悉く委託できる，専門的な組織や制度を生み，それに依存した生活を生む。もちろん，この依存による生活には多くの場合，金銭が必要である。したがって，都市生活は貨幣的でもあり，「ドウです儲かりますか」というのは，都市での挨拶代わりにもなる（奥井，1940：492-506）。

　さらには，もうひとつ重要なのは，「取締規則」が都市に多いという点である。都市ではフォーマルな統制が必要になってくるので，法律規則が多いのである。法律規則への対応は，個人的に対処，善処したりすること（つまり，個人的裁量）を許さない。「敏捷の故をもって，赤信号を無視して自動車・電車の間を走り抜けたりする事」はできない。これに対して，農村にも慣習等はあるが，個人的に対処，善処して（個人的な裁量をして）差し支えない場合が少なくない（奥井，1940：505-506）。これについては，きだみのるの面白い農村記録がある。たとえば，山仕事を始めるのに山の神様にお酒をさしあげる習慣だが，「酒の代わりに「神の酒」なる石清水が入っていたかもしれない。英雄（山本補注：村人のこと）たちは酒が好きだ。途中で神さまの目を盗んだということもありえよう」（きだ，1981：97）[4]。

2. 都市的生活様式論

2. 1 奥井復太郎と倉沢進の認識

　奥井のアイデアをさらに明晰にしたのが倉沢進の都市的生活様式論である。倉沢が重視したのは奥井のいう都市における専門的な組織や制度，および，それへの依存主義の生活である。

　倉沢によれば，村落と都市の生活様式上の差異は，「村落おける個人的自給自足性の高さ，逆にいえば都市における個人的自給自足性の低さ」である。これは奥井の都市の依存主義と同じである。また，同じく倉沢によれば，村落と都市の共同の様式に関わる差異は「非専門家ないし住民による相互扶助的な共通・共同問題の共同処理が村落における共同の原則であるとするならば，専門家・専門機関による共通・共同問題の専門的な共同処理が，都市における共同の原則的なあり方」とされる（倉沢，1987）。こちらは奥井が都市における専門的な組織や制度に着目した内容と同じである。

　それは，奥井の次の文言にも明らかである。これも重要なので，引用しておく。「都市に於いては各種の動きが社会化されて，制度化される事実がある。農村では各戸に於いて各自，給水準備を行うに対して，都市に於いては水道経営となって現はれる。農村に於ける隣保匡救（きょうきゅう）の仕事は，都市に於いて社会事業となる。斯くの如くして都市に於いては多くの働きが社会化され組織立てられ，制度化されて来る。又農村に於ける綜合的な多角的な働きは，都会に於いて単一専門化特殊化される。例えば，家事，育児，教育等々が都会に於いては，それぞれの専門の機関に委ねられて，各人の活動を単一，専門化するのに対して，農村に於いては，其れ等が家庭の綜合・多角的な営みの内に含まれている」（奥井，1940：483）。

　なお，倉沢には，奥井が注目した都市の「取締規則」への論及はない。倉沢は奥井に言及していないのでその理由は不明である。とはいえ，倉沢の都市（村落）的生活様式論は都市・農村の基底を探示す重要な認識だが，その先駆は奥井にあったのである。倉沢（1987：299-300）は自らの都市的生活様式論の淵

源をジンメル，パーク，ワース系のアーバニズム論への不満にあることを示している。この理路は，奥井も同じであるにもかかわらず奥井への論及がない。倉沢が奥井の『現代大都市論』を読んでいなかったとは考えられず，まことに不思議なことである。

考えてみよう ❶

都市的生活様式と農村（村落）的生活様式の具体例をいくつか挙げてみよう。

---

2. 2　都市的生活様式の限界，倉沢進の問題提起の重要性

　さて，奥井にしろ，倉沢にしろ，都市的生活様式とは，多くの生活領域で専門機関，つまり，商業サービス・行政サービスが成立し，それらの専門的処理に依存する生活のことである。これに対して，農村（村落）的生活様式とは，自家・自律的処理と住民（非専門家・素人）の相互扶助からできている生活のことである。

　ただし，倉沢が都市的生活様式論で提起した問題意識は，専門機関では対処できない多くの課題があるということである。この指摘は倉沢の独創で重要である。倉沢は次のようにいう。「古典的コミュニティの解体とは，素人の住民の相互扶助による問題の共同処理のシステムが専門機関によるそれに置きかえられた結果であったが，生活の社会化の新しい局面は，商業サービス・行政サービスなど専門的処理のみでは処理しきれない問題の多いことを示した。都市社会のなかに新しい相互扶助的・自律的な問題処理システムが必要だということであった。コミュニティ形成における住民運動の意義に，非常な期待がかけられたのも，このためであった」（倉沢，1976：50）。

　この問題提起が重要なことは，商業サービスや行政サービスに頼り切った生活で，すべてが問題なく，順調に進むかどうかを考えてみればわかる。

　たとえば，電気の供給は電気料金を払って，あとは電力会社にすべて任せておけばいいのだろうか？　人びとの安心・安全は警備会社や警察にすべて任せておけばいいのだろうか？　医療や教育や福祉は病院や学校や福祉サービス機

関にすべて任せておけばいいのだろうか？　必要な情報の入手は，新聞やテレビやインターネットにすべて任せておけばいいのだろうか？　そして，究極的には，われわれのさまざまな生活ニーズの充足は，国（行政）や企業にすべて任せて（依存して）おけばいいのだろうか？

　この答えが「否」であるのは，明らかである。ここには，都市的生活様式の限界がある。都市的生活様式においては，お金を払えば，快適なサービスを受けられることも多いのは事実ではある。ただし，お金を払えない人には，このサービスは使えない。また，快適なサービスが労働現場の著しい低賃金や非人間的な労働によって担われている場合もある（Ehrenreich, B., 2001＝2006; Bloodworth, J., 2018＝2019）。さらにはお金が払えてもそれですべて解決というわけではない。

　このことは，原発の安全神話を信じて，原発に依存した暮らしが，福島の原発事故の 2011 年 3 月 11 日以降，破綻したことを想起しても明らかである。ここで，原発の有用性や安全神話を流布した莫大な「原発広告」もあることも重要である。それによって，原発に安心して依存する人びとが作られた。広告会社は専門機関（商業サービス・行政サービス）に依存する生活を受け入れる（好む）人びとを作る，専門機関というべきなのである。本間龍（2016, 2013）はそれを「洗脳」，「国民扇動プロパガンダ」と呼ぶ。実際，原発を受け入れる人は，福島の原発事故以後でも随分多いのは，山本努（2019a）山本努・福本純子（2022）で示した。人びとのこのような意識は都市的生活様式の中で社会的，意図的に作られてきたのである。

2.3　都市的生活様式論の日本的展開

　前節でみたように都市的生活様式には種々の限界がある。つまり，「生活や社会」vs.「専門機関（商業的，行政的サービス機関）」というべき問題が都市的生活様式論の重要な問題提起である。今日，この問題は，さらに重要になっている。たとえば，電力会社（原発）と生活，病院（医療）と患者（生活），行政（市町村合併や行政サービス）と住民，ネットと個人，マスコミと人間などの論点が

それである。

　専門機関依存型の都市的生活様式は，依存的，従属的な暮らしを作る。しかし，依存して，「お任せ」していることはできない多くの問題があり，それをリスクと呼ぶなら，そのリスクを補完し，そのリスクに対抗，対処する人びとの動き（共同的営為）は非常に重要である。そこで専門機関による問題処理システムのなかに素人の住民の相互扶助のサブシステム（≒農村的生活様式）をいかに組み込むかという課題が指摘されるのである（倉沢，1976）。

　このような問題提起は都市的生活様式論の日本的展開で重要である。欧米の都市的様式論には，何故か，この「生活や社会」vs.「専門機関（商業的，行政的サービス機関）」という問題構図がない。欧米（特にアメリカ）の都市的生活様式論を検討した倉田（1978）によれば，「都市的生活様式の特質は，① 多様性（異質性）　② 非人格的関係　③ 匿名性　④ 流動性　であることが普遍的に承認されている」。この結論は，本章の先（1.）にみたソローキンの都市における，(5) 人口の異質性，(8) 社会的相互作用組織（第二次的接触が優位），(6) 社会移動にほぼ対応する。

　日本の都市的生活様式論（専門機関依存性）は，ソローキンの(7)の社会分化の指摘との関連が強い。社会分化とは専門機関を作ることと等しいからである。これが，日本では「生活や社会」vs.「専門機関」の問題になって出てきている。これに対して，アメリカでは，社会分化の議論は異質性，匿名性，階層性への議論に近づいている。

考えてみよう ❷

　商業サービスや行政サービスに頼り切った生活で，すべてが問題なく，順調に進むかどうかを考えてみよう。ヒント，ここで人々の安心・安全の事例を考えるなら，3．5．3 で示した資料 8-1 は参考になる。

3. 限界集落論

3.1 限界集落論の登場

　さてこのように現代の都市でも農村的生活様式は重要であるが，農村の暮らしが大きく都市化しているのも事実である。1950年代後半からのすさまじい高度経済成長にともない農村の生活も大きく変わったのである。ここにみられるのは，農村における都市的生活様式の浸透（つまり，農村の都市化）である。この都市的生活様式の浸透が，旧来の農村生活の基盤を切り崩していったのが，過疎問題である。

　この過疎を高度経済成長が終了しても問題にしたのが，大野晃の限界集落論である。高度成長の終わりとともに過疎は終わると思われたが，終わらず深化したのである（山本，2019b：51-53）。

　限界集落論は高知の最も条件が不利な山村の調査から，過疎の極北を示したところに意義がある。これはちょうど，アメリカ都市社会学がシカゴという極端から都市を描いたのと似ている。シカゴ学派都市社会学の命題がいろいろな反論にさらされたように，限界集落論もいろいろな反論にさらされた。しかし，これは限界集落という過疎の極北を描いた研究のインパクトの強さというべきである。では，限界集落論とは，どのような主張だろうか？

　まず限界集落論は現代山村を対象にした議論である。山村とは「地域の多くが森林で覆われ，山地農業と林業によって生活の基盤が支えられている人びとが，その生産と生活を通して相互に取り結んでいる社会」であり，現代山村とは「戦後日本資本主義の展開過程で商品経済が山村生活の深部にまで浸透していった高度経済成長以降の山村」である（大野，2005：7）。

　この現代山村は戦後日本資本主義の展開から取り残されるというのが，大野の主張である。図8-1は大野の考える現代社会の危機の構造の全体像である。ここから，山村の問題の背後には農工間，地域間の不均等発展があり，さらにその背後には，アメリカと同盟関係にある戦後日本資本主義の展開がある。これが限界集落論の基本枠組みなのである。

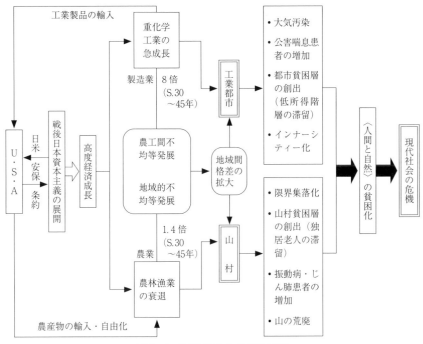

図 8-1　現代社会の危機の構造

出所）大野（2005：35）より

3.2　限界集落論の現状分析

　この基本枠組みを具体的な山村調査で用いた研究に，大野の高知県池川町調査がある。この論文（「現代山村の高齢化と限界集落」）は「総じて農林漁業の輸入依存政策が，国内の農村，山村，漁村の地域破壊につながることの問題性」を描いたものである（大野，2005：81-99）。

　この論文では池川町の森林組合が請け負った1987年の杉間伐材の売り上げ明細書が示される。これによれば，8トン車2台の杉間伐材の売り上げ代金が25万6,325円で，経費合計23万4,710円が引かれて，生産者の手取りは2万1,615円である。つまり，8トン車1台で1万800円だが，20年前（1967年ころ）は8トン車1台で10万円にはなったという。ここには，外材の圧迫による林業不振が端的に示されている。

　さらには，集落の非常に厳しい状況も示される。論文に出てくるのは，人口減少の一番きびしいK集落である。高知の山村では現在でも土葬が主流なのだが，葬式もできず，墓掘りもできず，棺桶もかつげないのである（大野，2005：93）。老人の暮らしは，「子どもからの仕送りもなく，野菜を自給しながら現金支出をできるだけおさえた生活を余儀なくされて……集落全体が"ボーダーライン層"におかれている。……健康状態をみれば，ほとんどの老人が何らかのかたちで健康を害しており，……通院はバスがないので片道2,070円のタクシーを使っている」。さらに「山村の老人は……意外に相互交流に乏しく，テレビを相手に孤独な日々を送っている」（大野，2005：96-97）。このように交流の乏しい老人の暮らしを，大野は「タコツボ」的生活と呼んでいる。大野の限界集落論はこのように非常に厳しい状況を描くのである。

　このような状況から，限界集落化のプロセスが進む。すなわち，第1に人口，戸数が激減し集落が縮小，第2に後継ぎ確保世帯の流出と老人独居世帯の滞留，第3に社会的共同生活の機能の低下，交流の乏しい暮らし（「タコツボ」的生活）への転化，第4に集落の社会生活の限界化，というプロセスがそれである（大野，2005：99）。

　ここに限界集落が立ち現れる。限界集落とは「65歳以上の高齢者が集落人口の50％を超え，独居老人世帯が増加し，このため集落活動の機能が低下し，社会的共同生活の維持が困難な状態にある集落」（大野，2005：22-23，下線は引用者が付加）である。

　ただし，限界集落化と過疎の概念をあまり対立的に峻別するのは，生産的ではない。安達生恒によれば，過疎化のプロセスは次のようである（安達，1981：93）。1. 中味（人口，戸数）が減る，2. 入れ物（集落）の維持が困難になる，3. 入れ物が縮小する，4. 入れ物が縮小して，中味が入りきれなくなる，5. それで中味が減る，6. この悪循環で入れ物がなくなってしまう。このように過疎化は限界集落論と同じプロセスを考えているのである。

調べてみよう ❶

あなたの身近なお年寄りはどこに住んでいるだろう。都市だろうか？ 農村だろうか？ そのお年寄りは「タコツボ」的生活を送っているだろうか？

3. 3 限界集落論の概念と調査

限界集落論はインパクトが大きく，それをマスコミ等が取り上げて，一般でもお馴染みの議論になっている。このようになってくると，やはり，あまり厳密といえない使い方も出てきて，この点は，正しておく必要がある。

まず，限界集落の定義に含まれる，「65歳以上の高齢者が集落人口の50％を超え」という量的規定（7節の定義の引用，下線部）が一人歩きしている。65歳以上人口が50％を超えると，集落機能が低下して，社会的共同生活が困難になるというのは，機械的に結びつけるのは非常に危険である。この数字は「高知の山村ではこれくらいが限界集落が現れる大体の目安になるのじゃあるまいか」というくらいの大まかな基準と解すべきである。したがって，日本の過疎地域に一律にこの基準が適用できると考えるのはまったく不適切である。

高知の山村に限っても，「65歳以上の高齢者が集落人口の50％を超えると，集落活動の機能が低下し，社会的共同生活の維持が困難な状態になる」という因果関係は，厳密には実証されていない。そもそも，このような因果関係を社会調査によって確定するのは，非常に難しいのである。

また，過疎の概念を破棄するのも好ましくない。大野は「より事態が深刻化しているにも関わらず過疎という言葉ですませていいのだろうか，という疑問をもっている」ので，過疎という言葉は使わないと主張する。しかし，前節にみたように，限界集落化と過疎化のプロセスはほとんど同じなのである。つまり，両者の問題意識は非常に近い。であれば，限界集落の量的規定はカットして，過疎集落の中でも過疎が非常に深刻な集落を限界集落と呼ぶこともあるというくらいの緩やかな使い方が，現実的であろう。

限界集落論の現状分析には，いくつかの反論も出されてきた。また，それと密接に関係して，限界集落論の社会調査の項目にも異論が出ている。限界集

表 8-1　K 地区調査結果一覧（1990 年）

世帯調査番号	世帯構成				土地所有状況		就労・生活状態	健康状態	備考
	続柄	性別	年齢	員数	農地	山林			
1	世帯主	男	82	2	畑 20ha，13 筆 自給野菜，こんにゃく，楮	4ha （30 年生の杉）	2 人の老齢年金 70 万円ほどで生活。仕送りなし。	世帯主は心臓業で現在高知市の病院へ入院中。妻は腰痛で月 1 回通院	前老人会長。
	妻	女	84						
2	世帯主	男	75	2	畑 15ha，8 筆 自給野菜	2ha （25 年生の杉）	2 人の老齢年金 70 万円で生活。仕送りなし。	世帯主は神経痛で毎週，妻は甲状腺の病気で月 1 回地元病院へ。	老人会長。
	妻	女	71						
3	世帯主	男	69	2	畑 15ha，15 筆 自給野菜，ゼンマイ，こんにゃく	0.4ha （杉と雑木）	営林署に勤めていたので，その恩給年 150 万円で生活。	世帯主は酒量が多く，体調くずし通院。妻は健康だが難聴。	
	妻	女	61						

出所）大野（2005：94-95）より

論の調査項目は，K 集落調査ならば，表 8-1 の世帯構成，土地所有（農地，山林），就労・生活状態，健康状態，備考の各項目である。就労・生活状態とは，主には生活の経済基盤が調査されている。他の集落調査の項目なども参照してほしいが（大野，2005：72-73），大野の限界集落の調査は大枠，このような項目が通常なのである。ここから，限界集落論の社会調査は社会学にしては，社会学的な調査項目があまりないことに気づく。

3. 4　限界集落論の背後仮説

　社会学の立場では，「集団や社会関係」への人びと（個人）の参与（の束，総体）が「生活」である（山本，2019c：3-7）。限界集落論を批判した木下謙治や徳野貞雄の調査では，集団や社会関係が重要な調査項目としてでてくる。木下（2003）の「家族ネットワーク」の調査や徳野（2015）の T 型集落点検，他出子調査などがそれである。同じく，限界集落論を批判した，山本努・ミセルカアントニア（2019）の調査では住民意識や人口還流（U ターン）が重要な問題として取り上げられている。これに対して，限界集落論では住民意識の問題もほとんど触れられていない。つまり，限界集落論は「生活」と「生活意識」（住民意識）をほとんどみない。[5] これは，社会学の地域調査としては異例である。何故，限界集落論はそのようになるのだろうか？

その答え（ないし仮説）は，3. 1 の図 8-1 の基本枠組みに求められる。この図では，限界集落化の淵源は，アメリカと同盟関係（日米安保条約）にある戦後日本資本主義の展開にあるとされる。ここにみられるのは，マルクス主義的な図式である。また，大野（2005）は資本主義という言葉を頻繁に使っているのも特徴である。そもそも，限界集落論は「現代山村」の問題であり，「現代山村」という概念は戦後資本主義の商品経済が浸透した山村と定義されているのは，6 節にみたとおりである。このように資本主義という概念が頻出するのが，限界集落論の特徴である。資本主義という概念は社会学で使うことはある。ただし，「長い間それは，マルクス主義に近い層の外ではほとんど用いられなかった」（Kocka, J., 2017 = 2018: ⅰ-ⅲ）というのも事実である。

　つまり，限界集落論の背後仮説にはマルクス主義がある。背後仮説とは，明示された仮説や知見の背後にあって，明示された仮説や知見を導く理論や観念というほどの意味である。明示された仮説や知見とは，限界集落論ならば，「現代山村は集落間格差が拡大するなか，限界集落さらには，消滅集落への流れが着実に進行しつつある」（大野，2005：23）といったような仮説ないし知見がそれである。背後仮説は「理論づくりの作業の〈影の協力者〉であり，……理論の定式化とその結果生まれる研究とに，終始影響を及ぼす」（Gouldner, A. W., 1970 = 1974: 36）。このマルクス主義の背後仮説の故に，土地所有（農地，山林），就労・生活状態[6]，健康状態が重視されたのである（と推測できる）。

3. 5　限界集落論への異論

3. 5. 1　集落解体の要因

　前節によれば，限界集落化の淵源は，アメリカと同盟関係（日米安保条約）にある戦後日本資本主義の展開にあるというのが，限界集落の基本認識であった。しかし，農村集落の解体は，それよりずっと前に始まっている。これについて，山本陽三（1981：180-185）は次のように考える。ムラは，江戸時代には農民支配の最末端機構だったが，農民の生産と生活の自治の砦でもあった。これが，明治 22（1889）年の町村制施行，戦後の農村民主化運動，昭和の市町村

合併，高度経済成長（生活様式の都市化，社会移動の増大……など）という各契機で，解体に向かう。ここに示されるのは，近代化にともなう，ムラの解体である。限界集落論の考える，解体の淵源（図8-1，参照）は，高度経済成長の重要なパーツではあるが，それ以上ではない。

さらに，高度経済成長の末期で，過疎化が大きな問題になっていた頃の熊本県の農山村（矢部町）の調査（1976年実査）から，山本（1981：1-167）は「ムラは生きている」と主張する。矢部では「部落の組織はきちんとしており，共有財産をもち，共同作業がいまなおきちっと行われている。また年中行事も多く，祭りも盛ん」だというのである。

3. 5. 2　修正拡大集落と批判

それでは，山本の「ムラは生きている」という主張は，今でも有効だろうか？　この問題に徳野は修正拡大集落という地域モデルで答えようとする。現代では人びとの暮らしは，かつてのように集落で完結しているわけでなく，近隣に他出している人びととの互助や付き合いでできている。それを加えれば，集落住民の生活の範域（つまり，修正拡大集落）では，紡錘型の人口ピラミッドに近くなり，そこに農村的生活様式（ムラ）はなお生きているというのである（図8-2）。たしかにここには，就業，農業，買い物，医療，教育，娯楽などの互助があり，集落の会合や祭り，運動会などもここでの関係が大いに役にたっている。

3. 5. 3　集落機能の残存と住民の意識

さらには山村の限界集落といえども，「悪質商法を地域で撃退する」生活防衛の機能をまだ残している。「私たちは二重三重の人間関係で守っている。まちの人は大丈夫なんだろうか」と資料8-1の集落の町内会長さんは述べている。

山本（2017：186-209）はこの集落の高齢者の生きがい意識を調査しているが，生きがい意識は決して低くない。また，過疎山村（大分県中津江村）の2016年実施の地域意識調査では，「この地域は生活の場としてよくなる」という人は4.2％しかいない。しかしそれでも，ほとんどの人は「この地域に住み続けた

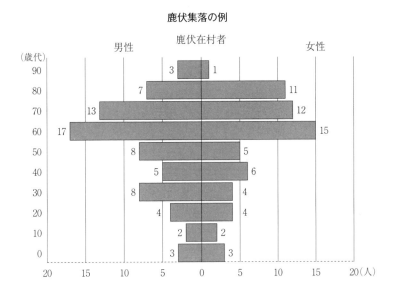

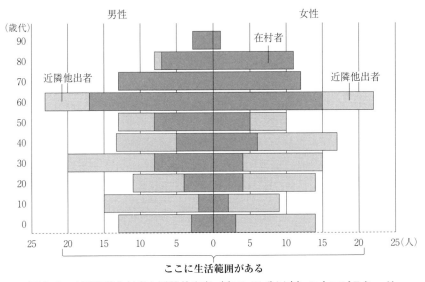

ここに生活範囲がある

図 8-2　山間集落在村者＋近隣他出者（車で 40 分以内）の人口ピラミッド

出所）徳野（2015：31）より

資料 8-1　「悪質商法を地域で撃退する」
出所）『朝日新聞』（広島版 2012 年 6 月 23 日付）より

い」（82.1％），「この地域が好きだ」（82.4％）と思っている。さらに，この厳し
い山村でも，Ｕターンが 21.3％，結婚で転入が 22.7％，仕事で転入が 6.7％
いて，住人の半数は流入人口である（山本・ミセルカ，2019）。過疎の村にも，村
を支える意識と人口の流れがある。

3. 5. 4　「高齢者減少」型過疎

　本節の知見は限界集落といえども，まだ残る生活の基盤を示している。この
ことへの着目は生活構造論の非常に重要な課題である。ただし，2005 年ころ
から過疎の進んだ地域で出てきた高齢者人口の減少（「高齢者減少」型過疎）と，
それにともなう地域人口の全年齢層での後退（「消える村」）は，過疎の新たな難
問である（山本，2017：22-39；山本・高野，2013）。村に高齢者（老親）が住むが故
に，他出した子どもとの付きあいで修正拡大集落が形成可能なのである。ま

た，村に住む老親への「気がかり」がUターンの大きな動機のひとつになっている（山本・ミセルカ，2019）。村の老親は村の有力な存立基盤なのである。

調べてみよう❷

　あなたの住む県の過疎地域はどこだろう。また，過疎や限界集落が新聞やネットでどのように取り上げられているだろうか。調べてみよう。

4．聚落社会（コミュニティ）の必要性

　鈴木榮太郎の都市社会学に聚落社会という概念がある。聚落社会は「共同防衛の機能と生活協力の機能を有するために，あらゆる社会文化の母体となってきたところの地域社会的統一であって，村落と都市の2種類が含まれている」（鈴木，1969：80）。ここに示された，共同防衛，生活協力，社会文化の母体という聚落社会の3機能は，現代の巨大システム（都市的生活様式を可能にする，専門機関，つまり，商業サービス，行政サービス）に取り囲まれた暮らしが圧倒的になればなるほど，人びとの暮らしに必要である。それを問うのが生活構造の社会学なのである。巨大システムの例としてネットでの買い物を考えてみればよい。そこには，「口コミ」とか「カスタマーレビュー」などがついていて，人びとに「安心」を与えている。これも聚落社会（≒コミュニティ）の「共同防衛」の実例である[7]。

　上記の古い鈴木榮太郎の見解と瓜二つの見解は，現代アメリカの経済学者，ラジャン（Rajan, R.）にある。

　「ワンクリックで地球の裏側の人たちと連絡がとれる時代に，なぜ隣人が重要なのか。十全に機能している国家と活発な市場のある先進国で今日，近隣コミュニティが果たす役割とは何だろうか。初期にコミュニティが果たしていた機能の多くを国家と市場が引き受けるようになったとはいえ，近隣コミュニティはまだ重要な機能を担っている。コミュニティは私たちのアイデンティティの一部だ。コミュニティは私たちに力をもっているという感覚を与えてくれ

る。グローバルな力を前にしても，自分たちの未来を作っていけるという感覚だ。また，他の誰も助けてくれない境遇にある時，救いの手をさしのべてくれる」（Rajan, R., 2019＝2021: 3）。「他にも利点がある。地域コミュニティ政府は連邦政府の政策に対して防波堤の役割を果たす。すなわち多数派の専横から少数派を守り，連邦政府の抑止力になるのだ」（Rajan, R., 2019＝2021: xvii）。都市的／農村的生活様式論（地域社会学）の課題は，今日でもまったく古びていないのである。

考えてみよう❸

鈴木榮太郎の『都市社会学原理』の第2章第1節「地域的社会的統一」，第3節「共同防衛の機能」，第5節「生活協力の機能」を読んで集落社会の3機能について考えてみよう。

注

1）この引用の文言は George Duhamel というフランス人の批評とのことで，奥井（1940：76）に紹介がある。

2）「雑異性」と「異質性」はともに，ソローキンの heterogeneity の訳語である。奥井がソローキンの heterogeneity を「雑異性」と訳したのは，奥井（1940：78-79）で確認できる。異質性という訳語が定着しているので，こちらの訳語を使うが，雑異性という訳語はシカゴ派都市社会学の雰囲気を伝えるいい訳語である。

3）奥井の引用では旧字などを多少，改めた。以下同様。

4）きだ（1981）には「個人的に対処，善処（個人的な裁量）」の例が全編に溢れていて，まことに興味深い。本書で紹介したのは，まああどけないような話だが，そのような話ばかりではない。たとえば，きだ（1981：170-171）の「53　部落の英雄たちは始めて一つの異論なしに一致すること，そして一致が後ろめたきものであることを発見すること」などの節を読むといいだろう。

5）大野（2005：139-150）には，「山村住民の意向調査」がある。これは仁淀村の60集落の区長（回答者53人）への意識調査であり，充分な調査とはいえない。

6）就労・生活状態とは，主には生活の経済基盤が調査されている。

7）この例は，筆者と共同で開講した熊本大学大学院ゼミでの，環境社会学者・牧野厚史氏（熊本大学教授）の発言に負う。

📌 引用・参考文献

安達生恒「過疎とは何か—その概念と問題構造（1968年時点で）」『過疎地再生の

道』日本経済評論社，1981 年，79-100

Bloodworth, J. (2018) *Hired-Six Months Undercover in Low-Wage Britain*, Atlantic Books. (濱野大道訳『アマゾンの倉庫で絶望し，ウーバーの車で発狂した―潜入・最低賃金労働の現場』光文社，2019 年)

Ehrenreich, B. (2001) *Nickel and Dimed*, Metropolitan Books. (曽田和子訳『ニッケル・アンド・ダイムド』東洋経済新報社，2006 年)

Gouldner, A. W. (1970) *The Coming Crisis of Western Sociology*, Basic Books. (岡田直之・田中義久訳『社会学の再生を求めて 1―社会学＝その矛盾と下部構造』新曜社，1974 年

本間龍『原発広告』亜紀書房，2013 年

本間龍『原発プロパガンダ』岩波新書，2016 年

木下謙治「高齢者と家族―九州と山口の調査から」『西日本社会学会年報』創刊号，2003 年，3-14

きだみのる『気違い部落周游紀行』冨山房百科文庫，1981 年

Kocka, J. (2017) *Geschichte des Kapitalismus*, Verlag C. H. Beck oHG. (山井敏章訳『資本主義の歴史―起源・拡大・現在』人文書院，2018 年)

倉沢進「生活の都市化とコミュニティ」『都市問題研究』28⑵，1976 年，40-52

倉沢進「都市的生活様式論」鈴木広・倉沢進・秋元律郎編『都市化の社会学理論―シカゴ学派からの展開』ミネルヴァ書房，1987 年，293-308

倉田和四生「都市的生活様式の特質」『関西学院大学社会学部紀要』㊱，1978 年，19-31

奥井復太郎『現代大都市論』有斐閣，1940 年

大野晃『山村環境社会学序説―現代山村の限界集落化と流域共同管理』農山漁村文化協会，2005 年

Rajan, R. (2019) *The Third Pillar-How Markets and the State Leave the Community Behind*, Penguin Press. (月谷真紀訳『第三の支柱―コミュニティ再生の経済学』みすず書房，2021 年)

総務省『令和元年度版　過疎対策の現況』2021 年

Sorokin, P. and C. C. Zimmerman (1929) *Principles of Rural-Urban Sociology*, Henry Holt and Company. (京野正樹訳『都市と農村』巌南堂書店，1940 年)

鈴木榮太郎『都市社会学原理（鈴木榮太郎著作集Ⅵ）』未來社，1969 年

徳野貞雄「人口減少時代の地域社会モデルの構築を目指して―『地方創生』への疑念」徳野貞雄監修『暮らしの視点からの地方再生―地域と生活の社会学』九州大学出版会，2015 年，1-36

山本努『人口還流（Ｕターン）と過疎農山村の社会学（増補版）』学文社，2017 年

山本努「付論　若者（大学生）の原子力発電についての意識」山本努・福本純子編『地方地域社会に暮らす若者の社会意識―「九州・山口在住の若者」に関する社会調査から』熊本大学大学院人文社会科学研究部（地域社会学研究室），2019 年 a，80-82

山本努「地域社会学入門／過疎農山村研究から」同編『地域社会学入門―現代的課題との関わりで』学文社，2019 年 b，39-88

山本努「地域社会学入門／都市研究から」同編『地域社会学入門―現代的課題との関わりで』学文社，2019 年 c，1-38

山本努・福本純子「福島原発事故後の大学生の原子力発電についての意識」山本努編『よくわかる地域社会学』ミネルヴァ書房，2022 年近刊

山本努・ミセルカ　アントニア「過疎農山村生活選択論への接近―大分県中津江村の人口還流と地域意識の調査からの例解」山本努編『地域社会学入門―現代的課題との関わりで―』学文社，2019 年，89-118

山本努・高野和良「過疎の新しい段階と地域生活構造の変容―市町村合併前後の大分県中津江村調査から」『年報　村落社会研究』⑷，2013 年，81-114

山本陽三『農村集落の構造分析』御茶の水書房，1981 年

📖 文献案内

鈴木広「補説　生活構造論の方法的意味をめぐって」『都市化の研究』恒星社厚生閣，1986 年，285-291

「生活構造論は生活主体のもちろん相対的な独自性・創発性・自己決定性を何らかの形で前提にしていると思う。生活主体が，たとえば社会体系・体制の指令どおりに作動するだけなら，生活構造論は存立の余地がない」(285 頁)。タイトルに「補説」とあるが，生活構造論の方法的意図，含意を示した重要文献である。

山本陽三「集落を考える」『農の哲学（こころ）』御茶の水書房，1981 年，3-29

家族，集落，暮らし，仕事を重くみる，生活構造論の重要な源流。矢部村調査は有名。「矢部は儲けるところでなく暮らすところだ，農業は労働でなくて仕事だ」(24 頁)。この文言だけでも読んでみたくなるのでは……？

山本努編『地域社会学入門―現代的課題との関わりで』学文社，2019 年

生活構造論は地域社会学と相性がいい。生活は地域で営まれるからである。この本を読んでから，本文中に示した，安達 (1981)，倉沢 (1987) にいくといいだろう。これらを読まないと始まらない。

付記

　本章は拙稿「都市的生活様式の限界と農村的生活様式の切り崩し―都市と農村の社会分析のために」『現代社会研究』⑻ 神戸学院大学現代社会学会，2022 年，所収を改訂したものである。なお，本章は 19H01562（高野和良九州大学教授　代表）の科研費の補助を受けている。

第 9 章

「食と農」からみた人間と社会

──「ポスト農業社会」の憂鬱──

この章のポイント

　本章では,「食と農」は人間が生きていくために不可欠な行為であるだけでなく, 我々の家族や社会および世界のあり方にまで, 昔から影響を与え続けてきたことを学んでもらいたい。しかし,「食と農」の結合は意外と新しく, 1～4万年前に「農」が発見されてからである。「先史時代」というのは,「農」が成立していないため「無農社会」ともいわれ, まだ十分実態が解明されていない。「農」の成立以降の「農業社会」は,「食と農」が岩盤のように結びつき文明や社会の根幹を形成した。そして, 我々の暮らしは「食と農」の結合が当たり前のこととして認識されてきた。しかし, 近年この「食と農」の結合が弛緩・乖離する現象が多くみられ,「ポスト農業社会」とも呼ばれる現象が起こってきた。そして, 暮らしの根幹が大きく変わり始めている。

🔑 キーワード

「食と農」の結合,「農耕」と社会・文明の成立,
「ポスト農業社会」,「現代的消費者」, 世帯の極小化とコ食

1. 社会学と「食と農」

　「食」は，人類が生きていくためのエネルギー摂取を行う必要不可欠な生命活動である。一方「農」は，食を安定化させるために自然への働きかけを通じて，人為的に形成してきた社会的な生産活動である。この「食と農」が結びついたことにより，人類は非常に高度な社会的存在（人間）となった。そして家族は，行為主体そのものである種の存続（再生産）とともに，「食と農」を媒介として自然界と人間界との関係性や集団性を原理的に形成してきた社会的主体でもある。言い換えれば，<u>「食と農」が生物的人類を社会的人間に鍛えなおしたともいえる</u>。

1.1 「ポスト農業社会」の出現

　「食と農」はいうまでもなく，人間の生存と生活にとって最も重要な営みであり，「食と農」を欠いて我々は生きていくことができない。そして，人間存在の存立基盤や生活集団の組織原理および社会構造・社会システムの基礎的部分を，「食と農」の結合が岩盤のように規定していると疑いもなく考えてきた。しかし，近年先進国や日本では「食と農」に関する結合が弛緩・乖離し始めていると考えはじめた。

　そのきっかけは，2000年頃の熊本大学での地域社会学概論の米や稲作についての講義の中で，モミ（籾）と玄米と白米の違いを正確に認識している学生がわずか15％であったことに衝撃を受けたことである。それ以降，モミ，玄米，白米の違いを正確に認識している人を「日本人」と呼び，個々の言葉は知っているが正確に認識できていない学生や若者たちを「ジャパニーズ」と名付けた。日本人だからといって誰しもが，苗，稲，稲穂，脱穀，籾，籾摺り，籾殻，玄米，精米，糠，白米といった連続的な稲作の作業体系等を認識できているわけではない。1960年代以前に生まれた人は，日本人ならほぼ学校で学ばなくても正確に認識できた。しかし，1980年代以降に生まれた人はその認識はあやふやである。時代や現実の暮らしの変化のなかで，伝統的な「食と農」

の不可欠な知識が変質していっていることに気が付いた。一般的にいえば，米食からパン食への変化とか，カップ麺や冷凍食品の氾濫等の現象である。今までの米をベースとした「生産と消費」や「食と農」の状況が，劇的に変化していたのである。

　近年筆者は「ポスト農耕（農業）社会」というフレーズが頭に浮かび離れない。わかりやすくいえば，「食と農」もしくは「農と食」が，人びとの暮らしにとってワンセットでもなく，「農」を意識しなくても生きていくことができる社会になりつつあると疑い始めた。具体的にいえば，人びとの多くが「食べ物は自ら作って食べるものではなく，買ってくるものだ」という社会認識が強く顕在化している社会状態のことである。さらに「汗水を流して働くことは，人生にとって尊いことである」という社会の普遍的な倫理観も揺らぎ始め，生産労働を貨幣価値からみてのみ評価する人も多くなった。このような社会を「ポスト農業社会」と呼んでおこう。

　一方，「農耕（農業）社会」とは，食と農が不可分に結びつき，「食べるものを得るためには，農耕（牧畜含む）の生産労働の上に成り立っている」と多くの人が自然に考えていた社会である。そして，我々が普通に社会と考えていたものは，この「農耕社会」の上に形成されていたのである。この時代は長く，日本では1万年（新石器時代）ぐらい前から1960年代までは確実にあった。ほんの西暦2000年前後くらいに，顕著な形で「農耕社会」から「ポスト農業社会」的なものに変容する現象が多くなってきた。

　なお，この章の視角・視座は，時間的には対数目盛によるロングスパンや広角的な視点から論じる場合もある。また，ミクロな視点を取ることもある。

調べてみよう ❶

　2019年にアフガニスタンで亡くなったペシャワール会の中村哲医師の合言葉「百の診療所より一本の用水路」を，さまざまな角度から吟味し，かつ議論してみよう（中村，2007）など。

1．2　「農耕」と社会・文明の成立

　「農耕」の発生は，人類にとって最も重要な社会的変革であった。180万年前のホモ・エレクトス（人類の祖＝原人）から20万年前のホモ・サピエンス（現代人の祖）までは，不安定な猟狩採取活動によって食を得ていた。食べられるものは何でも食べてきたが，極めて不安定で，常に飢え死んでいた。まだ農耕（耕種および牧畜）という生産手段は知らず「無農社会」であった。そして，農耕に伴う文明なども発達していないから，「先史時代」とも呼ばれ，「社会」という概念の実態が成立していたかどうかは疑わしい。

　しかし，紀元前4～1万年頃に農耕を獲得し，従来から比べて飛躍的に食糧確保が安定化した。同時に定住化を行い，飛躍的に文明・文化を発展させた。すなわち，「食と農」が緊密に結合することによって，現代社会の原型となる社会的枠組み（パラダイム）が形成された。そして「農耕（農業）によって，社会や暮らしが成立している」という認識が岩盤のように形成されてきた。言い換えれば，「農耕」が，生物学的存在である「人類」を社会的存在としての「人間」に鍛えなおしたと理解することもできる。すなわち，自然科学的な現象と社会科学的な現象の交差点に，「農耕」の発生という歴史的奇跡が読み取れる。

　なお，農耕と牧畜，および農業と畜産との関係について筆者の視点から整理しておきたい。農耕は種子，苗，球根などを植えて育て，人間への食物供給を目的とする行為である。牧畜は，家畜から食料を供給する行為である。農耕と牧畜は，自分たちの食料を確保するための生活的行為として，農耕（含牧畜）として表記する。一方，農業（含畜産）は，農的行為の目的を自分たちの食料供給よりも他者への販売等の利潤目的として経済的・産業的に行われているものとして用いる。あくまで理念的であるので，現実的には錯綜する。なお，強引ではあるが，農業を主に近代の産業社会の農的行為とみている。それゆえ，時代を超えて「農耕（農業）社会」と表記することもある。

　次に，「食と農」の時代の流れを，大まかな歴史的概念図として図示すると上の図9-1のようになる。この歴史的概念区分から，さまざまなことを考えて

	B.C.20万年	BC4～1万年	AC		1960	1990
食からみた時代区分	食料採取時代（森の中の時代）	新石器時代	食糧生産（増産・不足）時代		移行期	食料過剰時代
農からみた社会区分	空白 有史以前（無農社会）	農耕発生（文明）	（農耕社会）			ポスト農業社会
			農耕社会（含畜産）		貨幣経済の浸透（農業社会）	

図9-1　食と農の歴史的概念図

出所）筆者作成

いきたい。

　人びとは，「農耕」という生産活動を人間の社会的思考（哲学・宗教・歴史・政治・法律・教育・科学……戦争・支配・差別 etc）の中心においた。当時の人びとは，先史時代や「無農社会」のことを現代のようには認識できなかった。それゆえ，洋の東西を問わず，神話時代の大昔から人びとは「農耕（牧畜）」をし，「神は，迷える羊を導いてくださる」ことになっていた。だから，仏典にも聖書にもギリシャ哲学や儒教にも農耕の重要さが描かれた。また，古代・中世の歴史書は，農耕牧畜史（たとえば，万里の長城をめぐる争い）をベースに時代の政治的な闘争史に埋め尽くされている。

　ここで注目すべきは，「農耕社会」は力強い生産力を背景に，生産の拡大が人びとの幸せや社会の発展に結びつくという観念（欲望）を，我々の精神史に強固に与えた。その中から「欲望の資本主義」を開放し産業化から現代社会へと続く成長型（開発型）のイデアを強力に生み出した。また，農耕は人間と自然との闘いでもあり，自然を克服し利用することから，我々に人間中心的な「近代の合理主義」をも生み出した。しかし，同時に自然や地球の限界を無視し，いま食料やエネルギー，気候変動やSDGsなどの「自然との対話」や「近代の超克」に直面している。

　近代の科学的思考においても，マルクス（Marx, K.）やウェーバー（Weber, M.）も農業生産論的パラダイムの上に研究を行ってきた。また，日本の農村社会学においても，戦前・戦後の有賀喜左衛門や鈴木榮太郎，福武直も，そして現代の我々（細谷昂や筆者）も「農業生産があって暮らしが成立する」という強

固なパラダイムに強く影響を受けていた。すなわち我々は，人類史上に ①「無農社会」があったことや，②「農耕（農業）社会」の根底が「食と農」の強固な結合であったことに自覚的な認識がなかったと思っている。当然，2000年以降の現代において ③「ポスト農業社会」が「食と農」の結合が弛緩・分離し始めていることに無自覚であった。それゆえ，筆者の妄想かもしれないが，現代の社会（「ポスト農業社会」）を研究する場合，従来通りのパラダイムである「農業社会」の枠組み（「食と農」の結合）だけでは，現在の社会実態を分析することが不可能ではないかと考え始めた。

考えてみよう ❶

　農耕が成立する以前の昔の人（縄文人）は，何を食べていただろうか，想像してみよう。また，農耕や牧畜がどのようにして発生したかも考えてみよう。正しい答えや厳密な証拠はないが，考えてみることはできる。さらに，どのような暮らし方をしていたかについても思考を飛ばしてみよう。

---

1. 3 「農耕社会」から「ポスト農業社会」へ

　「農耕社会」から「ポスト農業社会」への転換は，人類史にとって二度目の大きな転換となりつつある。すなわち，第1に，「食と農」の実態の変容（農業従事者の激減と現代的消費者の膨張，輸入食糧・農産物の増加と国内自給率の低下，飢餓と飽食と食品ロスの同時存在，コンビニと子ども食堂の併存など）だけでなく，第2に，我々の生活基盤の根幹も揺らぎ始めている。すなわち，日ごろ考えている常識や社会認識の前提であった「農耕労働の下に食糧を確保し，人びとは日常生活を営んでいる」という歴史的・普遍的な認識が揺らぎ始めた。言い換えれば，人間存在の基盤である「食と農」の結合が揺るぎ始め，社会は「食と農」の結合のもとでなくとも成立する可能性が，あるのではないかと考え始めた。ただし，筆者自身は「食と農」の結合は対自的認識では不可分であるが，即自的認識では分化し始め，揺れ始めていると考えている。第3に，だからといって「ポスト農業社会」の姿が，いま簡単に見えているわけではない。「ポスト農業

社会」の社会構造や生活構造および個人の社会意識・行動を的確に描き出すことはそんなに簡単ではない。しかし，思考を飛ばし続け分析することは可能である。

「食べ物を作らなくても，生きていける」という認識は，大きくいえば世界の経済・社会構造のマクロレベルの変革から，家族や地域社会および企業などの組織・集団のあり方も大きく変容させ始めてきた。さらに，個人レベルでも，農家の子どもが都会でのサラリーマンになることを目指し，都会の消費者はコンビニの壁の向こうに食べ物が無尽蔵にあると思っている。人間の暮らしのあり方の基盤や常識が急変しているのである。世界が変わり，暮らしが変わり，人間が変わり始めたのである。

今までの「農業社会」で培った常識や基本的パラダイムは，「ポスト農業社会」の中では一部が機能不全となっており，さまざまな社会的葛藤や社会不安を呼び起こしている。かといって，「ポスト農業社会」の姿が明確に見えている訳ではない。それゆえ，従来から，この「ポスト農業社会」の代わりに，「都市化」社会や「産業化」社会，さらには「情報化」社会等の名称で定置しようとしたが，十分な説明に成功しているとはいえない。

この社会的不透明さと不安が，学術的にいえば「近代の超克」としての対象である。また，現実的世界でいえば，非常に強引な見解かもしれないが，欧米の価値観に基づいたグローバリズムに対するタリバンの抵抗やトランプ前大統領のアメリカ分断の現れとしてみることもできる。すなわち，農業社会によって形成されていった「岩盤のような伝統的（保守的）パラダイム」が，「ポスト農業社会」の出現によって，その社会的バランスが崩れ，不安や葛藤のなかで社会現象としての亀裂・対立が起きているとみることもできる。すなわち，人類史的かつ世界史的レベルでのカッコ付き「社会発展」への揺り戻しかもしれない。

前者を伝統的社会，もしくは保守的イデオロギーと呼び，後者を近代・産業社会もしくは合理的イデオロギーと呼ぶかもしれない。それゆえ，作って食べて生きてきた「農業社会」と，作らずに食べて生きている「ポスト農業社会」

の実態構造を改めて，実証的に再検討してみたい。すなわち，現代社会の顕著な対立が，「食と農」のあり方から派生し根差していることを改めて発見した。このように現代社会のさまざまな課題を考察するための生活構造分析的な枠組みの基軸が，今回の壮大な視点での「農業社会」の成立と「ポスト農業社会」の発現の根源的な見直しである。

　先取りするようだが，農村と都市を，「農業者もしくは非農業者の多い地域社会」という生産主義（「食と農」の結合）的な視点からでは分析できなくなっている。なぜならば，現代の農村の人びとは，経済的にみれば，農業で暮らしを立てているとは言い難いからである。むしろ，自然との接点の少なさ・多さによって，都市と農村を見分けた方がよい。

　今後の「ポスト農業社会」では，生物学的な人間の持続的な生存実態の基盤を検討することが大変重要になってくる。すなわち，環境問題（大地・水・動物・植物・気候変動・地球等と接続する人間社会の自然環境）との接点をメルクマールに，生物多様性・気候変動・エネルギーや食料資源の持続性などを対象とした視点から，農村社会と都市社会の分析が要求されると考えている。

2.「ポスト農業社会」における「食と農」の弛緩・乖離の実証的研究

　第1節では，人類史的な視点から「食と農」の結合が人間の社会や文明を形成し，我々の生活の岩盤となっている状況を「農耕（農業）社会」として記述的に説明してきた。そして，第2節では，近年の「ポスト農業社会」という「食と農」の弛緩・乖離する現象が，どのように生まれ，同時にどのように現代社会に影響を及ぼしているかを，実証的に分析・研究していきたい。

2.1「国勢調査」からみた100年間の農業・農村を取り巻く構造の変化
——日本人のマジョリティの変化（「百姓」から「サラリーマン」へ）——

日本の農業・農村の変化をみるときに，農業関係の変化だけでなく，社会構

造や人びとの生活の変化を媒体として研究していくのが農村社会学者の手法である。2020年は，第1回国勢調査が行われた1920年から100年経つ。漠然と日本の現代社会の変化を考えるよりも，100年というタイムスパンの中で具体的に「食と農」の変化を考え，その「食と農」の変化から，現代日本社会が人類史的な社会的転換期に位置しているのではないかと考える絶好の機会である。最大のメリットは，「国勢調査」という日本社会の個々人の属性データの積み重ねという科学的エビデンスの100年の積み重ねを利用できることである。

　このことは，表9-1「社会構造の時代区分別基本構造の指標」を概括してもらうとよくわかる。まず，E〈農業従事者数〉をみてみると，明治期から昭和40年（1965年）までの農業従事者数は1,400万を軸に1,000万を超えていたが，1980年に697万人，2015年に209万人まで減少している。また，J〈GDPに占める農業総産出額〉は，1955年の18％から1980年の4％，そして2015年の1.6％まで減少している。これらの指標から，日本社会は就業構造的にも経済構造的にも「農業社会」から「ポスト農業社会」に変質している。そして，1960年頃から1990年頃までの大変動期を，「高度経済成長期」と名付けたり近代化・産業化・都市化と呼んできたが，要するに「農業社会」から「ポスト農業社会」に転換していく過渡期として認識すべきである。考えてみれば，農村社会学はこの過渡期の変化を，過疎化や脱農化として克明に追い続けることに注力してきた。そして，見えないゴールに消耗していたことも事実である。

　現代社会が，「ポスト農業社会」になりつつあるとはいえ，農業者も存在するし，農業生産もある。単に農業経済学のように産業としての農業のあり方を問うのではなく，「ポスト農業社会」での農業や農村の社会的意味を問うことが現代の農村社会学の現代的課題のひとつでもある。その中でも，現代の日本人が急激な「近代化」過程のなかで，①「食と農」および「農村・都市」，②「家族・世帯」，および③「平均寿命」，「出生・死亡」，「移動・定住」に関してどのような現実の変容と社会認識の変化が存在するのかを表9-2の「生活構

造上の時代区分別『農・食・家族』の特徴の変遷」の一覧表から検討してみたい。

　①の「食と農」の変化では，まず第1に，慢性的な食糧不足をベースとする「増産社会」から，グローバル経済下の輸入型「飽食社会」（国内自給率は38％に低下し，日本人の食べる食料の7割が港や空港によって確保されている）に変化した。何よりも，国民のマジョリティが「百姓」から「サラリーマン」に変わった。その結果，社会における農的世界は色合いが薄れ，人びとの関心は食の安全性や消費・流通のあり方に傾斜していった。同時に，農村人口と都市人口が「8：2⇒2：8」に大逆転し，過疎・過密問題が地域社会の大問題となっていった。

　②の「家族・世帯」のあり方の変化では，世帯としての直系家族（祖父母＋父母＋子供たち）の形態が核家族型に変化するだけではなく，現代では，祖父母／父母／子供たちがバラバラに暮らしており，世帯は分散・極小化（3人以下の世帯が79.9％）と有史以来の日常的な暮らし方の大変動を経験している。とくに，農家における世代の継承に大きな問題を起こしている。しかし，意外とこの問題に関する関心は低い。コメがパンに代わり，レトルト食品や外食が増えるのも，この世帯の極小化の影響である。

　次に，結婚はお見合い婚をベースとした生きていくための「生活婚」から「恋愛婚」に代わり，現代では急激に「晩婚化」・「非婚化」が進んだ。すなわち，「恋愛」しないと結婚できないと社会的に思いこんだ人（とくに，農家の後継者に）が増加し，婚姻率が低下した。

　最後に，③の「人口動態」についてであるが，「人生50年時代」から「人生80年時代」へという高齢化社会への転換とともに，農業を軸とした「定住型社会」から産業化を軸とした「移動型社会」に転換した。その結果，経済的には豊かにはなったが，人間関係や暮らしの安定性は脆弱化した。このような大変動が発生したことを，表9-2の各項目から読み取ることができる。

　以上のような「食と農」を軸とする劇的な社会構造の変動を整理すると，次のようになる。第1に，かつてマジョリティであった百姓・農民・農業生産者

表 9-1 社会構造の時代区分別基本構造の指標

	明治・大正期			昭和前期	昭和後期・成長期		平成期		令和期
	1872年 明治5年	1900年 明治33年	1920年 大正9年	1955年 昭和30年	1965年 昭和40年	1980年 昭和55年	1990年 平成2年	2015年 平成27年	2025年 令和7年
A 総人口	3,480万人	4,384万人	5,596万人	8,927万人	9,827万人	1億1,706万人	1億2,361万人	1億2,709万人	1億2,254万人
B 総世帯	—	—	1,112万世帯	1,738万世帯	2,306万世帯	3,410万世帯	4,067万世帯	5,333万世帯	5,412万世帯
C 総有業者数	—	—	2,732万人	3,959万人	4,796万人	5,581万人	6,168万人	5,891万人	—
D 農家世帯数	—	—	548万世帯	604万世帯	566万世帯	466万世帯	383万世帯	215万世帯	社人研(2017:2018)による推計
E 農家従事者数	1,469万人	1,357万人	1,391万人	1,485万人	1,151万人	697万人	481万人	209万人 (*2018年=175万人)	
E-2 農地面積	—	—	6,071,889ha	5,183,073ha	5,133,831ha	4,705,587ha	4,198,732ha	2,914,860ha	
農家率 (D/B)			49.3%	34.8%	24.5%	13.7%	9.4%	4.0%	
農業就業率 (E,C)	77.0%	55.2%	50.9%	37.5%	24.0%	12.3%	7.8%	3.5%	
F 生涯未婚率 男			2.17%	1.18%	1.50%	2.60%	5.57%	23.40%	
生涯未婚率 女			1.80%	1.47%	2.53%	4.45%	4.33%	14.10%	
G 初婚年齢 男			25.02歳	27.05歳	27.41歳	28.67歳	30.35歳	31.10歳	
初婚年齢 女			21.16歳	24.69歳	24.82歳	25.11歳	26.89歳	29.40歳	
H 平均寿命 男			42.06歳	63.60歳	67.74歳	73.35歳	75.92歳	80.75歳	
平均寿命 女			43.20歳	67.75歳	72.92歳	78.76歳	81.90歳	86.99歳	
I GDP				8兆8,000億	34兆6,000億	251兆5,000億	457兆4,000億	530兆5,000億	
J 農業総産出額 (J/I)				1兆8,6千億(18%)	3兆2千億(9%)	10兆5千億(4%)	11兆5千億(2.5%)	8兆7千億(1.6%)	
② 「食と農」における社会区分による社会・政策の大転換			1920 第一回国勢調査	45 46 47 第二次世界大戦の敗戦 / 日本国憲法発布 / 農地改革	60 61 62 全国総合開発計画 / 農業基本法 / 所得倍増計画	70 74 75 過疎対策緊急措置法 / 有吉佐和子「複合汚染」 / 米減反政策	80 99 2000 食料の安全性 / 食料・農業・農村基本法 / 中山間地域等直接支払	06 11 18 有機農業推進法 / 東日本大震災 / 小農の「権利」に関する国連宣言	

出所) 各年度「国勢調査」などをもとに筆者作成

表9-2　生活構造上の時代区分別「農・食・家族」の特徴の変遷

大分類	項目	明治・大正期			昭和前期	昭和後期・成長期		平成期		令和期
		1872年 明治5年	1900年 明治33年	1920年 大正9年	1955年 昭和30年	1965年 昭和40年	1980年 昭和55年	1990年 平成2年	2015年 平成27年	2025年 令和7年
	総人口	3,480万人	4,384万人	5,596万人	8,927万人	9,827万人	1億1,706万人	1億2,361万人	1億2,709万人	1億2,254万人
	総世帯	—		1,112万世帯	1,738万世帯	2,306万世帯	3,410万世帯	4,067万世帯	5,333万世帯	5,412万世帯
A 食と農	ア 社会的特徴	農村社会				転換期(高度経済成長期)		サラリーマン社会		
	イ 対象者	百姓(マジョリティ)				〈農民・(生産者)〉パラダイム転換	〈農民(生産者)・兼業農家〉	小農(マイノリティ)／消費者(マジョリティ)		農的生活者
	ウ 農(業)の特徴	食料不足の下の「生産」(生産と生活の一体化)→「生産力農業論」的世界				農業・所得が基準(産業・職業化)(生産と消費の分離)		規模拡大 近代農法 VS 小農 有機農業		→「生活農業論」的世界の視角
	エ 社会経済体制	「地主・小作制」と後発型の日本資本主義				自作農主義をバックに高度経済成長 農業離脱(兼業・離農化)		社会的基盤の溶解 家族と世帯の分離		
	オ 食糧(事)	飢餓的			食糧増産	豊かさの追求が中心(外食・中食)		輸入増加の飽食		食品ロス,子ども食堂
	カ 人口政策	農村の過剰人口(二,三男対策)				過疎・過密(人口移動)		限界集落		→ヘタリ集落化
	キ 農村政策	伝統的定住型「イエ・ムラ」社会				近代化・民主化・都市化		地域おこし(活性化)		→戦後農山村の政策史
B 家族	ク 家族観	直系家族観(祖父母+直系父母+子ども達)				近代化と「核家族」観 都市型(夫婦+子ども)		社会移動に生活基盤の溶解(祖父母/父母/子ども達)の別居		
	ケ 世帯	本家・分家			「イエ・ムラ」(封建遺制社会)	都市化・核家族化		核小化・分散化		過疎地の三層構造
	コ 結婚	見合婚			結婚	恋愛婚		晩婚化・非婚化		
	サ 生活感(規範)	家父長制				民主化・近代化		ジェンダー・フリー		
C 人口動態	シ 平均寿命	人生50年				人生60年		高齢化・人生80年		
	ス 出産・死亡	多産・多死			多産・中死	少産・少子		少産・多死		
	セ 居住移動	定住型田舎				移動(都市集中)		三層構造(分散)		

出所) 筆者作成

がマイノリティになったことである。第2に，マジョリティになったのは消費者であり，化け物のような「現代的消費者」の登場が，「食と農」の考え方を変えてしまった。第3に，グローバル化に伴う農産物貿易品の増加（日本は世界の農産物の10％を輸入している）とおよび「食と農」の近代化による安全性や環境問題への疑念・疑義の噴出である。第4に，農業の担い手や消費者という行動主体の変化である。人間の社会的状況や環境が大きく変化し，「農業が変わったというよりも，社会が変わった」といえる状況が発生した。

2. 2 「現代的消費者」の登場　消費者の4分類——化け物になった消費者

「農業社会」から「ポスト農業社会」への移行の中で，最も重要な現象（集団・階層）は「現代的消費者」の登場である。日本の社会の中で，消費者が登場してくるのは非常に新しい社会現象である。たしかに，モノを食べる本源的消費者としては昔からいたが，ほとんどが農産物を作る生産者でもあった。「本源的消費者≒本源的生産者≒百姓≒国民」であったからである。

日本における「現代的消費者」（農産物を買って食べるヒト）の発生は，高度経済成長期の1960年代以降の民族大移動が始まってから，社会的存在として成立したのである。それまでの日本人の多くは百姓として，「我が（家族が）つくり，我が（家族が）食べる」という生活を日常的に営んでいた。この意味で，百姓は生産者でもあるが本源的消費者でもあった。しかし，都会ではサラリーマンになり，「食べ物は作らず，買って食べる」という現代的消費者に大変貌した。これが，日本の社会および日本人の最大の社会的変化である。

ただ，昭和期の都会の消費者は，もともと田舎の農家出身者であったため，都会で現代的消費者になっても，農作物を作る過程や苦労がわかっていた。しかし，平成期の消費者は，農作業現場から乖離した状況の中で，農のことがわからず，「化物のような消費者」（農の摂理がわからずに，身勝手な言い分だけを主張する消費者）に変身することが多い。すなわち，食べ物を商品もしくは食品とみるだけで，農作物とみる力がなくなってしまったのである。このような消費者を我々の調査（徳野，2004）によって分類すると，以下のような4つの分類が

できる。なお，この分類は農家支援のために作った分類であるので，ある程度
の価値判断を分析のなかに混入させている。

　消費者を分類する基準は，食と農に対する意識と実態（行動）のズレから分
析する。まず，「食と農とは人間の生命の基本にあって，大切なものだ」とい
う意識についてである。これが高い人，低い人で分類する。もうひとつは行動
である。端的には食べ物に対する金銭の態度である。農作物にどの程度のお金
を払うかどうかである。すなわち意識と行動が一致しているか否かを縦軸と横
軸にとると，図9-2のような4類型ができる。

　第1の分類①は，農家から見た【期待される消費者】である。当然のこと
ながら，食と農に対する意識も高いし，農産物にもお金を払う。なかには援農
に行く者もいる。しかし，こういう人達はわずか5.5％くらいしかいない。こ
の人たちは【期待される消費者】だから，農家は金のわらじを履いても探す必
要がある。具体的には，無農薬の合鴨米や有機農産物を買い続けている人たち
である。

　真逆の第4の分類④は，意識も行動もどっちもダメな【どうしようもない
消費者】と分類になる。この人たちは，食と農への意識が低いだけでなく，ま
ともな食べ物を食べていない。食べ物ではなく，エサ（農薬や添加物がいっぱい入
っている）を食べている。このエサが，現在海外から多量に輸入され，コンビ
ニやスーパーでジャンクフードとして大量に販売されている。その海外農産物
を増やすのが，TPPである。消費者分類の中では，食べ物は安ければいいし，
食べて腹が膨らめばいいという【どうしようもない消費者】が，なんと23％
に達している。この人たちが，外食や中食等の弁当産業を支えている。

　重要なことは，この【どうしようもない消費者】と付き合っていると，生産
者自身が死んでしまうことである。生産者は，消費者全員に責任をもたなけれ
ばならないと思い，【どうしようもない消費者】のニーズに対応しようとする
と，農作物を低価格にせざるをえない。農家自身が，生きていけない。このシ
ステムの循環が，非常に怖い。このような【どうしようもない消費者】が「化
け物のような消費者」となって，農家を襲うのである。この「化け物のような

〈農作物の価値が解る〉

52.4%

〔Ⅲ〕③ 分裂型消費者層（意識と行動が分離している人）
＝＝
機会あるごとに集めて，
説明し行動させる
〔今後の普及所・JAの最大の事業対象者〕

5.5%

〔Ⅰ〕① 期待される消費者層
＝＝
探し回って，一生もの（有機産直農家との提携）
親戚づきあい

〈カネが支払えない〉

〈カネを支払う〉

3 1
4 2

〔Ⅳ〕④ どうしようもない消費者層
＝＝
無視（相手にしない）→相手にすると農家が死ぬ
市場原理のみ
＝＝
エサ（市場）を食べて
しぶとく生き残る

〔Ⅱ〕② 健康志向型消費者層
＝＝
おだてて友達づきあい

生協周辺に生息

23.0%

16.6%

〈農作物の価値がわからない〉

消費者の類型

図 9-2　消費者の 4 類型

出所）筆者作成

消費者」への対応は，この人たちと付き合うことを止めれば良い。生産者は，消費者全員に対して責任をもつ必要はない。

　第 2 の分類 ② は，【健康志向型消費者】と呼ぶ中途半端な人たちがいる。健康志向が非常に強く，健康のために少しくらい高いものは買ってくれる。しかし，自分で汗水たらすのは嫌だから，生協の周辺に棲息している高学歴のおばちゃんたちである。「安くて，安全なもの」を求めるため，時々，生協で販売されている中国産のギョウザに騙される。この人たちが，消費者の中では 16％くらいいる。しかし，この人たちとは敢えて喧嘩をしなくても良い。身内として付き合っていけばいい。

　最後に，日本で一番多い消費者は，第 3 分類 ③ の【分裂型消費者】である。食と農に対する意識上の認識は非常に高く，「地産地消は重要」であり「農は命の基」だと，アンケート調査には答えてくれる。しかし行動としては，いつでもスーパーマーケットの中国産安売りコーナーにいる人たちである。いっていることと行動が分裂している，【分裂型消費者】である。この人たちがなんと 52％もおり，日本人の消費者の大勢を占めている。すなわち，日本人は頭

と意識では「食と農は大切」だと言うが，行動は安いものにすぐ走ってしま
う。この人たちに対する対応は，機会あるごとに説明し行動を改めてもらう努
力を惜しまないことである。

　図 9-2 からわかるように，日本人の食と農に対する行動は，実際に金を出さ
ない人たちがほぼ 80％である。しかし，同時に口では安全第一といっている
人たちもほぼ 80％である。だから日本人の食と農の構造は，典型的な分裂型
の構造になっている。この構造的問題に対しては，我々は【分裂型消費者】を
どのように誘導・変化させていくかが，現代日本の「食と農」の現実的な重要
課題だと考えている。

考えてみよう ❷

　あなたは，日常の暮らしの中で 4 つの消費者類型のどの分類に相当すると思い
ますか。考えてみよう。

---

2. 3　世帯の極小化と「食べ事論」

　図 9-3「世帯員数別・人口の推移」は，1920（大正 9）年の第 1 回国勢調査以
降の 1955，1965，2000，2015 年の 1 戸あたりの世帯員数の変化を示したもの
である。折れ線グラフは 3 人以下の極小世帯を示したものである。1920 年か
ら 1965 年あたりまでは，まだ日本の社会が基本的に「農業社会」であった時
である。世帯人数が 3 人以下の世帯の人がわずか 15.6％から 22.5％であり，
ほとんどが 4 人以上の世帯の人であった。すなわち，1 世帯の中に祖父母，夫
妻，子ども達数人が 7 ～ 8 人で暮らして，ほぼ「世帯」≒「家族」の形態を保
ちながら，米を炊いてご飯にする共同飲食をしていた。

　しかし，2000 年になると，1 世帯あたりの世帯員数が 3 人以下の人たちが
50.4％を超え，2015 年では 61.4％まで増えている。すなわち，日本の国民の
3 分の 2 は 3 人以下の極小世帯で暮らしているのである。2015 年現在の日本人
1 億 2,430 万人中，単独世帯は 1,842 万人で，日本人の 14.8％が一人暮らしを
している。二人世帯は 2,973 万人で，日本人の 23.9％が二人暮らしである。

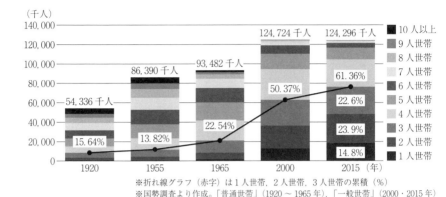

図9-3　世帯員数別・人口の推移

出所）各年度「国勢調査」をもとに筆者作成

　次に，三人暮らしは 2,809 万人で，日本人の 22.6% を占めている。合計すると，一人暮らしから三人暮らしの超極小世帯で暮らしている日本人は 7,624 万人おり，ほぼ日本人全体の 3 分の 2 を占める 63.4% になっている。

　このように，現代では 1 世帯の中に祖父母，夫妻，子ども達が同居しているわけでなく，「世帯」≒「家族」とはいえなくなっている。しかし，「世帯」が空間的にバラバラに分散・極小化しても，家族員は相互に車で行き来し，携帯電話で連絡を取り合い，「世帯連合」として家族は維持している。しかし，家庭での日常の食事の準備や飲食をする人は，ほとんどが 3 人以下になり始めている。だから，外食や中食（弁当や惣菜）が急激に増え，内食（家庭内で作る食事）が減っている。また，食べるものとしての主食は，国内の農業生産が主である米が 4 割近くまで減少し，一方，輸入農産物である小麦によって加工・商品化されたパン食を軸に（パン，うどん，ラーメン，パスタ，ピザ，お好み焼き，ケーキ，クッキー etc）が 6 割を占めてきている。また，冷凍食品やレトルト食品がコンビニやスーパーにあふれている。これらがコ食を引き起こしている，現代社会の構造的原因である。

　なお，コ食（孤食・個食・子食・工食 etc）は，同じ状況をいろんな視点から分析したものである。コ食の中でも最も早く注目されたのは，「孤食」である。

1983年に女子栄養大学の足立己幸が，NHKと共同で子ども達の食事の「一人食い」の増加を指摘したことから始まる（足立，1983）。すなわち，都会のアパート・マンションの共稼ぎ世帯の子どもが，朝食や夕食を一人で食べている姿を指摘した。両親が不在のためインスタントラーメンや牛乳とパンといった簡便食の普及によって，急速に子ども達の「一人食い」が増加したことを指摘した。この問題は，子ども達だけではなく大人にも社会にも広く浸透した。

コ食の反対概念は，共食である。多分，人類が他の動物と最も異なり，現代のような発展をした理由は，食べ物を共同で生産し消費・飲食する集団である家族を形成したからだと考えている。家族の発生と共同飲食は，とても興味深い課題であるが，深く追求せずにおく。ただ，動物（ほ乳類以上の生物）の中で子どもが成長した後にも，家族を形成しているのは人間だけである（ライオンのジジ・ババはいない）。

約600万年前に人間が直立二足歩行をした時に，骨盤が狭くなって，女の人が子どもを産むとき疲弊困憊し自分でエサを取りに行けなくなった時に，男（夫）がエサを取ってくることで，家族の原型をつくったと妄想している。すなわち，種（子ども）を保存するために雄が雌に食べ物を供給することによって，家族らしきものができたのである。すなわち，食べ物の共有・共食は，人類および人間にとって非常に重要な行為であった。だから，大昔から現代まで，人びとは「一人で食える」なんて考えもしなかった。

共食について難しいことを言い過ぎたかもしれないが，簡単にいえば，今から40年前（1980年代）までは，多くの人はゴハンを共同飲食する「農業社会」の中で生きていた。パンは，主食でありながら商品であり，一人食い用の工業製品としての「ポスト農業社会」の代表的食べ物となっている。主食がゴハンからパンに移ったことは，日本人の暮らしが「農業社会」から「ポスト農業社会」へ大きく変化したことを象徴している。このように「ポスト農業社会」における「食と農」の変化・変容を，社会学的視点から意識的に追求していく作業を「食べ事論」と筆者は呼んでいる。

　あなたの一週間で食べた食べ物をすべてスマホで写真に撮り，クラスやゼミの友達と比較してみよう。そして，「食べ事論」的な視点から討論してみよう。

3. 本章の箇条書き的整理

　最後に，筆者が本章「『食と農』からみた人間と社会」に託して言いたかったことを，箇条書き的に整理すると下記の如くなる。

① 「食と農」の歴史から，人類の幾重（来し方，行き方）を妄想する。

② 「農業社会」においては，農耕（食と農の結合）によって，人類を社会的存在としての人間に鍛え上げた。「農耕社会」が現代社会の原型である文明と社会システムを作った。

③ 我々のもつ思考や学問等の認識枠組みの根底に，「食と農」の強固な結合があることを強く認識せざるを得ない。

④ 「ポスト農業社会」とは，（食と農の結合）の弛緩によって，社会的人間が，自然環境や生態系から遠ざかり，非常に不安定な非生物的な存在になる可能性が大きくなる。

⑤ 都市と農村を，従来の経済的指標（農業・非農業）から分けるのではなく，自然環境・生態系への接触頻度の高さによって考えたほうがよい。人工的な人間中心の世界は不安定。

⑥ 「農業社会」の「食と農」は，地球上の空気みたいな存在であったが，空気が薄くなってきたときに何が起こるのかを考えていきたい。気候問題・国家社会の分裂・SDGs など。

📝 引用・参考文献

足立己幸『何故一人で食べるの―食生活が子供を変える』NHK 出版，1983 年
有賀喜左衛門『農村社会の研究―名子の賦役』河出書房，1938 年
福武直『福武直著作集』東京大学出版会，1975 年

細谷昂『日本の農村―農村社会学に見る東西南北』筑摩書房，2021 年

藻谷浩介『里山資本主義―日本経済は「安心の原理」で動く』角川書店，2013 年

萬田正治・山下惣一編『新しい小農―その歩み・営み・強み』創森社，2019 年

西日本新聞社「食くらし」取材班『食卓の向こう側』西日本新聞社

鈴木栄太郎『日本農村社会学原理』時潮社，1940 年

徳野貞雄『福岡市民の食生活に関するアンケート調査』福岡都市科学研究所，2004
　　年

―――『農村の幸せ，都会の幸せ』NHK 出版，2007 年

―――『生活農業論――現代日本のヒトと「食と農」』学文社，2011 年

―――「食べ事論」逆手塾メンバーとその同志編『あなたにも出来る。日本を元気
　　にする。食べ事拡命』逆手塾，2019 年

―――「戦後農村社会学は何を追いかけてきたか」『社会分析』48，2021 年，7-29

中村哲『医者，用水路を拓く―アフガンの大地から世界の虚構に挑む』石風社，
　　2007 年

山下惣一『農から見た日本――ある農民作家の遺書』清流出版，2004 年

NHK スペシャル「人類誕生」制作班『NHK スペシャル人類誕生』学研プラス，
　　2018 年

📖 文献案内

NHK スペシャル「人類誕生」制作班『NHK スペシャル人類誕生』学研プラス，
　　2018 年
人類考古学の発見と解説は，近年，急激に展開され始めた。ようやく科学としての
人類史が現実化し始めた。国際的な視点と悠久の時間軸の中での科学的な記述は，
CG などの映像も交えわかりやすい。「食」についての考察も多く，人類が「食と
農」を通じて人間に転換していく姿を鮮明に描いている。

徳野貞雄『農村の幸せ，都会の幸せ』NHK 出版，2007 年
2000 年前後の日本における「食と農」の実態をベースに，現代日本社会論を展開
している。日本人からジャパニーズへの転換や，消費者の 4 分類などの分析を行っ
た。農村活性化の視点から「家族」・「食」・「農」・「暮らし」について見解を述べて
いる。

細谷昂『日本の農村――農村社会学に見る東西南北』筑摩書房，2021 年
日本の近世から現代に及ぶ農村社会の実態と類型をコンパクトに解説した新書判の
好著。いわゆる「イエムラ論」といわれる日本の伝統社会（「農業社会」）への接近
に，不可欠な基礎的文献である。近・現代の日本社会を理解するために必読の書。

第 **10** 章

都市的生活様式の深化と
地域的共同の再生

この章のポイント

　現象としての「都市化」は，どのような社会変容をもたらしてきた
のか，生活の場としての都市的社会について考察する。都市的生活様
式は，専門機関による生活問題の共同処理システムと理解できるが，
その深化とともに多様な都市問題をもたらしている。都市に生活する
人びとは，どのようなつながりや共同の仕組みを作り，さまざまな問
題に対処してきたのか，そのあり方の変化を実態としてのコミュニテ
ィとして捉え，グローバル化におけるコミュニティの可能性について
理解を深める。

キーワード

都市的生活様式，地域的共同，コミュニティ，グローバル化

1. 日本における都市化——人口移動・都市の魅力と影

1.1　人口現象としての都市化

　一般的に「都市化」とは，都市への人口の集中と都市の文化・生活習慣などが周りの地域に拡大すること，すなわち，都市的な環境が広がることと理解できよう。日本社会において，このような現象としての都市化は戦後の経済成長とともに顕在化した。

　三大都市圏への人口流入のグラフにみるように，都市圏への人口移動は1960 〜 70年代が最も激しく，年間数十万人規模である。この時期の都市への移動は，日本の産業構造における大きな変化が要因として大きく，第2次・第3次産業を中心とする雇用の場を求めて，地方の農山村から多くの若年層が都市へ移住した。その後，1980 〜 2010年代に至るまで，都市への人口移動は経済状況とパラレルであるとともに，大学等高等教育機関への進学率の上昇がさらに若年層を都市へ向かわせていることも指摘できよう。2000年代以降は，

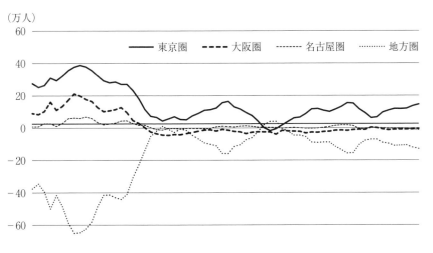

図 10-1　三大都市圏および地方圏における人口移動の推移（転入超過数）
出所）総務省「住民基本台帳人口移動報告」より作成

田園回帰や農村移住の現象も注目されるが，少子高齢化の現在にあっても人口移動の趨勢は圧倒的に地方から都市へという方向は変わっていない。

1. 2　都市の魅力

　歴史的にみて，都市が人びとを惹きつける要因は大きく 2 つあるといえよう。ひとつは，社会構造的な背景として，大学等高等教育機関と企業の数が圧倒的に都市部に多いことから，教育と就職・雇用の場を求めての移動は少なくない。合わせて，雇用の場における所得水準も都市部ほど高い。すなわち，高い教育と経済的な豊かさの獲得機会を求める場所として都市が選ばれてきたのである。2 点目の要因には，多様性や異質性に対して都市がもつ寛容性に対する人びとの期待が挙げられよう。多くの人びとが集う都市は，情報の発信地であり，さまざまな流行や文化が生まれる場である。多様な差異が包摂され，交流する「自由」から派生する都市の文化的創発性は，人びとを都市に向かわせる魅力でもある。

1. 3　都市生活の影

　都市で得られる「自由」は，都市が個人にとって「匿名性」が担保される場であることと関係する。すなわち，都市においては，人口現象としての人口量の増加や異質性の高まりによって，多くの見知らぬ他者と出会う可能性をもたらし，そのことが社会関係における選択性を高めるのである。しかし一方で，シカゴ学派のアーバニズム論などでは，都市化が疎外や孤立をもたらすとして，都市におけるアノミー状況や社会解体の側面が強調されてきた。選択的な関係性は，関係性自体の希薄化をもたらす面もあり，社会心理的な「都市の孤独」は流行歌の歌詞や文学におけるテーマとしても表現されてきたことも事実である。

　さらに，社会関係におけるゲゼルシャフト的な関係の優位性は，地方に比べての都市の経済的優位性も伴い，都市生活における貧困問題や格差拡大を際立たせることと無縁ではない。すべてにおける競争のもとでの経済的格差によっ

て，生活の豊かさや質が影響を受けるのも都市の特徴であるといえる。

1. 4　生活の場としての都市

　日本社会の都市化に伴い，生活の場としての都市社会をどのように定義できるかについて，鈴木榮太郎は「文化的社会的交流の結節機関の集積」こそが「都市」であると提起した。周知のように，鈴木は伝統的な農村社会研究との連続性の上で都市の社会構造分析を行っており，都市生活における社会的側面に焦点をあてた。すなわち，聚落社会としての都市の日常生活が構造化され，維持される仕組みとして，人とモノ（物資・資本など）・情報の社会的交流が行われる結節機関の存在を挙げたのである。その上で，都市住民の生活現象に見いだされる時間的周期性と地域的整序は「社会的な現象」として理解されるとし，それを「生活構造」と捉えた。

　日本における都市化は，一面では伝統的な村落共同体からの解放であり，それを都市の疎外や孤立という社会病理的側面と結び付けて捉える議論もある。一方で，個人と社会構造を媒介する形で提示された「生活構造」の概念は，生活の場としての都市の「社会性」を分析するものとして日本の都市社会学に位置づけられてきたといえるだろう。

調べてみよう ❶

　自分の出身地（あるいは現在住んでいる地域）の自治体における人口移動について統計などを活用し，その変化を調べてみよう。人口の増減のトレンド（動向）には，地域が置かれた背景がどのように反映されているだろうか。具体的に考えてみよう。

2.　都市的生活様式の拡大と都市の生活者

2. 1　都市的生活様式とは何か

　倉沢進は，都市化を形態面・構造面・意識面の 3 つの側面に区別し，人口の

都市への集中（形態面）が都市居住者の社会構造と意識にどのように作用したかという点から都市化を総合的に把握しようとした（倉沢，1968）。「生活構造」は地域社会の構造と個人のパーソナリティ形成を媒介するものとされ，内実は個人の集団参与の総体と規定した。さらに，倉沢の生活構造概念を生活様式論と接合させて説明したのが森岡清志である。森岡は，人びとの社会参加を「生活問題を解決・処理するための，資源・財の処理行動」と位置づけ，資源・財（社会財）の処理・整序過程は，個人の主体的な選択と地域社会における生活様式の差異によるとした（森岡，1984）。村落居住者の場合は，生活問題処理において家族・世帯や近隣といった相互扶助システムが優位であるのに対して，都市における生活問題処理は，さまざまな専門的処理機関に任せる形で行われる。大都市へ流入した多くの都市住民が，生活構造の再編を迫られるなかで，専門機関による共同処理システムとしての都市的生活様式が都市生活を支え，浸透していくのである。

2. 2　都市的生活様式の深化と課題

　都市においては，さまざまなサービスが常に多様な専門機関によって提供されており，その中から個人は自ら主体的にサービスを選択することによって生活を成り立たせることが可能となる。平たくいえば，暮らしの便利さ・手軽さや選択肢の広がりと選択することの楽しみがあることは都市生活の特徴であり，都市的生活様式がそれを可能にするのである。

　一方，都市生活は生産と消費の分離を前提とし，もっぱら消費部分によって生活が支えられる。都市的生活様式は，生活に必要な資源の多くを貨幣と引き換えに専門機関から得るものであり，専門機関への依存や生活自体の自立性の欠如に直結するという問題を常に抱えている。さらに，消費社会化を前提とする都市生活において，専門機関が提供するサービスの充実は「市場化」の結果であり，獲得できるサービスの量や質のあり方も，それに見合う対価としての経済的資源の格差と結び付いたものとなりやすい。加えて，都市的生活様式は，個人が自ら専門処理によるサービスを選択して利用し，管理する能力をも

たないと生活が成立しない側面をもっており，その意味で生活の個人主義化を促進させる。したがって，経済的困窮者や高齢者・要介護者など「社会的弱者」の生活が影響を受けやすいことも，都市的生活様式の課題とならざるを得ない。総じて，都市の生活においては専門処理サービスへのアクセシビリティ（accessibility）の有無が重要であり，さまざまなサービス提供機関にアクセスできなければ生活できないのが都市である。

2．3　都市における共同性と生活者という視点

　都市化の進展は人びとに「豊かさ」を享受させるものでもあるが，同時に急激な開発と過剰な消費傾向がもたらす環境破壊や生活の質における不平等など，さまざまな都市問題を露呈させた。それに対して，高度経済成長期から都市における生活の共同性と住民の主体性への着目を通して問題への解決を目指す議論がなされた。

　都市的生活様式において，生活に必要なモノ・サービス供給は「市場化」を主とする共同処理の仕組みであるが，その利用が個人主義化していることにより，生活様式自体が「社会化と個別化の逆説的性格」をもっている。それに対して，多くの都市住民が共通して必要とする生活資源やサービスは社会的共同消費にあたるとし，都市における共同生活手段として拡充されなければならないとする見方への言及がなされた（宮本，1976）。都市への人口集中に伴い，ますます社会的消費手段が重要であり，都市生活の共同性が再考されたといえる。

　さらに，共同生活手段の充足を求めて行動する住民の主体性が「生活者」という視点から提起された（天野，1996）。都市的生活様式における生活の自立化は，くらしにおける主体的な自己実現を可能にした側面をもっている。すなわち，農村（地方）から都市への移動を経て，人びとの生活構造は生得的帰属的なものではなくなり，選択的主体的なものとして捉えられる側面が強まった。そのようななかで，都市にくらす人びとは専門機関によるサービスに依存するだけの受動的な生活者としてではなく，どのように生活を主体的に構築しようとしているのか，その取り組みが先の都市の共同性と関わる形で取り上げられ

るようになったのである。

　多様な人びとが多く集住する都市において，生活課題はどのように共有化され，人びとは個別の生活様式の中からどのような関係性を紡ごうとするのか，主体性に基づく都市の共同の可能性が日本におけるコミュニティとして論じられることになったといえる。

考えてみよう ❶

　都市的生活様式について，具体的な生活場面を想定して特徴と課題について考えてみよう。

3. 都市化社会におけるコミュニティの模索

3.1 新たな連帯としてのコミュニティ・土着と流動がせめぎあうコミュニティ

　都市においては，地縁血縁の関係性に代わり，合理的かつ選択的社会関係が生活構造を決定する，いわゆる流動的生活構造が多くの人びとにとって当然のものとなった。1970年代から隆盛となったコミュニティについての議論は，社会変動に伴う生活問題や社会問題の噴出とともにそれらへの共同的解決や地域的対応のあり方に着目して，新たな都市的共同性を模索するものである。この場合の都市的共同性については，第1にこれまでになかった共同性（連帯）の「新しさ」と担い手の主体性に注目するもの，第2に従来の村落的社会が経験する都市化のインパクトを地域変動として捉えるというもの，さらに第3の視点として都市生活への適応過程における伝統的組織（同郷団体・町内会など）の役割に注目するものなどが挙げられよう。

　第1の視点に依拠し，地域性を捨象した形で都市の共同性を住民の新たな連帯そのものに求めるものとして奥田道大によるコミュニティ形成のモデルがある。主に大都市郊外地域を舞台に主体的行動体系と普遍的価値意識をもつ高学歴ホワイトカラー層によって，生活課題の解決を目指す住民運動的な事例が理

念主義的なコミュニティ・モデルとして論じられた（奥田, 1983）。とりわけ「たたかう丸山」と称された神戸市丸山地区は，生活環境改善を行政に直接住民が求めて実現した「コミュニティの生きたひとつの現実」として有名となった。

　一方で，第 2 の視点に立ち，土着的生活構造から流動的生活構造への移行過程を，地域的文脈に即して社会移動の側面から捉えるものとして鈴木広によるコミュニティ・モラール／ノルムによる議論がある。コミュニティ・モデル論が，都市に移動してきた，自立して個別の生活を営む人びとが形成する連帯の創発性に注目する，極めて「都市的」なものであることに対して，コミュニティ・モラール／ノルムの観点は，多くの地方都市においては村落的／都市的の連続性のなかで土着層と移動層（新来住層）とがせめぎあいつつコミュニティを形作るという現実的な姿を捉えている（鈴木, 1978, 1988）。とくに，都市近郊地域の混住化現象を通して，旧来の地域社会関係や行動様式・価値意識などの変容過程から現実的なコミュニティのありようが明らかにされた。

　さらに，第 3 の視点から移動層が都市生活者となる過程において，同郷団体や町内会組織など伝統的な地域住民組織は消滅せず，都市社会の中で存続しつつ生活を支えるものとして機能する姿を捉える研究がある（鯵坂, 2009；田中, 1985）。都市住民の生活は都市的生活様式のみで成立するものではなく，それを相互補完するものとして，旧来のムラ的つながりとしての同郷団体は移動者が都市での生活を安定させ，適応していく上で都市社会において意味をもつものであった。また，町内会組織は新しく開発された郊外の新興住宅地の多くにおいても町内会・自治会として結成され，住民運動の組織的基盤やコミュニティづくりの核として活動する事例も少なくなかった。

　1970 年代は自治省（当時）によるモデル・コミュニティ施策が制定され，各地で地域特性に合わせたコミュニティ形成のための政策が進められた。そこでのコミュニティは「あるべき」地域社会という規範概念の意味合いが強く，伝統的地域共同体の解体に伴って近代的市民を担い手とするコミュニティ・モデルに到達するという奥田のモデルはそれにも合致するものであった。しかし，

現実的には住民運動志向のコミュニティ形成は，生活環境の悪化やはく奪状況があるがゆえの「不幸なるコミュニティ」(鈴木，1978) としての側面も免れず，その意味では多様なコミュニティの中のひとつの形態といえる。都市化のスピードや強度，既存の伝統的地域社会へのインパクトも地域によって異なり，対処としての地域的共同のあり方もさまざまな形で現れるようになったのである。

3. 2　都市に根付く自発的ネットワークと市民活動の活発化

　オイルショックを経た経済低成長期から 1980 年代には，運動的な連帯に代わって，都市においてローカルな形での身近なテーマに基づくアソシエーショナルな活動が活発化するようになった。権利意識や階級意識に基づく行政対抗的な要求運動ではなく，女性や高齢者などによる地域に根差した形での家庭・福祉課題等に対する活動が注目された。

　越智昇は，都市の自発的市民活動をボランタリー・アソシエーションとして捉え，その活動が主体的な生活様式の問い直しと新たな文化創造に向けたものであるとして，川崎市において「児童館をつくる会」から始まった住民活動を紹介している (越智，1986)。女性を中心とする活動は，既存地域組織である町内会にも働きかけながら，日常生活の場でのネットワークとアソシエーショナルな活動を連携し，子育てに関わる地域生活問題処理に自発的に適切に対応できるコミュニティに資する地域教育力のネットワーキングへつながるとされた。はく奪状況からの対抗・闘争的な活動ではなく，日常の生活世界における一次的関係性との関わりを持続した活動の拡がりに，都市的共同の新しい一面を見出したものといえよう。

　さらに，都市的生活様式を自発的に問い直すボランタリー・アソシエーションとして，佐藤慶幸は「生活クラブ生協」の事例を取り上げた (佐藤，1996)。同生協は主婦を中心にして，食を通した「生産／消費」の関係性を生活全体の包括性の視点から再考し，消費者の立場から生産者との連帯を通してオルタナティブなあり方を目指すものである。学習活動を通じて組合員に生活様式の自

覚化を図るという意味では運動体としての要素も強いが，「食」という身近な
テーマを他者と共有し，地域を超えたつながりの創出を生活者ネットワークと
して都市から発信するという意義があった。

　ボランタリー・アソシエーションの特徴のひとつに，担い手の多くが女性と
いう点が挙げられるが，この時期は主婦の多様な社会参加が進んだ時期でもあ
り，兼業主婦として労働市場に出ていくのみならず，さまざまな形で女性たち
が社会に関わっていく。上野千鶴子は，これらの活動を「女縁」と表現してい
る（上野，2008）。上野は女性たちが取り結ぶ関係性の特徴を，脱血縁・脱地
縁・脱社縁と位置づけ，妻・母のような従来の女性役割ではなく，「選択性の
高い少人数の対面集団」として個人の生きがいやアイデンティティを求めるも
のと捉えた。拘束性が弱い選択縁としての女縁は，ゆるやかなネットワーク型
のつながりとして都市社会における多様な活動基盤となった。

　さらに，町内会・自治会についても，形骸化し埋没した組織ではなく，各地
で新しいまちづくりの核として，さまざまな活動の担い手となっている点を捉
えて，岩崎信彦は「住縁アソシエーション」と称している（岩崎，1989）。個人
主義的生活様式が都市化のトレンドであるとはいえ，「住む」という基本的な
営みを通じてさまざまな生活課題を共有する「共同関心に対応するアソシエー
ション」として町内会が各地で再編される姿は，先の越智の指摘ともつながる
ものである。

　都市化社会において，住民レベルでは職住分離が当然であり，居住者の流動
性や生活構造の多様性も高まるなかで，生活における「地域性」の意味も変容
を迫られていく。そのなかで，都市的共同のあり方は，個々人による自発的か
つ選択的なつながりが主流化するとともに，身近な生活課題の共有を基盤とし
つつもネットワークとしての活動は地域をこえるものとしての側面をみせるよ
うになった。都市から誕生した自発的かつボランタリーな市民活動のネットワ
ークは，現在に至っては社会的に広く認知され，まちづくりの担い手として各
地に根づいたものとなっている。

　自分の出身地（あるいは現在住んでいる地域）の自治体におけるコミュニティ政策・まちづくり政策について，たとえば総合計画などを事例として調べてみよう。総合計画における理想としてのまちづくりイメージはどのように変化しているだろうか。

4. グローバル化社会と地域的共同としての　コミュニティの可能性

4.1　ボランティア・NPO 活動の拡がりと社会的役割

　ボランティア活動が注目されるきっかけとして，高齢者介護における女性たちの相互扶助グループが都市部を中心に多く誕生したことが挙げられる。これらは既述の生協など消費者活動や女縁との連続性ももっている。少子高齢化の進展に伴い，福祉ボランティア活動は家族福祉を補完・代替する「住民参加型福祉」として，1990 年代からの地域福祉政策においても重要視された。その後，1995 年の阪神・淡路大震災における災害ボランティアの活躍により，ボランティア活動は狭義の社会福祉から災害・まちづくりという幅広い分野に広がった。さらに，1998 年に「特定非営利活動促進法（NPO 法）」が制定されたことにより，ボランタリーな活動は社会的に広く，その役割が認知されるようになったといえる。

　自発性に基づく選択的な関係から始まる「市民活動」としてのボランティア・NPO は，参加者にとっての自己実現や生きがいにもなるつながりのあり方であり，その連帯が新しい公共性を生むとする政策的な期待ともなっている。一方で，社会的認知の高まりと制度化はボランティア・NPO に自立性を促し，行政コストを減らす意味での「下請け化」や NPO 内での競争にさらされるとする批判もある（仁平，2011）。実際に，公共サービスを NPO を含めた多様な主体に任せようという動きは，さまざまな分野で活発になっている面もある。[1]

いずれにせよ，社会的役割を実際に担う市民活動の多くは，ローカルな課題に根差す地道な活動を行うものであり，自治体行政を含めた多様な主体の連携による「地域的公共性」（田中，2010）の担い手であることには違いない。その意味では，自発性や個人的要因によるボランタリーなつながりを再度地域社会との関わりで検討することは重要であるといえよう。

4. 2　グローバル化とコミュニティへの期待

都市的生活様式の深化は「生活の社会化」（倉沢，1977）とも理解されてきた。生活の多くの場面において共同的かつ社会的に処理する必要性が増すとともに，専門サービスへの依存の高度化が進むのである。とくに，現代社会において我々の生活自体はグローバルな経済システムと情報システムによって支えられており，この流れはもはや止めようがない。

　一方，個人の生活の視点からみれば，「生活の社会化」は「生活の個人化」でもある。すなわち，都市的生活様式は豊かな消費生活を提供し，それによって一人でも生活できる環境が整っているのが都市である。情報化社会におけるスマートフォンの普及もそれを後押しする形で，個の生活はますます便利にかつ豊かになっているともいえる。実際に大都市ほど単身世帯比率は高いことも指摘できる[2]（南後，2018）。

　社会変動としての産業化・都市化は，地縁や血縁といった伝統的かつ安定的な関係性にこれまで拘束されてきた個人を自由にするものでもあった。経済発展とともに，多くの人びとにとって，人生の選択の自由や「自分らしく生きる」ことが可能となりえた背景には，個として自由に生きることを可能にする豊かな都市的生活様式の浸透とそれを支える経済成長をもたらす消費社会化，価値観としての私生活主義があり，さらにはセーフティネットとしての福祉国家の確立も付け加えられるだろう。「小さな社会」が生活世界であった時代には，社会は個人を土地に縛りつけながらも守るものであった。しかし，現代の自由な生活の豊かさはグローバルな世界によって支えられるとともに，「小さな政府化」が進むなかでは国家という社会も個人のシェルターになりうるか不

透明になりつつある。

　近年，既述した経済格差やサービスへのアクセシビリティの格差の課題に加えて，個で生活することのリスクは，ますます顕在化しているといえよう[3]。少子高齢化による福祉課題や貧困・格差問題，さらに度重なる災害への対応など，いわゆる生活における「リスクとなる社会問題」は集合化・複雑化している。問題に対して「社会的」な対応が必要であるはずだが，その解決への手段はあまりにも個人化している状況にある。個人の自己選択・自立を前提に，個別の経済的資源で問題へ対応することの限界が明らかとなるなかで，解決のための仕組みや生活防衛機能としての人びとのつながり・共同の再生を問う議論も高まっている。

4. 3　ローカルな連帯としての実態をもつコミュニティ

　そのようななかで，高齢者福祉や子育て支援，生活困窮者支援などの課題に対して，さまざまな取り組みの形が都市的生活様式の中でローカルな形で誕生していることも事実である。たとえば，孤立しない子育てを目指して，親子で集える子育て広場を誕生させた試みは，国の事業にも活用される形で地域子育て支援拠点として全国に親子の交流の場を広げている[4]。また，東京都大田区で始まった子ども食堂は，子どもの貧困問題への注目もあって瞬く間に全国に広がり，現在では子どもに限らず地域住民同士をつなぐ居場所づくりとして多様な展開を見せている[5]。生活困窮者支援についても，2008 年の年越し派遣村などがマスコミで話題になったが，長らく改善しない経済状況において困難を抱える人々のさまざまな生活課題への「伴走型支援」の取り組みは全国へ波及し，「孤立しない社会」を目指す支援の理念と方法論が共有されつつある（奥田・原田, 2021）。

　これらの動きに共通するのは，孤立・個人化による現代的課題に対して，新たなつながりを地域社会というローカルな空間で作り上げようとする方向性である。換言すると，自発的でボランタリーな関係性を生活圏としての地域社会に再度埋め込んでいく過程といえるだろう。生活自体がグローバルな経済シス

テムによって成り立っているという仕組みは，もはや止めようがなく，それを支える専門機関の存在は前提であるが，その限界ゆえに補完するものとして communal なものがローカルに現れていると理解できる。このように顕在化するコミュニティを，グローバル化社会における「地域的共同」と位置づけることができるのではないだろうか（速水，2021）。

　社会学における「コミュニティ」は，地域性と共同性を核としつつ，その定義や概念については多様に語られてきたが，事実として生活の共同防衛を主要な機能としてきたことは疑いようがないだろう。とくに，何らかの生活課題が発生した際には，共同でそれに対処するコミュニティが顕在化する事例は多くの実証研究でも指摘される。近年は，殊に防災や福祉などの分野において緊急時の扶助機能をコミュニティに期待する論調が高まってもいる。とはいえ，常に深刻な危機のために実態としてのコミュニティはあるのではなく，その意味ではコミュニティに安易に過剰な期待をかけることにも慎重であるべきだろう。

　現代はグローバル化社会にあって，生活自体がグローバルに支えられている仕組みは変わらないが，人びとのリアルな生活はローカルな文脈と無関係に営まれるわけではない。したがって，地域の資源との連携やネットワークを形成しつつ，生活課題への対処を図ろうと試みるさまざまなローカルな取り組みが，コミュニティとして捉えられる。

　グローバル化と同時に，プラネタリー・アーバニゼーション（planetary urbanization）といわれる総都市社会化の現代にあって，生活における地域的共同の仕組みはどのようなものを現実的な形としうるのか，それは逆説的にローカルな形で地域ごとに多様なものとなるのである。[6]

調べてみよう ❸

　自分の住んでいる地域におけるボランティア・NPO 団体について，調べてみよう。どのような活動分野で活動する団体が多いのか，また，その成り立ちはどのようなきっかけだろうか。

194

注

1）保育やケアなどのサービス分野，また公共施設管理など，これまで行政が一元的に担ってきた公共的サービスにおいて，指定管理者制度などを用いて多様な主体に任せる例が多くの自治体でみられる。
2）2020年の国勢調査によれば，単独世帯の割合は全国38％に対して，都道府県別では割合が高い順に東京都50.2％，大阪府41.8％，京都府41.2％，福岡県40.7％である（速水試算）。また，南後は「ひとり空間」をキーワードに都市的生活様式の現況を捉えている。
3）また2020年からのCOVID-19による影響は，人が集住し，接触せざるを得ない，まさに都市的生活様式の脆弱性やリスクを顕わにしている。
4）先駆的なものとして，横浜市港北区のNPO法人「びーのびーの」による子育て広場の取り組みが有名である。
5）たとえば，山口県では2019年に県内60か所弱の子ども食堂を連携する「山口県こども食堂・子どもの居場所ネットワーク」が誕生し，登録数は現在も増加している。
6）本章では扱う余裕はないが，かつての都鄙連続体説を越えて，「都市化」をひとつの大きな社会変容として都市・農村もトータルに理解する必要を訴えるプラネタリー・アーバニゼーションの議論は，今後の都市社会学・地域社会学において重要になると思われる。

引用・参考文献

鰺坂学『都市移住者の社会学的研究』法律文化社，2009年
天野正子『「生活者」とはだれか』中公新書，1996年
速水聖子「個人化社会と連帯としてのコミュニティ」橋本和孝・吉原直樹・速水聖子編著『コミュニティ思想と社会理論』東信堂，2021年
岩崎信彦・上田惟一・広原盛明・鰺坂学・高木正朗・吉原直樹編『町内会の研究』御茶の水書房，1989年
倉沢進『日本の都市社会』福村出版，1968年
倉沢進「生活の社会化」高橋勇悦ほか編『地域社会』（テキストブック社会学5），有斐閣，1977年
宮本憲一『社会資本論（改訂版）』有斐閣，1976年
森岡清志「生活構造と生活様式」鈴木広・倉沢進編著『都市社会学』アカデミア出版会，1984年
南後由和『ひとり空間の都市論』ちくま新書，2018年
仁平典宏『「ボランティア」の誕生と終焉』名古屋大学出版会，2011年
越智昇「都市における自発的市民運動」『社会学評論』37(3)，1986年
奥田道大『都市コミュニティの理論』東京大学出版会，1983年
奥田知志・原田正樹編『伴走型支援』有斐閣，2021年
佐藤慶幸『女性と協同組合の社会学—生活クラブからのメッセージ』文眞堂，1996年
鈴木広編『コミュニティ・モラールと社会移動の研究』アカデミア出版会，1978年
鈴木広編「大都市コミュニティの可能性」『社会分析』17号，1988年
田中重好「町内会と町内社会—町内会研究の『曲り角』に立って」『地域社会学会年報』第3集，1985年

田中重好『地域から生まれる公共性』ミネルヴァ書房，2010 年
上野千鶴子『「女縁」を生きた女たち』岩波書店，2008 年

📖 文献案内

金子勇・森岡清志編著『都市化とコミュニティの社会学』ミネルヴァ書房，2001年
都市的生活様式論やネットワーク論をふまえて，1990 年代までの日本の都市社会学において都市化やコミュニティがどのようなテーマで研究されてきたのか，幅広く網羅されている。「社会学的に都市を考察すること」を具体的に理解する上で役立つ一冊である。

G. デランティ『コミュニティ―グローバル化と社会理論の変容』NTT 出版，2006年
2003 年の原著（*Community*：Routledge）の翻訳。さまざまな文脈・概念やスケールで語られるコミュニティについて，既存の理論をわかりやすく解説している。コミュニティ＝共同体に関わる議論がどのように変容してきたのか，古代ポリスの時代から現代のヴァーチャルコミュニティに至るまで，歴史とともに理解する上で最適の書である。

『都市社会学セレクション』（全 3 巻）日本評論社，2011 ～ 2012 年
（Ⅰ松本康編『近代アーバニズム』2011 年，Ⅱ森岡清志編『都市空間と都市コミュニティ』2012 年，Ⅲ町村敬志編『都市の政治経済学』2012 年）
都市社会学を学ぶ上で知っておくべき論考（外国語文献と日本語文献）を各巻のテーマに沿って，集めた論文集である。都市社会学のテーマが時代とともにどのように変化してきたのか，について全体の論考を通して理解することができる。2000年代に至るまでの都市社会学の学史を学ぶ上で役立つシリーズとなっている。

第11章

日本における
フィリピン人結婚移民の集団参加

この章のポイント

　現在の日本では日本人は減少し，外国人が増えている。この状態が続けば，各地に「○○人の街」ができたり，地元の「日本人」との間で摩擦が起きるのではと心配する人もいるだろう。この章では，集団参加を軸とした在日フィリピン人結婚移民の生活史から，彼女らがいかに「日本人が多い集団」に参加したか／できなかったかを明らかにしたい。いわば，在日外国人の生活構造から地域社会での多文化共生，すなわち「民族的背景が違う人同士が，それぞれの違いを尊重しながら調和的に暮らす」ためのヒントが得られると考えている。

🔑 キーワード

在日フィリピン人，結婚移民，宗教生活，民族関係，多文化共生

1.　問題設定──在日外国人の生活構造とは

　「生活から社会を問う」のが生活構造論だが，従来，その議論の多くが「日本で暮らす日本ルーツの人びと」を対象にしてきた。一方，現在の日本社会では少子高齢化により日本国籍者が減少の一途をたどる一方，外国籍者は増えており，2021 年 1 月現在，日本で暮らす人びとの 2.3％が外国籍である[1]。では，「在日外国人の生活から社会を問う」ことは，いかに可能だろうか。そこで本章ではフィリピン人結婚移民，すなわち日本人男性と結婚して定住したフィリピン人の女性たちを対象とし，彼女らの日本における集団参加を切り口として，彼女らはいかに「日本社会の一部」となってきたかを考えたい。

1．1　日本では 50 人に 1 人が外国人

　2020 年末現在，日本では 288 万 7,116 人の外国人が暮らしている。国籍別では中国（77 万 8,112 人），ベトナム（44 万 8,053 人），韓国（42 万 6,908 人），フィリピン（27 万 9,660 人），ブラジル（20 万 8,538 人）の順である[2]。日本における彼（女）らの来住時期や定住経緯はさまざまだが，その出身国によっておおまかな傾向がある。すなわち，中国人は中国帰国者（戦前の日本人移民で戦後に残留を強いられ，1970 年代以降に帰還した人びと），留学生，企業勤務や起業をした人びとが多い。ベトナム人は最大 5 年間滞在できる技能実習生や留学生が多い。韓国人は戦前から日本で暮らす朝鮮半島出身者に加えて 1980 年代以降に留学・企業勤務等で来日・定住した人びとが多い。フィリピン人は結婚移民が多い。そしてブラジル人は 1990 年の改正入管法施行で定住資格を得て家族単位で来日した日系人が多く暮らしている。

1．2　中高年を迎えたフィリピン人結婚移民

　本章で対象とするフィリピン人女性たちは，結婚を機に日本で定住した結婚移民たちである。1992 〜 2019 年，のべ 17 万 3,869 人のフィリピン人が日本人と結婚したが，そのうち 17 万 263 件（97.9％）が「日本人男性とフィリピン

人女性」の組み合わせであった。[3] つまり，フィリピン人結婚移民にはジェンダーの偏りが非常に大きい。なぜ，こうなったのかと疑問をもつ人も多いだろう。その一因は，1980年代末から2000年半ばまで，日本は興行労働（歌手，ダンサー等）に従事する若年単身女性を半年間有効の興行ビザで大量に雇用していたことにある。その多くがフィリピン人女性で，彼女らは日本全国各地にあった，いわゆる「フィリピンパブ」で働いた。そして就労中に知り合った日本人客と結婚して定住した人びとが多かったのである。上記期間に限っていえば，日本人男性にとってフィリピン人女性との結婚が一種の流行だったともいえよう。

　そして，このような夫婦から1992〜2019年に累計10万7,358人の子どもたちが生まれた（厚生労働省，人口動態統計）。読者の皆さんの周りにも「お母さんがフィリピン人」という友達がいるだろう。この本を読んでいるあなた自身が，そうかもしれない。とはいえ，2005年以降，日本の法務省令改正により興行ビザの発給条件が厳しくなり，現在では興行労働者の入国および日本人との結婚は急減した（図11-1）。したがって，上記期間に結婚した人びとが日本で加齢を続け，今やフィリピン人結婚移民の最多年齢層は50代前半となっている（2020年現在，在留外国人統計）。

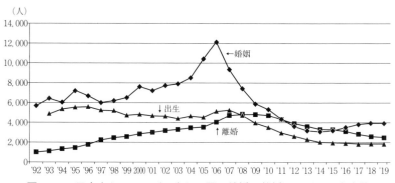

図11-1　日本人とフィリピン人との間の結婚・離婚・子どもの出生数

出所）厚生労働省「人口動態統計」から筆者作成

　厚生労働省の人口動態統計から，日本国籍者と外国籍者の婚姻件数の年次推移，外国籍の妻および夫の出身国はどこが多いかを調べてみよう。Google map でフィリピンと日本の距離を調べ，外務省ウェブサイトの「国・地域」カテゴリからフィリピンの人口，言語，宗教，平均寿命等を確認しておこう。

2.　先行研究——在日外国人の生活構造

　本章では，生活構造を「生活主体としての個人が文化体系および社会構造に接触する，相対的に持続的なパターン」(鈴木, 1986) と考え，個人と社会構造との接触点を「集団への参加」と捉えている。在日外国人の生活構造に関する先行研究には，在日韓国・朝鮮人，ブラジル日系人，そして結婚移民全般を対象にしたものがあるが，在日フィリピン人結婚移民を対象としたものは管見の限り見当たらない。以下に，参照可能な先行研究をまとめておこう。

　第 1 に，在日韓国・朝鮮人の生活構造については，社会学者の谷富夫 (2002) および稲月正 (2008) による研究がある。谷 (2002) は，在日韓国・朝鮮人の親族集団を対象とした世代間生活史調査から，生活構造の主体の〈在日コリアン〉と，エスニックな信念を宿す「在日コリアン」は概念的に区別されるべきだとし，①エスニックな信念を宿す個人が，民族集団のメンバーとしての地位—役割を通して形成する狭義の「民族」関係と，②生活を構成するさまざまな集団の中での地位—役割を通して形成される広義の〈民族〉関係があること，②は，「民族役割」を<u>一要素</u>として内包する生活構造の重層的なあり方そのものであることを指摘した (谷, 2002。ただし下線は引用者による)。そこで生活構造の中で結合的民族関係が発生する場として「バイパス結合」の概念を提示している。すなわち，地域や福祉分野等，民族や文化が違う人たちがその違いを超えて助け合わねばならない場面で，あるいは趣味や余暇の活動で，互いの民族的な違いによる「壁」を取り払って交流する場を「バイパス」と呼んでいる。

　先述の世代間生活史調査に参加していた稲月は，谷の指摘を受け，谷のいう「結合」概念は「共生」に近く，生活構造論的民族関係論は，単なる結合の条件だけでなく，統合につながる結合の形成条件を模索していたと評価する。その上で，今後は生活構造論的アプローチと並行して，民族関係の構造分析，および移民の社会統合につながる結合の形成条件の分析が必要だとしている（稲月，2008）。

　第2に，社会学者の江成幸（2016）は三重県内にある南米系外国人が多い団地での質問紙調査から，ブラジル人移住労働者の生活構造のジェンダー分析を行っている。234人の回答者のうち男女は半々で，彼（女）らの社会関係に関する知見をまとめると以下のとおりである。① 男性は職場でブラジル人の親しい仲間を得る。② 男女ともに教会での仲間のつながりが強い。③ 自動車免許保有は男性9割，女性5割で，自動車を運転することで行動範囲が広がる。④ 日本人との付き合いは，年長者ほど，滞在年数が長いほど多いが，女性のほうが近所付き合い，ボランティア，子どもの学校を通した付き合いが多い。⑤ 日本語能力に自信をもつのは男性のほうが多いが，女性のほうが「日本の文化をもっと知りたい」と勉強に意欲的である。⑥ 日本人との交流・理解促進や，地区で話し合いの場を作るにも，女性のほうが積極的である。このように，ジェンダーにより生活構造および日本人との交流に差が出ると江成は指摘する（江成，2016）。

　第3に，社会福祉を専門とする南野奈津子（2017）は，マクロな視点から在日外国人女性たちが置かれた脆弱性を明らかにした。南野はそれを「生活構造の脆弱性」と表現するが，そこで示されるのは日本国内での集団参加のあり方よりも「彼女らが置かれた脆弱な立場の構造的説明」である（図11-2）。結婚移民特有の状況として，彼女ら自身が日本社会と国際社会（出身社会を含む）との「はざま」に立ち，両者からの影響を常に受けていることがある。「影響」のひとつが，在留資格を得ることの困難さである。彼女らは日本では外国籍者として在留資格「日本人の配偶者等」を得て定住する。しかし在留資格の取得と更新には日本人配偶者との婚姻関係継続が必須なので，家庭内で日本人配偶者と

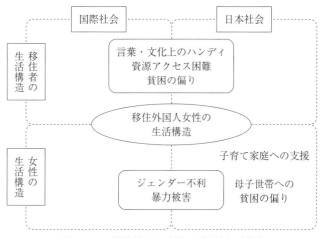

図 11-2　移住外国人女性の脆弱性の構造

出所）南野（2017）

結婚移民との間では権力関係が生じやすい。また，南野は，日本社会全体にある女性に不利なジェンダー構造が結婚移民の就労機会を制限しがちであること，日本では子育ての助けを得にくいことも脆弱性として指摘している。

　上記の先行研究をまとめると，谷および稲月は「生活構造論的民族関係論」，すなわち在日外国人の生活構造研究から結合的な民族関係形成の条件を探ることを志向し，江成は移住労働者の中でもジェンダーにより生活構造が異なることを示唆した。南野はとくに子育て中の結婚移住者特有の脆弱性を構造的に説明しており参考になるが，実査ではなく文献研究によるものである。これら先行研究から，本章で取り組もうとしている，結婚移民の生活構造に関する実証的研究の意義がより明確に提示された。そして上記の 3 つの先行研究と本研究との違いは，本研究はフィリピン人結婚移民女性に焦点を当てること，質的調査（インタビュー）を用いること，実証的研究であること，の 3 点である。

　なお，本研究は谷および稲月の研究視角を受け継いでいる。すなわち，在日外国人の生活構造の研究は，稲月がいう「生活構造論的民族関係論」であり，結合的民族関係の形成，ひいては地域社会の多文化共生の成立条件へ接続するものと考えている。谷が残した問いは平易にいえば「どのようにバイパスは増

204

やせるか」であろう。以下に示す，在日フィリピン人結婚移民の集団参加に関するデータは，彼女らが単身で日本の家族という集団に参加して現在まで作り続けた「バイパス」の軌跡といえる。そこには「バイパスの増やし方」のヒントもあるに違いない。以下に詳しくみていこう。

調べてみよう ❷

　プロスポーツ（サッカー，野球，ラグビー等）では外国出身の選手が活躍している。あなたが好きなスポーツのチームに所属する選手たちの出身国を調べてみよう。また，スポーツチームにおける外国出身選手の存在と活躍を「バイパス結合」の概念を使って説明してみよう。

3. フィリピン人結婚移民の集団参加──17人の語りから

　以下に示すデータは，2021年8月19日から22日に実施した，大阪府・兵庫県・京都府在住で50代以上のフィリピン人結婚移民女性17人を対象とした聞き取りによるものである。[4] サンプリングは機縁法で，1人あたり40〜80分，対象者の希望によりフィリピン語・英語・日本語のいずれか（あるいは複数言語の混合）で聞き取りを実施した。属性のほか，来日後に参加した日本人主体およびフィリピン人主体の集団を複数挙げてもらい，そのうち，来日から5年以内に助けとなった集団と，これまでの日本での生活に最も助けとなった団体を挙げてもらった。

3. 1　対象者の属性

　対象者一覧は表11-1のとおりである。生年は1950〜1960年代で，日本での定住開始時期は1980年代から2010年代に渡り，17人のうち10人は初来日の契機が興行労働であった。いずれも日本人男性あるいは日本で永住資格をもつ外国人男性[5]との結婚を機に日本で長期滞在を始めた人びとである。ただし，日本での初婚となる男性との婚姻関係が現在まで継続しているのは5人にすぎ

表 11-1　調査対象者一覧表

定住開始時期	仮名	生年	初来日の理由	現職	婚姻関係	日本での子育て経験	現在の同居家族
1980 年代前半	L	1950 年代	興行労働	工場労働	日本人夫と死別，独身	あり	息子
1980 年代後半	B	1960 年代	日本人と結婚	日本語教師	日本人夫と死別，独身	あり	
	E	1960 年代	日本人と結婚	介護	日本人夫と死別，独身	あり	息子
	I	1960 年代	興行労働	工場労働	日本人夫と離別，独身	あり	息子 2 人
	J	1960 年代	日本人と結婚	清掃	日本人夫と離別，独身	あり	娘 2 人
	M	1960 年代	興行労働	工場労働	日本人夫と離別，独身	あり	娘
	N	1950 年代	興行労働	英語教師	日本人夫と離婚し再婚	あり	夫
	O	1950 年代	日本人と結婚	通訳	日本人夫と婚姻中	なし	夫
	Q	1950 年代	興行労働	小売業	日本人夫と婚姻中	あり	夫
1990 年代前半	A	1960 年代	興行労働	自営業手伝い	日本人夫と離婚し再婚	あり	夫，娘
	F	1960 年代	興行労働	通訳	日本人夫と離別，独身	あり	娘 2 人
	H	1960 年代	興行労働	工場労働	日本人夫と離別，独身	あり	なし
1990 年代後半	C	1950 年代	日本人と結婚	工場労働	日本人夫と離婚し再婚	なし	夫
	D	1960 年代	興行労働	工場労働	日本人夫と婚姻中	あり	夫
	G	1960 年代	興行労働	工場労働	日本人夫と婚姻中	あり	夫，娘
2000 年代前半	P	1960 年代	IT 技術者	英語教師	日本人夫と離別，独身	あり	息子
2010 年代前半	K	1960 年代	姉による呼び寄せ	工場労働	日本人夫と婚姻中	なし	夫

ず，初婚の夫と死別・離別を経て，日本人あるいは外国人と再婚した人や，再婚せず独身を続ける人たちもいた。

3. 2　集団参加の現状

　調査対象者の集団参加状況を示したのが表 11-2 である。集団は「フィリピン人が多い集団」と「日本人が多い集団」に分けた。対象者は，調査時点での日本人男性との婚姻状況と子どもの有無により分類して示した。その理由は，日本人男性と婚姻継続中であれば夫の親族や同僚・友人という集団への参加があると思われ，子どもがいれば学校の PTA や習い事のグループでの保護者同士のつながりがある，と考えたためである。換言すれば，夫との婚姻関係がすでになく，あるいは子どもがいなければ，それらの集団への参加は想定しづらい。また，「日本人が多い集団」への参加が多いほど，家族以外の日本社会との接点が多く，結合的民族関係が形成されていると考えられる。

表 11-2　調査対象者の集団参加

婚姻関係	日本での子育て経験	仮名	フィリピン人が多い集団への参加	日本人が多い集団への参加
日本で初婚の日本人夫と婚姻中	あり	D	日本語や日本文化の教室	職場の同僚
		G	カトリック教会の信徒集団, カトリック教会以外の信徒集団, 国際交流団体	町内会・自治会
		Q	カトリック教会の信徒集団	子どもの習い事のグループ, 夫の友人・同僚, 町内会・自治会
	なし	K	カトリック教会の信徒集団, 趣味やスポーツ活動	夫の親族, 職場の同僚
		O	市民活動	町内会・自治会
日本人夫と離婚し再婚	あり	A	カトリック教会の信徒集団, 国際交流団体, 職場の同僚	子どもが通う学校のPTA, 子どもの習い事のグループ, 夫の友人・同僚, 個人自営業のグループ
		N	カトリック教会の信徒集団	カトリック教会の信徒集団, カトリック教会以外の信徒集団, 国際交流団体, 町内会・自治会, 職場の同僚
	なし	C	国際交流団体	カトリック教会以外の信徒集団
日本人夫と死別, 再婚せず独身	あり	B	カトリック教会の信徒集団, 同じ地域の同胞団体	夫の親族, 夫の友人・同僚, 職場の同僚
		E	カトリック教会の信徒集団, カトリック教会以外の信徒集団, 同じ地域の同胞団体, 趣味やスポーツ活動	カトリック教会の信徒集団, カトリック教会以外の信徒集団, 子どもが通う学校のPTA, 夫の親族, 町内会・自治会, 職場の同僚
日本人夫と離別, 再婚せず独身	あり	F	カトリック教会の信徒集団, 同じ地域の同胞団体, 日本語や日本文化の教室, 国際交流団体	子どもが通う学校のPTA, 町内会・自治会, 職場の同僚
		H	カトリック教会の信徒集団, 同じ地域の同胞団体	子どもが通う学校のPTA, 子どもの習い事のグループ
		I	同じ地域の同胞団体, 日本語や日本文化の教室	カトリック教会の信徒集団, 国際交流団体, 子どもが通う学校のPTA, 職場の同僚
		J	なし	職場の同僚
		L	カトリック教会の信徒集団, 職場の同僚	国際交流団体, 子どもが通う学校のPTA, 夫の親族, 夫の友人・同僚, 町内会・自治会, 職場の同僚
		M	カトリック教会の信徒集団, カトリック教会以外の信徒集団	カトリック教会以外の信徒集団, 趣味やスポーツ活動, 子どもが通う学校のPTA, 夫の親族, 町内会・自治会, 職場の同僚
		P	カトリック教会の信徒集団, 同じ地域の同胞団体, 国際交流団体	子どもが通う学校のPTA, 子どもの習い事のグループ, 町内会・自治会, 職場の同僚

　表 11-2 から，「フィリピン人が多い集団」で参加が最も多かったのは「カトリック教会の信徒組織」（12 人）であることがわかる。フィリピンは人口の約 8 割がカトリック信徒であり，日本各地のカトリック教会でフィリピン語および英語のミサが行われていることからも，この多さは説明できる。「カトリック教会以外の信徒組織」（3 人）と合わせると合計 15 人が，フィリピン人が多い宗教の集まりに参加している。以下，「同じ地域の同胞団体」（6 人），「国際交流団体」（5 人），「日本語や日本文化の教室」（3 人），「趣味やスポーツ」「職場の同僚」（各 2 人）と続く。カトリック教会とそれ以外の差は明確である。

　一方，「日本人が多い集団」では「職場の同僚」（10 人）が最多であった。労働を通じて家族以外の日本人との接点が発生する。この点は国籍を問わず同様であろう。以下，「町内会・自治会」（9 人），「子どもが通う学校の PTA」（8 人），「夫の親族」（5 人），「夫の友人・同僚」「子どもの習い事のグループ」「カトリック教会以外の信徒組織」（各 4 人），「カトリック教会の信徒組織」「国際交流団体」（各 3 人），「個人自営業のグループ」（1 人）であった。

　なお，「来日から 5 年以内に一番助けとなった団体」では 5 人が「カトリック教会の信徒組織」と答えたが，それ以外の団体所属は極めてわずかであった。夫から外出やフィリピン人同士の付き合いを控えるよう言われていた，あるいは，来日してまもなく出産したので家族以外の付き合いがほとんどなかった，という答えもみられた。彼女らが来日した頃，インターネットは普及しておらず，スマホも SNS もなかったため，自宅にいながら「外の世界とつながる」のは電話と手紙しかなかった。夫の方針で行動範囲が狭められるとは，実際にあり得る話であった。また，「今までに日本で一番助けとなった団体」は 4 人が「カトリック教会の信徒組織」と答えたものの，それ以外は特定の団体名は挙げることなく「友人関係」「いろいろな人とのつながり」との回答であった。

　これらのデータから，彼女らの生活においては信仰生活および教会での信徒組織が大きな位置を占めていることが明確である。また，結婚移民たちは，職場，地域，子どもの学校を通じて，日本人が多い集団へ参加していることが明らかになった。次に，具体例をみていこう。

在日外国人にとって，宗教生活が重要性をもつ理由は何かを考えてみよう。在日外国人の信徒が多い宗教の事例を調べてみよう。

3.3　3つの事例

回答者の中で，特に参加経験がある集団数が多かったNさん（日本人夫と離婚して再婚，子どもあり），Mさん（日本人夫と離別後，再婚せず独身，子どもあり），Eさん（日本人夫と死別後，再婚せず独身，子どもあり）の事例を紹介する。

Nさん（60代前半，大阪府）

Nさんが参加した「日本人が多い団体」は，カトリック教会の信徒集団，カトリック教会以外の信徒集団，国際交流団体，町内会・自治会，職場の同僚の5種類である。Nさんは24歳で興行労働者として来日し，日本人男性との結婚を機に27歳から日本で定住している。日本人夫と離婚後，現在は再婚した日本人夫と2人暮らしである。前夫との間に子どもがおり，子どもは現在，フィリピンで暮らしている。Nさんは転職歴が実に多い。日本で定住後，コーヒーショップとレストランでのウェイトレス，貿易会社での事務，英語塾，小学校の英語講師，英語の個人指導等を経験した。社交的な性格で，英語を教える仕事を通じて日本人の友達が増えた。日本人の友達からの紹介で国際交流協会の日本語教室に参加したり，そこで英語講師の求人情報を得ることがあった。Nさんの場合は，上記の集団参加に加え，英語教師という仕事から日本人との接点が増え日本社会へ参入したといえよう。

Mさん（60代前半，大阪府）

Mさんが参加した「日本人が多い集団」は，カトリック教会以外の信徒集団，趣味やスポーツ活動，子どもが通う学校のPTA，夫の親族，町内会・自治会，職場の同僚の6種類である。Mさんは19歳で興行労働者として来日し，日本人男性との結婚を機に24歳から日本で定住している。夫とは離婚し

たが再婚していない。M さんには娘が 2 人いる。長女は既婚で，現在は夫と子ども（M さんにとっての孫）と共に別世帯を構えており，現在，M さんは未婚の次女と同居している。N さんに比べると M さんの転職歴は少なく，これまでパートで働いたのはガラス工場と化粧品のボトルを作るプラスチック工場の 2 か所のみである。M さんは前夫との婚姻中，日本の仏教系新宗教に改宗した。彼女にとってはそのことが，日本人の友達が増える契機となった。この新宗教の信徒組織で知り合った日本人が料理を教えてくれたり，子ども同士を遊ばせる「ママ友」になったり，彼女に仕事を紹介してくれたりしたという。夫と離婚後もそこでの人間関係は続いている。来日から現在まで，一番助けになったのは近所の人たちで，「真面目に付き合っていたら良い関係になる」と M さんはいう。

E さん（50 代前半，大阪府）

　E さんが参加した「日本人が多い集団」は，カトリック教会の信徒集団，カトリック教会以外の信徒集団，子どもが通う学校の PTA，夫の親族，町内会・自治会，職場の同僚の 6 種類である。E さんは興行労働を経ず，日本人夫との結婚を機に 21 歳で来日し定住を始めた。子どもは娘と息子がいる。娘は既婚で，夫と子ども（E さんにとっての孫）との別世帯を構えており，息子も独立したため，現在，E さんは独り暮らしである。来日後，夫は E さんが働きに出ずに家にいることを好み，E さんはフィリピン人の友達を作ることもなく家事や子育てをしていた。夫の姉が E さんの話し相手となり，日本料理を教えてくれた。その後，自営業だった夫が病いに倒れ，家計が苦しくなったので，E さんは夫の看病をしながら弁当工場や介護施設で働いた。そして 10 年間にわたる闘病の末に夫が死去したのが 2014 年であった。夫が元気だった頃は夫が町内会や PTA の集まりに出席していたが，夫の闘病をきっかけに E さんがそれらに出席せざるを得なくなった。また，夫が闘病中，近所に住むフィリピン人の誘いで E さんはキリスト教系新宗教のグループに入り，そこでフィリピン人の仲間が増えた。夫の死後，相続などの手続きがわからずに困っていたと

ころ，キリスト教系新宗教のグループの紹介で隣の市にある国際交流協会を訪ね，弁護士と通訳者を紹介してもらって手続きができた。また，そこで日本語を学びなおし，同世代のフィリピン人女性たちとダンスを楽しむようになった。

調べてみよう ❹

Ｎさん，Ｍさん，Ｅさんの仕事はいずれもパート労働（非正規雇用）であった。それはなぜかを考えてみよう。また，在日外国人向けの求人サイトをインターネットで検索して，どのような職種での募集が多いかを調べよう。

---

3. 4　小括──「日本人夫」が不在となるとき

　上記の３事例から，職業，地域，子どもが「日本人が多い集団」への主な入口となっていることがわかる。Ｎさんは英語教師という職業を通じて，Ｍさんは仏教系新宗教を通じて，Ｅさんは夫の闘病を契機として職業を得ると同時に町内会と子どもの学校のPTAに参加するようになった。偶然にも，参加経験がある集団数が多い人びとは，日本人夫との離別や死別を経験していた。本調査からの仮説として，日本での生活のいずれかの時点で，家族以外の日本人社会と自分との間に「仲介者」として存在する「日本人夫」が不在となるときが，彼女らが「日本人が多い集団」に本格的に参加するときだといえよう。

　また，職業を通じた「日本人が多い集団」への参加は，1980年代から定住する外国人に特有だといえる。2000年代半ばに小泉政権下で構造改革と規制緩和が行われ，工場内労働が業務請負や派遣労働となって「外国人ばかりの工場」や「外国人が大多数をしめる派遣会社」が出現した。それ以前は，直接雇用（フルタイム・パートタイム含む）が多く，結婚移民をはじめとする定住外国人は日本人ばかりの職場で外国人が独り，という状況で仕事をしていた。就労が，家族以外の日本人との接点となったのは確かである。

　子どもを通じた集団参加も結婚移民特有である。子どもの学校のPTAや「ママ友」のネットワーク，同じ習い事やスポーツ活動に子どもを通わせる親同士といった，子どもをもつ人びと特有のネットワークや集団参加の機会と必

要性がある。ここから，「日本人配偶者の存在と婚姻関係の継続」「子どもの有無」「継続的な雇用」により，日本において外国人が参加する集団の種類が変わり，彼女らの日本社会への参入のあり方も変わることが示唆される。

4.　結合的民族関係形成の場は

4.1　知見のまとめ

　ここまでみてきたように，日本では 1980 年代からフィリピン人女性の興行労働者が増加し，その延長線上に日本人男性との結婚を契機とした彼女らの定住があった。結婚移民は自身の家族から切り離され，単身で日本の家族・親族という集団に参加した人たちである。彼女らの定住は日本各地で同時多発的に現れた。

　結婚移民の発生は個人の選択としての婚姻行動によるものだが，移民の送出国と受入国にある経済格差の証左でもある。20 世紀はまだ技能実習生の受け入れが少なかった時代で，高度専門職ではないフィリピン人女性にとって興行労働が比較的簡単に海外で出稼ぎをする道であった。当時，フィリピンと日本との間にあった経済格差は現在よりも大きく，半年間の興行ビザで来日して，日本人男性に囲まれる労働環境にいた彼女らが，日本人男性と結婚して定住し，その後も家族への送金を続けたいと願ったのも無理はない。そして，彼女たちは日本で定住し，家族を作り，子どもを育て，舅・姑や夫を看取り，夫と死別・離別後は自分が稼ぎ手となって子どもたちを養ってきた。その過程で彼女らは「日本人が多い集団」に参加してきた。

　本研究で得られた知見は，先行研究とも合致する。たとえば，教会での人間関係の強さや子育てを通した日本人との友人関係の形成は江成（2016）が指摘したとおりである。南野は結婚移民たちが置かれた状況の脆弱性を構造的に説明したが，本研究の対象者の出身家族もまた，日本からの送金を期待する程度には貧困層に属する。そして調査対象の女性たちで高学歴ホワイトカラー職についた経験をもつ人はごくわずかであり，大半は日本での職業経験がパートでの工場労働やサービス業，介護職だ。収入の不安定さや，夫と死別・離別を経

験したことなど，彼女らの立場はたしかに脆弱である。だが，夫との死別や離別がさらなる集団参加（町内会・自治会や学校のPTA等）につながることは，フィリピン人女性側からみれば剥奪的状況にあって「日本人が多い集団」の扉をたたくという行為であり，谷（2002）のいう剥奪的状況での民族関係形成ともいえよう。

　一方，先行研究と本研究が一線を画すところは，フィリピン人結婚移民にとっての宗教生活の重要性が強調されることであろう。彼女らの大半がカトリックの信徒で，来日後はカトリックの教会が彼女らの定住地において同胞と出会う場となる。その後，仏教系新宗教やキリスト教系新宗教に改宗する人たちもいた。彼女らには，新たに参加した宗教の信徒組織が新たな人間関係の形成，就労先の発見，言語的・法的支援を得る場へつながっていた。南野（2017）は結婚移民たちの脆弱性の構造を説明したが，本研究からは，その脆弱性を克服する回路が，彼女らの生活構造にあったという解釈ができるだろう。

4. 2　地域社会の多文化共生へ

　周知のとおり，近年では毎年，数十万人単位で「日本人」が減少するなか，外国人人口は増えている。[6] 今後，日本人と，あるいは外国人同士で結婚して子どもを育てる外国人はさらに増えるだろう。

　では，日本で長い定住歴をもつ50代以上のフィリピン人結婚移民の集団参加のあり方から，結合的民族関係形成，あるいは地域社会の多文化共生に，どのようなヒントが得られるだろうか。上記に示した17人のデータから明らかなように，「日本人が多い集団」へ参加するための主要な入口は「職業，地域，子ども」であった。ここを，彼（女）らが参加しやすくし，その上で，民族や国籍が違う人びと同士で数多くの「バイパス」が形成されるよう促せばよい。働きかけとしては，① 集団レベルでは，外国人が集団に参加しやすい窓口を用意すること。② 個人レベルでは，外国人自身は集団参加が可能となる窓口を探し，共通言語（例：日本語会話能力，スマホの翻訳・通訳アプリ）を獲得すること，受け入れ側の日本ルーツの人びとは外国人と地元住民との架け橋役割を担

うこと。③ 第三者として，行政や地域組織は「誰にとっても集団参加は意味があることだ」「日本において外国人の集団参加とその先にある地域社会の多文化共生は良いことだ」という価値観を広めること，である。

　本研究が示したように，すでに定住外国人は地域社会に溶け込み，町内会や自治会，学校の PTA 活動に参加している。今後，地域でさらに外国人が増える時，それぞれの町内会や自治会でその経験を生かして，あるいは本調査の対象者のように，すでに町内会活動の経験がある外国人を「架け橋役割」に任命して，さらに多国籍化・多文化化する地域社会を皆が楽しめるようにすることができるのではないだろうか。

　本章では定住する外国人の生活課題を生活構造論から考える有用性をある程度，示すことができた。今後はさらに事例を増やすとともに，理論的にも精緻化することを課題としたい。

調べてみよう ❺

　あなたが暮らす地域では，自治会や町内会に外国人が参加しやすいように，どんな工夫や仕組みづくりが行われているかを調べてみよう。

注

1) 総務省「住民基本台帳に基づく人口，人口動態及び世帯数」（2021 年 1 月 1 日現在）
　https://www.soumu.go.jp/menu_news/s-news/01gyosei02_02000233.html（2021年 11 月 10 日閲覧）
2) 法務省「在留外国人統計」（2020 年末現在）
　https://www.moj.go.jp/isa/policies/statistics/toukei_ichiran_touroku.html（2021年 11 月 10 日閲覧）
3) 厚生労働省「人口動態統計」（各年版）
　https://www.e-stat.go.jp/stat-search/files?page=1&toukei=00450011&tstat=000001028897（2021 年 11 月 10 日閲覧）
4) この調査は，高畑を代表者とする科研共同研究「日本における結婚移民女性の高齢化―フィリピン人を中心に」（2021 〜 2024 年度，基盤 C，課題番号21K01862）の一部である。研究対象者および協力者の皆さんにお礼申し上げます。
5) 対象者のうち 2 人の配偶者は韓国籍だったが，ここでは「日本人夫」と同一に

扱っている。本章では日本国籍あるいは在留資格「特別永住」をもつ韓国籍者をいずれも「新規来日の外国人を日本で長期滞在させる手段をもつ人びと」と考えるからである。なお，日本国籍者と結婚して来日する外国人配偶者は在留資格「日本人の配偶者等」，在留資格「特別永住」をもつ外国人（ここでは韓国人）と結婚し来日する外国人配偶者は在留資格「永住者の配偶者等」を取得する。

6）総務省，住民基本台帳に基づく人口，人口動態及び世帯数（2021 年 11 月 1 日現在）
https://www.soumu.go.jp/menu_news/s-news/01gyosei02_02000233.html（2021 年 11 月 10 日閲覧）

📎 引用・参考文献

稲月正「民族関係研究における生活構造論的アプローチの再検討」『日本都市社会学会年報』26，2008 年：73-85

江成幸「ブラジル人移住労働者の生活構造におけるジェンダー要因に関する考察」『人文論叢』33，2016 年：13-20

鈴木広「生活構造」『都市化の研究』恒星社厚生閣，1986 年，172-189

谷富夫「民族関係の都市社会学」谷富夫編著『民族関係における結合と分離』ミネルヴァ書房，2002 年，1-60

南野奈津子「移住外国人女性における生活構造の脆弱性に関する研究─子育ての担い手としての立場に焦点をあてて」『学苑』916，2017 年：61-74

📖 文献案内

移民政策学会設立 10 周年記念論集刊行委員会編『移民政策のフロンティア─日本の歩みと課題を問い直す』明石書店，2018 年
「日本における外国人」を多面的に理解するための助けとなる本。「日本の移民政策はなぜ定着しないのか」「出入国政策」「社会統合政策／多文化共生政策」「移民政策の確立に向けて」のテーマで，法学，社会学，社会政策，社会福祉，教育学，日本語教育等のアプローチで在日外国人問題の研究者たちが解説している。

駒井洋監修，佐々木てる編著『マルチ・エスニック・ジャパニーズ─○○系日本人の変革力』明石書店，2016 年
在日外国人の増加に伴い，複数の民族的背景をもつ「○○系日本人」が増加している。本書は「○○系概念の国際比較」「○○系日本人の可能性と課題」の 2 部からなり，国際比較に加えて「○○系日本人」の具体例を知ることができる。

武田里子『ムラの国際結婚再考─国際移住女性と農村の社会変容』めこん，2011 年
新潟県南魚沼市を調査地として，農村で暮らす結婚移住女性と農村地域における多文化化・多民族化の現象を明らかにする研究書。「農村」の「結婚移民」に対して，日本では心無いステレオタイプ（固定化された見方）があった。たとえば，農村は「衰退」，結婚移民は「貧しい国から来た人たち」など。筆者の実証研究により，農村で暮らす結婚移民の存在で，周りの人たちは異文化受容力を身に着け，それが現実を変えていく原動力となることがわかる。

コラム ❸ 「脱成長」のロジックとマジック

金子 勇

　43年間の社会学教師としての専門は，都市化，高齢化，少子化，地方創生，コミュニティ，環境問題，マクロ社会学などだったから，いずれも「現代社会」を念頭においての研究をしたつもりであった。しかし，10年ほど前から現代を「産業社会」として理解し，「資本主義」と見なさずにきたことによる限界を感じていた。

　それで読めずにいた『資本論』に挑戦することにして，ドイツ語版からの翻訳数冊とフランス語版からの翻訳を比較しながらゆっくり読み始めた。第1巻の末尾で，「資本主義的所有の最後の鐘が鳴る。今度は収奪者が収奪される」（マルクス，1872-1875＝1979下：457）とのべられているように，資本主義は永続しないとされてきたが，ここ数年来資本主義近未来論はいくつもあることに気が付いた。

　その試みのひとつとして「脱成長」論がある。まずタイトルに *La décroissance* を使ったラトゥーシュ（2019＝2020）では，元来の意味が減少，衰退，縮小なのだから，たくさんの弁明をしてもその真意が伝わってこない。そのため「脱成長」からは，経済成長が一定水準を超えるのか，減少するのか，停滞するのかがわからない。内容の一貫性に欠けるため，多様性，多元主義，ローカル志向，閉鎖主義，簡素化，脱経済至上主義などを連発せざるを得なくなった。

　カリスほか（2020＝2021）もまた，ラトゥーシュ本と同系である。何よりも成長（growth）を否定，縮小の接頭辞である de をつけた *Degrowth* をタイトルにしているからである。そこではグローバル資本主義の特徴である成長追求型経済がもたらす必然的現象を，①工業型農業の普及，②自然環境の浸食，③野生動植物の商品化，④動物から人間への疫病感染とまとめ，経済成長全体を否定する（カリスほか，2020＝2021：8）。カリスらは，それらを超えて，「脱成長論とは，経済成長の追求をストップして，生活と社会の視点をウェルビーイングに置き直すこと」（同上：20）とするが，ケアの財源や資源，コミュニティの生産・流通・販売・消費機能，健康維持のための医療資源の確保，ウェルビーイングを支える経済的基盤などへの配慮が十分ではなかった。

　ベストセラーになった斎藤（2020）では，「資本主義」の次段階を「脱成長コミュニズム」としたが，「経済成長を減速する分だけ，脱成長コミュニズムは，持続可能な経済への移行を促進する」（斎藤，2020：299）は正しいか。

　斎藤のロジックとマジックは以下の訳文に象徴される。「最後の鐘」に続くマルクスの文章は「この否定の否定は，生産者の私的所有を再建することはせず，資本主義時代の成果を基礎とする個人的所有をつくりだす。すなわち，協業と，地球と労働によって生産された生産手段をコモンとして占有することを

216

基礎とする個人的所有を"つくりだす」（傍点金子，同上：143）と訳された。そして脱資本主義論の文脈で，「〈コモン〉は専門家任せではなく，市民が民主的・水平的に共同管理に参加することを重視する。最終的には，この〈コモン〉の領域をどんどん拡張していくことで，資本主義の超克を目指す」（同上：142）とした。

しかし，事例とされた自治体の〈コモン〉は地産地消の類であり，原材料の入手，製造機械の購入維持管理，商品流通，資金調達などはすべてグローバル資本主義の枠内にあるため，「資本主義の超克」の論理にはなり得ていない。

また翻訳面での意図的な変更が認められた。すなわち，従来の定訳「土地」が「地球」に，「共同占有」が「コモンとして占有すること」に変えられたが，これこそマルクスはエコロジストであり，『資本論』が今日の気候変動までも扱えるとした斎藤マジックの秘密である。

念のために北海道大学図書館から仏独版原書を借りだしてチェックすると，定訳では 'la coopération' や 'der Kooperation' は「協業」，フランス語の 'le sol' は「土地」，'la possession commune' が「共同占有」であった。ドイツ語 'des Gemeinbesitzes der Erde' が「土地の共同占有」とされてきた。

第 1 巻の末尾まで，マルクスは土地や労働による生産を通しての「資本の蓄積」と「本源的蓄積過程」を詳しく論じて，第 3 巻第 6 篇では「地代論」を展開しているのだから，ここでの 'le sol' や 'der Erde' は斎藤訳の「地球」ではなく「土地」のほうが文脈に合っている。また，'la possession commune' も 'des Gemeinbesitzes' も「コモンとして占有」ではなく，「共同占有」が無難であろう。社会科学の文献研究であれば，自説補強のための独自の翻訳は当然だとしても，数十年間流布してきた先行研究成果との比較の責務があるのではないだろうか。

参考文献

Kallis, G., et al. (2020) *The Case for Degrowth*, Polity Press, Ltd.（上原裕美子・保科京子訳『なぜ脱成長なのか』NHK 出版，2021 年）

Latouche, S. (2019) *La décroissance* (Collection QUE SAIS-JE? No.4134) Humensis.（中野佳裕訳『脱成長』白水社，2020 年）

Marx, K, (traduction de Roy) (1872-1875) *Le Capital*, Maurice Lachatre et Cᵢᵉ.（江夏美千穂・上杉聰彦訳『フランス語版資本論』（上下）法政大学出版局，1979 年）

斎藤幸平『人新世の「資本論」』集英社，2020 年

第 12 章

環境は誰のものか

この章のポイント

　環境社会学と地域社会学はともに，日本の地域社会に強い関心を向けてきた。では，この2つは，同じことを研究しているのだろうか。それとも，違うことを研究しているのだろうか。この点がわかると，研究の幅は広がることになる。たとえば，地域社会の調査をしていて，環境問題にぶつかったとしたら，環境社会学の方法で考えてみるということがある。一方，その逆もありうる。環境問題の調査をしているうちに，地域社会の仕組みに関心をもつこともあるだろう。学問を差別化するために○○学にこだわることは生産的ではないが，方法の違いを知ることで研究の幅が広がることは，よいことではないだろうか。そこで，ここでは環境社会学らしい問いをだして，地域社会学と環境社会学との接点を考えてみよう。それは，環境は誰のものか，という問いである。

🔑 キーワード

被害構造，受益圏・受苦圏，生活環境主義，コモンズ論

1. 生活のなかで「環境」を意識するとき

1. 1　身の回りの環境に意識を向ける

　環境とは，人間社会を取り巻くすべてといえる。人が住まない北極の海氷や砂漠も環境である。しかし，漠然と環境を考えるだけだと，社会との相互作用はみえてこない。ここでは便宜的に，環境を遠い環境と近い環境とに分けて，後者の近い環境としてイメージできる空間的な広がりに関心を置いてみよう。そうすると環境との関わりは，ずっと具体的になる。そこは，汚染や悪臭のない空気とか，騒音のなさとか，ゴミ処理の際の分別や，子どもたちの遊び場の確保を考える空間でもある。それは地域環境と言い換えてもよい。

　地域環境は，そこに住む人びとに安心を与えることが期待される空間でもある。この期待には，地域社会の仕組みが関わっている。日本の地域社会では，一定の空間的な広がりの人間関係が濃厚で，自治会や小学校区の広がりに住む人びとが緩やかに組織化されていることが多い。たとえば，住民調査のなかで，「我がまち」と思える範囲を尋ねると，自治会から市町村までの広がりに回答は集中する。この「我がまち」という人びとの意識に注目すると，地域の環境は，みんなのものという感覚をもてる空間だということになる。

　しかし，みんなのものという地域環境についての感覚が覆るときがある。たとえば，災害時の水で考えてみよう。水道水は災害には弱く，長期間にわたり断水することもある。その場合，都市部などでは水に困ることがある。水道に代わる水源としては井戸があるが，その数は人口に比べて少ない。また，その水が飲めるかどうかも重要だ。人びとが地下水を汚染すると，井戸水は使えない。さらに，仮に水が飲める井戸がそこにあっても，井戸は個人や企業のものであることがほとんどである。その水を利用するには，みんなで使える社会の仕組みが必要になる。たとえ豊かな地下水があったとしても，関わり方次第では，みんなで使うことはできなくなるのである。

　環境は誰のものかという疑問は，こうした日常生活と密着した環境問題への気付きに由来する。この問いは，水の環境だけではなくて，道路や公園の利用

でも，さらに，大学など，公共施設の使い方などにも当てはまる。こうした日常生活の必要性と環境との不整合に直面したり気付いたりするときにでてくる研究は，地域社会のあり方や人びとの生活にも関わっているため，地域社会学と環境社会学の接点にある領域だともいえる。

1. 2　方法としての環境社会学

　環境社会学は，社会の側から環境を研究する学問分野である。常識的に考えればそうなるだろうが，この考え方に疑問を投げかけた研究者がいる。それは方法としての環境社会学を提唱した鈴木広である（鈴木，1995）。環境社会学を含む鈴木の業績についてのレビューは既に行われているので，そちらをみてほしい（室井，2018）。ここでは，鈴木の提起を，私の言葉でまとめておこう。

　環境社会学を方法だと考えると，その研究は，○○の社会学と呼ばれる応用分野ではなくて，社会学の基礎分野となる。環境社会学は，従来の社会学が分析してこなかった他分野，たとえば化学物質や，騒音，河川・湖沼などの水環境，野生の動植物や気候現象も分析の対象とする。社会の外側の自然的・物理的な対象が，そこに住む人びとに幸福や，不幸をもたらしている。そうだとすれば，社会学はこうした環境との相互作用を視野に入れる必要がある。そうでないと，人びとの幸福といっても，それは気の持ちようだとか，心がけ次第だといった軽い扱いになってしまうのではないだろうか。

　このような，方法としての環境社会学にヒントを得て，ここでは，我がまち＝みんなの環境という人びとの意識を，「環境は誰のものか」という問いのかたちに直してみよう。その上で，環境社会学の分析モデルをもとに，地域社会学と環境とのつなぎ方を考えたい。最初に，被害構造論と受益圏・受苦圏論というモデルを紹介し，産業化がもたらす日本社会の変化のなかで，環境は，どのようにみんなのものから遠ざかっていくのかを考える。そのあとで，生活環境主義とコモンズ論を紹介し，環境を再びそこに住む人びとみんなのものに近づけるための方法について考えをめぐらすことにしよう。

あなたの住んでいるまちに，飲み水として使える井戸や湧き水はあるのだろうか。もしなかったとしたら，災害時の断水にはどう対処したらよいのだろうか。市町村の政策を調べてみよう。

2. 環境はいかにみんなのものから遠ざかるのか

2. 1　被害構造論

　被害構造論は，水俣病のような公害や薬害などの被害の実態を，構造的に捉える考え方である。環境の変化（公害など）にたいして，誰がどのような被害を受けるのかという構造を明らかにすること，すなわち公害のない環境は誰のものであるかという問いに取り組んだモデルであるといえる。

　被害構造は，提唱者である飯島伸子の造語で，当事者にとっての被害の総体は，構造として存在する，という意味である。公害や薬害などの被害では，生命・健康被害がクローズアップされる。これに対して，被害構造論は，生命・健康被害が，「人間関係などさまざまな領域や地域社会に拡大していく実態」を把握する（浜本，2001：176）。その拡大の過程とは，環境が，公害によりみんなのものでなくなっていくプロセスでもある。

　ここでのポイントは「構造」という言葉である。その説明には，公害問題の研究史を少し紹介する必要がある。工場等が周囲の住民にもたらす被害の問題は，戦前にも生じていたが，戦後の高度経済成長期（1955 〜 1973 年頃）には，深刻な公害問題として顕在化した。公害問題研究では，医学が大きな役割をはたした（原田，1972）。一方，社会学が取り組む課題として公害を取り上げたのは，農村を研究する地域社会学者たちだった。

　当時の地域社会学からの調査研究は，その後の研究方法の変化もあって，今ではあまり参照されないが，飯島は，日本社会の特性を反映した，環境と社会の相互作用に関する社会学研究の始まりとみなしている（飯島，1998）。それらは，加害の側と被害を受ける側の関係という，公害問題が発生する地域社会の

構造に注意を促したからである (友澤, 2014)。ただ, 社会の構造分析だけでは, 不十分な点もあった。それは, 被害とは何かという問題である。

　被害構造論が提起された 1970 年代後半までに, 水俣病や新潟水俣病を始め, 4 大公害訴訟では, 原告勝訴の判決が確定していた。しかし, 飯島が現場でみいだしたのは, 加害の直接的要因が除かれても, なお地域社会で広がり続ける被害の現実だった。それらの被害の全体像を明らかにするために飯島が参照したのが, 都市社会学の生活構造論だった (飯島, 2000：8)。

　生活構造論は, 多義的かつ論争的な分析モデルである。ただ, 一般的には, 社会構造とは相対的に区別可能な, 個人の視野からみた生活の組み立て方であり, 生活に必要な諸要素の総体という総合性をもつこと, また, 諸要素の関連性には固有の型があることの 2 点が, 共通理解といえる。さらに, この領域が固有の型をもつことが, 個人の主体的な社会参加を促すとも説明される[1]。公害問題における参加とは, 加害と被害の構造をもつ地域社会への, 被害者の参加のことである。飯島による, 被害構造論の説明をみてみよう。

　公害や労働災害, 薬害等の消費者災害における被害構造は, 被害のレベルと被害度およびそれぞれに関わる社会的要因から成り立つ。被害のレベルは, ① 生命・健康, ② 生活 (包括的意味における生活), ③ 人格, ④ 地域環境と地域社会の 4 レベルの構造として把握できる。飯島は, 多数の事例をだしながら, それらの被害レベルの連鎖を指摘する。たとえば, 労働災害で一家の生計を担っていた家族員が倒れたら, 他の家族員にも影響が及ぶ。飯島は, 負の連鎖は, 地域社会の人間関係の分断にも及び, さらには, 足尾鉱毒事件のような, そこでの生活を打ち切るほどの地域社会の荒廃も生じさせたと指摘し, それらが, 被害の総体を形成する, とした (飯島, 1984：77-146)。

　このように, 被害構造は, 公害による負の連鎖が産み出す生活構造である。負の連鎖は, 直接の加害要因がなくなっても長期的に続くが, 生活構造上の連鎖であるから, 被害を受けた当事者による生活の立て直しが必要である。その場合, 立て直しへの支援が重要となるが, 加害源企業や行政には十分な支援は期待できない。そこで加害と被害という地域社会の構造を打ち破る, 集合行動

による社会参加が必要となる。その具体的形態が，被害者運動である。

　このようにして，被害構造論は，被害者運動とも関わりをもつことになる。飯島は，スモン裁判において，被害構造論の考え方が証言に採用されたと述べているが，これはその関わりを示す例である（飯島，1998：14）。類似の発想を示す研究には，たとえば生活困窮者の生活自立に向けた伴走型支援の研究がある（稲月，2017）。この言葉を借りれば，飯島は，被害構造論による被害者運動への伴走型支援を意図したともいえる。それが，公害被害地域の調査から導いた，環境は誰のものか，という問いへの答えの出し方だった。

2. 2　受益圏・受苦圏論

　公害問題では，そこで生活する住民（農民と漁民）が，工場（加害源企業）から一方的に被害を受けた。加害と被害の構造が概念的には明確なこともあって，環境は誰のものかという問いには，あまり注意が払われなかった。しかし，1970 年代半ばから注目されるようになった大規模開発の問題では，この問いが露骨にでてくることになった。大規模開発をめぐって生じる人びとの葛藤を，土地利用の競合問題とみなす風潮が強かったからである。突然，ダム建設や大規模工業団地，新幹線の騒音等の環境改変が降りかかった住民にとっては理不尽そのものだが，大規模開発には広範な人びとにそう思わせない仕組みが備わっていた。それが公益という大義である。

　公共事業が絡むことが多い大規模開発には，大義がある。それは，みんなのためになる，という点である。たとえば，工業団地造成だと，若者の就職先が増えたり，自治体の財政収入がよくなってサービス向上が期待できたりする。しかし，地元住民の反対を押し切って事業が強行された場合，紛争は長期化し，解決のみえない泥沼状態に陥るケースが少なくない。たとえば，東海道新幹線による公害では，1964 年の開業直後から被害が始まった。1974 年には住民によって国鉄に対する名古屋新幹線公害訴訟が提起され，その後の JR 東海との和解成立まで，訴訟の期間だけでも 10 年以上に及んだ（舩橋ほか，1985）。しかも，問題は完全に解決したわけではない。

　このような大規模開発における紛争の長期化を分析するなかで登場したのが，受益圏・受苦圏論である。受益圏・受苦圏論は，みんなのためという大義の下で行われる大規模開発が，実際には，利益を得る空間（受益圏）と，被害を受ける空間（受苦圏）とに分かれている点を明らかにする。以下では，舩橋晴俊の新幹線公害の研究にそって説明しよう（舩橋，1985）。

　新幹線公害では，騒音等の被害を受ける人びとの住むエリアは，線路にそって細長く伸びている。この空間が受苦圏である。一方，新幹線は確かに便利な乗り物で，利益はある。この利益を受ける人びとの空間が受益圏になる。一見すると，新幹線では受益圏と受苦圏は重なっているようにみえる。だが，よく考えてみると，そうではないことに気付く。そもそも多くの人は，頻繁に新幹線を使うだろうか。確かに，利用客は多いので，全乗客の利益を足し合わせることができれば全体としての利益は大きいが，一人ひとりの利益はそれほど大きくはない。また，新幹線は駅間の距離が長く，沿線に住んでいる人にとっても利益は一様ではない。そうすると，始発から終電まで，住居が揺れるほどの騒音の被害を打ち消す利益があるといえるだろうか。そのように考えていくと，新幹線公害では，受益圏と受苦圏とが完全に分離しており，そのことが紛争を長期化させてきたのではないかと考えることができる（舩橋，1985：80）。

　受益圏・受苦圏論は，舩橋や梶田孝道によって考案された（舩橋，1985；梶田，1988）。大規模開発の問題においては，みんなのための事業という大義があるために，反対する人びとは，地域エゴのようなわがままを通す人びとというレッテルをはられることがある。だが，受益圏と受苦圏という空間の分離や重なりに注目すると，公益性という言葉の裏に隠されている，加害と被害の理不尽な構造がみえてくる。この構造は，自分の住む場所が受苦圏となった人びとにとって，環境がみんなのものから遠ざかる仕組みそのものである。このように，受益圏・受苦圏論は，環境がみんなのものでなくなっていく仕組みを，受益圏・受苦圏の分離という空間構造に注目してモデル化したものである。

　あなたの住んでいるまちに，水遊びができる川はあるのだろうか。もしなかったとしたら，それは昔からだろうか。それとも，ある時期になくなってしまったのだろうか。高齢の方に尋ねてみよう。

3.　環境はいかにみんなのものに近づくのか

3. 1　問いの立て方を変える

　以上述べた 2 つのモデルについて，別の言い方でまとめると，以下のようになる。環境は誰のものかという問いには，みんなのものという模範的回答がありうるが，この回答には疑わしさがつきまとう。被害構造論や受益圏・受苦圏論は，その疑問の正体を，加害と被害の構造をかかえた環境問題の現場から鋭く指摘した。みんなのものという口当たりのいいスローガンは，環境問題では，ときに，人びとに理不尽な合意をせまる理屈になってしまうのである。

　被害構造論や受益圏・受苦圏論を踏まえると，みんなのものの中身を具体的に考える必要性に気付く。みんなのものの「みんな」とは一体誰なのか。以下では，みんなの中身が問われる問題を考えてみよう。たとえば，そこで生活する住民たちが，政府・行政による公的な決定や特定個人の下す私的な判断に対し，地域の環境について，自分たちで決める環境だと主張するケースがある。そのような環境をめぐる綱引きから登場した，生活環境主義とコモンズ論という，2 つのモデルを紹介しよう。

3. 2　生活環境主義

　生活環境主義は，1980 年代前半に，鳥越皓之，嘉田由紀子，古川彰らの社会学者たち，さらには，社会学以外の研究者も加わった，滋賀県の琵琶湖湖畔における環境史調査のなかで提唱された，環境問題分析のためのモデルである（鳥越・嘉田，1984；鳥越，1989）。

　このモデルには，顕著な特色がある。それは，環境問題解決の視点を，そこ

に住む人びとの生活の立場に据えた点である。この立場は，コミュニティ政策[3)]以降の住民参加の動向を考えたら，あたり前に思えるかもしれない。だが，その住民たちが，生活排水によって湖の水を汚している人びとだったらどうだろうか。生活の立場に疑問をもつ人がでてくるかもしれない。そこで，生活環境主義を提唱した社会学者たちの考え方をみてみよう。

琵琶湖は，淀川水系の上流に位置する日本最大の湖である。湖の水は河川の水となり，下流にあたる都市部，たとえば京都や阪神間の都市用水として利用されている。その水源である琵琶湖では，1970 年代の末から 80 年代初頭にかけて，大規模な赤潮が発生した。赤潮は，水質汚濁のひとつである富栄養化[4)]の進行により発生し，魚類の大量死や，水に臭いをもたらす。当時の琵琶湖では，下流都市の人びとや工場が使う水を増やすための水資源開発が進捗中であり，湖水の富栄養化は，近畿地方というスケールで注目され，社会問題化した。

琵琶湖の周囲は基本的には農村地帯で，排水を垂れ流す大工場があるわけでもない。そこで，水質の専門家たちは，周囲の集落から流れ込む生活排水中の栄養塩に注目したが，富栄養化の仕組みには謎もあった。長期間貧栄養の状態に保たれていた湖に，なぜ栄養塩の流入が急増したのかという疑問である。その謎の一端を解いてみせたのが，社会学者たちの共同研究だった。

社会学者たちは，窒素やリンなどの栄養塩の物質循環ではなくて，琵琶湖湖畔の農村に生じた人びとと水との付き合い方の変化に関心を向けた。近畿地方の人びとみんなの貴重な水源の水を誰が汚しているのかという発想ではなくて，そこに長らく住み続けてきた農村の人びとが，なにゆえに水を汚すようになったのか，という環境史研究に視点を切り替えたのである。その視点の切り替えは，日本農村社会学の生活論（生活組織の理論）に学んだと，モデルの提唱者である鳥越は述べている（鳥越・嘉田編著，1984）。こうして実施された環境史研究によって，湖の水質汚濁と関わる 2 つの事柄がわかってきた。

第 1 に，ほとんどの集落では，湖水ではなくて，湖に流れ込む小河川や水路などの水を生活に利用していた点である。日本列島では，水環境は季節的に変

動する。たとえば琵琶湖の水位は，約 1 メートルも変化する。だから，水辺に
は住みにくい。また，そもそも，湖の水は滋賀県では一番低いところにある。
その水を引き上げて使うには，ポンプが必要だ。人びとは，自然流下する限ら
れた小河川や水路の水を利用してきたが，そのためには，川掃除など手入れ等
に労力を提供する，農村の社会組織の関与が必要だった。第 2 に，湖の環境問
題と生活様式の近代化との関係である。近代化以前の水利用は，排水処理とセ
ットで水利用システムを構成した。流水利用では，排水の処理が不適切だと，
他者に迷惑をかけるからだが，そのことは結果として琵琶湖の貧栄養状態の維
持に寄与したと考えられる。ところが，赤潮発生当時，人びとは自分たちの生
活排水の行方に関心をもたなくなっていた。社会学者たちは，この関心低下
を，戦後の上水道普及による小河川・水路の水利用の減少と関連づけた。上水
道の導入が地域の水への関心を低下させ，水環境を制御する社会組織の結束を
弱め，そのことが，琵琶湖の富栄養化を促進したと結論づけたのである。

　調査に加わった社会学者たちは，この環境史調査をもとに，生活環境主義と
いうモデルを提起した。自然環境保護を最も重視する自然環境主義や，近代技
術に信頼を置く近代技術主義という 2 つの環境主義（環境保全のための組織，価値
観を総体として捉えた概念）に対し，地元の人びとがつくる生活保全のシステムに
視点を据えて，解決策を探ろうというのである。生活保全のシステムは，多く
の地域社会では，自治会等の住民組織がそれにあたると考えてよい。

　このモデルでは，みんなの範囲を，生活を一定程度共有している住民たちと
する。その上で，住民たちみんなで維持していた小河川や水路などの身近な環
境が，社会的・心理的に遠い存在になっていく疎遠化の要因を，生活条件の変
化に探りあてようとする。その分析から，人びとが環境に関わる仕組みがみえ
てくるからだ。この点は，次に述べるコモンズ論とも関連がある。身近な環境
を，住民たちみんなのものに近づける方法を環境戦略としてモデル化したの
が，コモンズ論だからである（三俣・菅・井上編著，2010）。

3.3 コモンズ論

　コモンズとは，入会のことである。日本列島の農村では，個々の家のものである屋敷地や田畑のような農地とは異なり，農地の外側の草原や森林を，共同利用の場所としているところが多い。その場所が入会で，村落の人びとが一定のルールにしたがって，任意に利用できるようにしている。地域によっては，大きな川の河原やため池，湖岸，干潟が共同利用される場合もある。

　こうした入会は，明治期以降，減少し続けてきたとされている。その理由は2つある。ひとつ目の理由は，明治期に導入された法的な所有制度に，共同利用という形態が適合しにくかったことがある。法的な所有制度の下では，原則として，土地は個人の私有か，政府・行政の公有のどちらかになるからである。もうひとつの理由は，利用実態の変化である。戦後になると，肥料や飼料，燃料採取という利用は減少し，共同利用地を個々の家に分けて植林をしたり，開発用地として売却したりするケースが増えた（山下，2011）。

　しかし，現代のコモンズは，入会よりもずっと広い内容を含んでいる。それは，人びとの共同利用を保障した入会のアイデアを，問題を解くための環境戦略とみなすようになってきたからである。たとえば，近所の公園が手入れ不足で荒れているという問題があるとすると，行政が所有・管理する都市公園であるがゆえに，利用者である住民の関与は限られる。しかし，行政が地域住民組織に権限を一部委任すると，住民組織の責任で住民たちが一定のルールにもとづいて，手を入れることができたりする（高村，2012）。

　さらに，水質汚濁のような問題の場合にも，こうした入会のアイデアが有用な場合がある。既に指摘したように，日本の河川や湖の環境の悪化には，住民による環境への関心低下が関わっていることが多い。これに対しても，入会はさまざまなヒントをもたらす。たとえば，琵琶湖湖畔の農村では，子どもたちを夏に集落の川で遊ばせる取り組みをしている地域がある。川遊びには危険が伴うので，大人が見守るのであるが，入会の応用のひとつともみなせる。子どもたちが遊べるようにすることは，川掃除などの住民による組織的な川の環境保全の強化につながることが多いからだ。生活保全のシステムと川の管理を結

ぶ取り組みだといえる。

　では，コモンズとは，どのような仕組みなのであろうか。コモンズ論を日本に紹介した社会学者の一人である井上真は，自然資源の共同管理制度，または，共同管理の対象である資源そのものと定義する（井上・宮内，2001：11）。また，もう一人の紹介者である宮内泰介は，地域の住民が共同で所有・利用・管理している自然環境や土地という，土地への住民の発言力に引きつけた定義をし，最近では，共有の自然資源，あるいは共同管理している自然や資源を指すようになっているとも指摘している（宮内，2009：49）。ニュアンスは若干異なるものの，重要な点は，共同の関わり方，すなわち公有でも私有でもない，利用者みんなが管理するものという環境への関わり方である。

　コモンズ（commons）は，もともとはイギリスの入会を意味する言葉である。しかし，この言葉が有名になったのは，1968年に自然科学者のハーディン（Hardin, G.）が，著名な学術誌サイエンスに寄稿した論文「コモンズの悲劇」によってであった（Hardin. G., 1968）。この論文は，寓話というかたちで地球環境問題の将来を論じたものである。ハーディンは，論文のなかで，地球環境を人類の共有地（コモンズ）にたとえて，人びとの利己的な振る舞いによって共有地は劣化していくので，劣化を防ぐには，共有地を私有化するか公有化する以外に道はないと主張し，資源の共同利用の仕組みを研究していた人びとにインパクトを与えた。

　確かに世界の各地で，コモンズは弱体化しつつあったが，その原因は，ハーディンが描いたような人びとの利己的な振る舞いによってではなくて，植民地政府や政府の国有化政策によるものが多く，強権的なコモンズの弱体化は人びとの生活崩壊につながるという危機感を，研究者にいだかせた。一方，安定したコモンズのある社会では，そのことが人びとの生活の充実に寄与しているという指摘もあった。このように，生活崩壊の危機回避と生活の充実という，住民生活上の2つの大切な方向を示しえたことが，コモンズ論が日本の社会学に広く受け入れられた理由であるように思われる（井上・宮内，2001）。

あなたの住んでいるまちに，地下水やため池，川や湖，海を守る住民の活動はあるのだろうか。その活動は，誰がいつ，何をきっかけに始めたのだろうか。新聞の地方欄を検索してみよう。

4. 方法としての環境社会学のために

　以上，環境社会学のモデルをもとに，環境は誰のものかという問いへの答えのだし方を検討することで，地域社会学と環境社会学との接点を考えてきた。取り上げた環境社会学のモデルは，現場の個別性が色濃く反映されているが，方法として見直すと共通点にも気付く。それは，環境との関わり方を視野に入れると，現代社会，とくに地域生活の姿が別のかたちでみえ始める点である。その例を具体的に示そう。

　都市社会学者である倉沢進が，都市的生活様式論という都市化のモデルを提起している。都市化とはややこしい言葉だ。人口が増えることなのか，それとも，人びとの価値観の変化なのかなど，さまざまな論争がある。そのなかでも都市的生活様式論は，農村と都市とでは生活を組み立てる条件が変わると主張した点がユニークである[5]。その要点は，人口規模が大きく高密度で人びとが集住する都市における住民の生活は，専門機関による専業的・分業的処理―専門的処理システムへの依存を深めていくという主張にある（倉沢，1984）。たとえば，井戸水から自治体が経営する上水道の水供給への移行はその例である。

　もっとも倉沢は，都市的生活様式論の欠点も指摘する。欠点とは，コミュニティ維持と関連する潜在的機能の喪失である。共同井戸のような相互扶助のシステムには，井戸端会議での会話などの，住民同士の関係維持という潜在的機能があった。そのため，機能の喪失を代替する方法が必要だと，倉沢はいう（倉沢，2008：48-51）。この指摘は，ソフト面に限った欠点の指摘になっている点が，災害を機に都市の井戸の見直しが始まった今からみると，少し物足りなく感じる。ただ，重要なのは，倉沢が，都市的生活様式は，都市で暮らす人び

との生活の必要性に十分応えきれていないと考えていた点である。

　環境という視点から，その欠点を見直してみよう。見直しには，方向が必要
だ。そのヒントは，モデルの背景となった都市的環境にある。倉沢は，1930
年代のシカゴ学派が行った都市研究との対比において，次のようにいう。シカ
ゴ学派によるアーバニズム論の都市イメージは，「団地や住宅街の連続」だっ
たが，都市的生活様式論は，「高層ビル街や高速道路のネットワーク」のイメ
ージで構成されている，というのである（倉沢，1984：55-56）。東京を始め，日
本の大都市がこうしたイメージへの変貌を遂げたのは高度経済成長期だが，よ
く知られているように，当時の都市環境は悪化の一途をたどっていた（庄司・
宮本，1964）。環境悪化が避けがたいとき，まず考えるのは生き延びることであ
る。都市的生活様式論も，ミニマムな生存保障に重点を置くモデルだ。会話を
楽しむような機会が，生活様式から省かれたのはそのためだろう。

　しかし，21世紀の今の私たちに必要な環境は，そうではない。たとえば，
居場所づくりの活動の広がりは，この動向を端的に示している。ここで，話を
環境問題に戻すと，問題の渦中に置かれた被害者，居住者，生活者が望んだの
は，充実した生活の舞台となる，我がまちの環境だった。こうした人びとの環
境への願いを取り込んだ，現代的な生活様式論の構築は，環境社会学の方法で
取り組んでよい課題ではないだろうか。環境は誰のものかという問いを内包す
る，環境社会学の古典的モデルは，その構築の支えになるはずである。

考えてみよう ❹

　環境を，行政が管理する「公」，個人や企業が所有する「私」，みんなが関われる
「共」とに分けると，この3つはきれいに分かれるのだろうか。それとも重なる部
分があるのだろうか。あなたのまちの川を例に考えてみよう。河川の定義にこだわ
らず，住宅地の雨水溝や田んぼの水路も含めて考えてみるとどうなるのだろうか。
できれば，複数の人たちで討論してみよう。

注

1) 生活構造についての詳細な説明は，第1章を参照。
2) 1955年頃から全身のしびれ，痛み，視力障害を訴える人が相次いだ。やがてキ
   ノホルム（整腸剤）による薬害（薬害スモン）であることが判明し，被害者は，
   1971年に，キノホルム剤を製造・販売した製薬会社とこれを許可・承認した国
   を相手方として損害賠償請求訴訟を起こした（1979年に和解成立）。
3) 日本のコミュニティ政策の展開については，第10章を参照。
4) 流入するチッソ（N）やリン（P）などの栄養塩類が増加し，水域の栄養塩類の
   濃度が高まること。濃度が高くなりすぎると，プランクトンが異常発生するよう
   になり，赤潮や青潮が生じる原因となる。
5) 都市的生活様式については，第8章，第10章を参照。

✐ 引用・参考文献

舩橋晴俊「社会問題としての新幹線公害」舩橋晴俊・長谷川公一・畠中宗一・勝田
　晴美『新幹線公害—高速文明の社会問題』有斐閣，1985年，61-94
舩橋晴俊・長谷川公一・畠中宗一・勝田晴美『新幹線公害—高速文明の社会問題』
　有斐閣，1985年
浜本篤史「公共事業見直しと立ち退き移転者の精神的被害—岐阜県・徳山ダム計画
　の事例より」『環境社会学研究』7，2001年，174-189
原田正純『水俣病』岩波書店，1972年
Hardin, G. (1968) "The Tragedy of the Commons", *Science,* 162, 1243-48.
飯島伸子『環境問題と被害者運動』学文社，1993年
飯島伸子「総論　環境問題の歴史と環境社会学」舩橋晴俊・飯島伸子編著『講座社
　会学12　環境』東京大学出版会，1998年，1-42
飯島伸子「地球環境問題時代における公害・環境問題と環境社会学—加害—被害構
　造の視点から」『環境社会学研究』6，2000年，5-22
稲月正「生活困窮者への伴走型支援とコミュニティ形成—生活構造論からの整理」
　三浦典子・横田尚俊・速見聖子編著『地域再生の社会学』学文社，2017年，
　206-224
井上真・宮内泰介編著『コモンズの社会学—森・川・海の資源共同管理を考える』
　新曜社，2001年
梶田孝道『テクノクラシーと社会運動—対抗的相補性の社会学』東京大学出版会，
　1988年
倉沢進「都市社会学の基礎概念」鈴木広・倉沢進編著『都市社会学』アカデミア出
　版会，1984年，35-56
倉沢進「社会目標としてのコミュニティ」『コミュニティ政策』6，2008年：35-51
三俣学・菅豊・井上真編著『ローカル・コモンズの可能性—自治と環境の新たな関
　係』ミネルヴァ書房，2010年
宮内泰介「コモンズという視点」鳥越皓之・帯谷博明編著『よくわかる環境社会
　学』ミネルヴァ書房，2009年，48-50
室井研二「都市社会学の世代間継承と国際化—鈴木広氏の業績の検討を中心に—」
　『日本都市社会学会年報』36，2018年，1-16
庄司光・宮本憲一『恐るべき公害』岩波書店，1964年

鈴木広「方法としての環境社会学」『社会学評論』45 (4)，1995 年，501-514

高村学人『コモンズからの都市再生—地域共同管理と法の新たな役割』ミネルヴァ
　書房，2012 年

友澤悠季『「問い」としての公害—環境社会学者・飯島伸子の思索』勁草書房，
　2014 年

鳥越皓之・嘉田由紀子編著『水と人の環境史—琵琶湖報告書』御茶の水書房，1984 年

鳥越皓之編著『環境問題の社会理論—生活環境主義の立場から』御茶の水書房，
　1989 年

山下詠子『入会林野の変容と現代的意義』東京大学出版会，2011 年

📖 文献案内

舩橋晴俊『社会制御過程の社会学』東信堂，2018 年
受益圏・受苦圏論を初め，環境問題分析のための重要な理論をさまざまに提起して
きた舩橋晴俊の研究の集大成であり，かつ遺稿となった著書である。この著書から
は，社会学者が環境問題にむきあったときに，モデルをつくっていく方法と精神が
わかる。協働連関，制御システム等，抽象度の高い概念が駆使されているが，その
すべてに経験的対応物がある，あるいは，その可能性を想定できる。なお，本書は
一部未完成の部分を残したまま，氏は急逝されたが，その研究内容をよく知る人び
との手によって編集されており，きちんとした解題がつけられている点も読み手に
とっての参考になる。

中田実『住民自治と地域共同管理』東信堂，2020 年
本章では，鈴木広が提起した「方法としての環境社会学」を中心に，地域社会学と
環境社会学との接点を考えたが，この課題に取り組んだもう一人の地域社会学者に
中田実がいる。中田は，地域共同管理論という，日本のコミュニティとその組織の
分析のためのモデルを提起した。その研究の特色は，土地という一定の地域空間に
成立する住民組織を基本において論理を構成していく点にある。中田は，地域住民
組織を否定する議論が未だに存在するが，それはそこで生活している人びとが直面
している課題を十分にみていない，と述べる。また，本書は序章で都市の捉え方を
提起しており，都市と〈むら〉，〈まち〉を対比させながら論理を展開している点も
参考になる。

長谷川公一『環境社会学入門—持続可能な未来をつくる』筑摩書房，2021 年
環境社会学の重要な研究テーマに，環境運動がある。長谷川は，原子力・エネルギ
ー問題をめぐる社会運動を研究してきた研究者である。その研究の特色は，社会運
動の変化に，社会の新しい構想を読み取るという方法にある。本書には，2 つの特
色がある。ひとつめの特色は，飯島伸子や舩橋晴俊，鳥越皓之，嘉田由紀子らと
1990 年代に環境社会学の立ち上げに関わった長谷川の研究史であり，それはその
まま日本の環境問題史および，環境社会学史となっている点である。2 つめの特色
は，公共社会学としての環境社会学を紹介している点である。環境社会学という学
問分野のひとつの感触をつかむことができるだろう。

第13章

災害過程における人間生活と社会

── 社会の災害対応力，回復力をどう捉えるか ──

この章のポイント

　社会学における災害研究は，大規模災害の発生とともに進展してきた。そして災害の捉え方，災害に対するアプローチは，「短期」の対応行動や生活機能障害を対象とするものから，災害の特質に現れた社会構造の脆弱性や社会の災害対応力・回復力に着目するアプローチへと変化してきた。この章では，コミュニティと被災地・被災者支援活動（ボランティアや NPO などによる市民活動）の機能に焦点を合わせ，社会の災害対応力，回復力をどのように高めていくことができるのかについて考える。

🔑 キーワード

災害，脆弱性，災害対応力，回復力，生活再建，コミュニティ，
被災地・被災者支援

1．社会学からみた災害

1．1　災害研究と社会学

　周知のように，日本は世界でも有数の「災害国」である。毎年公表される政府の『防災白書』には，戦後のおもな自然災害を整理した図表が掲載されている（表13-1）。これをみれば，地震や火山噴火，台風，豪雨災害などの自然災害が日本社会に数々の大きな犠牲を生み出してきたことを，容易に理解することができよう。

　とくに，1995 年 1 月 17 日早朝に都市部を襲い，6,400 人以上の死者・行方不明者を出した阪神・淡路大震災と，2011 年 3 月 11 日に，巨大津波によりお

表 13-1　1945（昭和 20）年以降のおもな災害

年　月　日		災害名	主な被災地	死者・行方不明者数
昭和20. 1.13		三河地震（M6.8）	愛知県南部	2,306 人
9.17 ～	18	枕崎台風	西日本（特に広島）	3,756 人
21.12.21		南海地震（M8.0）	中部以西の日本各地	1,443 人
22. 8.14		浅間山噴火	浅間山周辺	11 人
9.14 ～	15	カスリーン台風	東海以北	1,930 人
23. 6.28		福井地震（M7.1）	福井平野とその周辺	3,769 人
9.15 ～	17	アイオン台風	四国から東北（特に岩手）	838 人
25. 9. 2 ～	4	ジェーン台風	四国以北（特に大阪）	539 人
26.10.13 ～	15	ルース台風	全国（特に山口）	943 人
27. 3. 4		十勝沖地震（M8.2）	北海道南部，東北北部	33 人
28. 6.25 ～	29	大雨（前線）	九州，四国，中国（特に北九州）	1,013 人
7.16 ～	24	南紀豪雨	東北以西（特に和歌山）	1,124 人
29. 5. 8 ～	12	風害（低気圧）	北日本，近畿	670 人
9.25 ～	27	洞爺丸台風	全国（特に北海道，四国）	1,761 人
32. 7.25 ～	28	諫早豪雨	九州（特に諫早周辺）	722 人
33. 6.24		阿蘇山噴火	阿蘇山周辺	12 人
9.26 ～	28	狩野川台風	近畿以東（特に静岡）	1,269 人
34. 9.26 ～	27	伊勢湾台風	全国（九州を除く，特に愛知）	5,098 人
35. 5.23		チリ地震津波	北海道南岸，三陸海岸，志摩海岸	142 人
38. 1		昭和38年1月豪雪	北陸，山陰，山形，滋賀，岐阜	231 人
39. 6.16		新潟地震（M7.5）	新潟，秋田，山形	26 人
40. 9.10 ～	18	台風23，24，25号	全国（特に徳島，兵庫，福井）	181 人
41. 9.23 ～	25	台風第24，26号	中部，関東，東北，特に静岡，山梨	317 人
42. 7 ～	8	7，8月豪雨	中部以西，東北南部	256 人
43. 5.16		十勝沖地震（M7.9）	青森県を中心に北海道南部・東北地方	52 人
47. 7. 3 ～	15	台風第6，7，9号及び7月豪雨	全国（特に北九州，島根，広島）	447 人
49. 5. 9		伊豆半島沖地震（M6.9）	伊豆半島南端	30 人
51. 9. 8 ～	14	台風第17号及び9月豪雨	全国（特に香川，岡山）	171 人
52. 1		雪害	東北，近畿北部，北陸	101 人
52. 8. 7 ～ 53.10		有珠山噴火	北海道	3 人
53. 1.14		伊豆大島近海の地震（M7.0）	伊豆半島	25 人

6. 12	宮城県沖地震（M7.4）	宮城県	28 人
54. 10. 17 ～ 20	台風第 20 号	全国（特に東海，関東，東北）	115 人
55. 12 ～ 56. 3	雪害	東北，北陸	152 人
57. 7 ～ 8	7，8 月豪雨及び台風第 10 号	全国（特に長崎，熊本，三重）	439 人
58. 5. 26	日本海中部地震（M7.7）	秋田，青森	104 人
7. 20 ～ 29	梅雨前線豪雨	山陰以東（特に島根）	117 人
10. 3	三宅島噴火	三宅島周辺	―
12 ～ 59. 3	雪害	東北，北陸（特に新潟，富山）	131 人
59. 9. 14	長野県西部地震（M6.8）	長野県西部	29 人
61. 11. 15 ～ 12. 18	伊豆大島噴火	伊豆大島	―
平成 2. 11. 17 ～ 7. 6. 3	雲仙岳噴火	長崎県	44 人
5. 7. 12	北海道南西沖地震（M7.8）	北海道	230 人
7. 31 ～ 8. 7	平成 5 年 8 月豪雨	全国	79 人
7. 1. 17	阪神・淡路大震災（M7.3）	兵庫県	6,437 人
12. 3. 31 ～ 13. 6. 28	有珠山噴火	北海道	―
6. 25 ～ 17. 3. 31	三宅島噴火及び新島・神津島近海地震（M6.5）	東京都	1 人
16. 10. 20 ～ 21	台風第 23 号	全国	98 人
10. 23	平成 16 年（2004 年）新潟県中越地震（M6.8）	新潟県	68 人
17. 12 ～ 18. 3	平成 18 年豪雪	北陸地方を中心とする日本海側	152 人
19. 7. 16	平成 19 年（2007 年）新潟県中越沖地震（M6.8）	新潟県	15 人
20. 6. 14	平成 20 年（2008 年）岩手・宮城内陸地震（M7.2）	東北（特に宮城，岩手）	23 人
22. 12 ～ 23. 3	雪害	北日本から西日本にかけての日本海側	131 人
23. 3. 11	東日本大震災（Mw9.0）	東日本（特に宮城，岩手，福島）	22,303 人
23. 8. 30 ～ 23. 9. 5	平成 23 年台風第 12 号	近畿，四国	98 人
23. 11 ～ 24. 3	平成 23 年の大雪等	北日本から西日本にかけての日本海側	133 人
24. 11 ～ 25. 3	平成 24 年の大雪等	北日本から西日本にかけての日本海側	104 人
25. 11 ～ 26. 3	平成 25 年の大雪等	北日本から関東甲信越地方（特に山梨）	95 人
26. 8. 20	平成 26 年 8 月豪雨（広島土砂災害）	広島県	77 人
26. 9. 27	平成 26 年（2014 年）御嶽山噴火	長野県，岐阜県	63 人
28. 4. 14 及び 4. 16	平成 28 年（2016 年）熊本地震（M7.3）	九州地方	273 人
30. 6. 28 ～ 7. 8	平成 30 年（2018 年）7 月豪雨	全国（特に広島，岡山，愛媛）	271 人
30. 9. 6	平成 30 年北海道胆振東部地震（M6.7）	北海道	43 人
令和 1. 10. 10 ～ 1. 10. 13	令和元年東日本台風	関東，東北地方	108 人
2. 7. 3 ～ 2. 7. 31	令和 2 年（2020 年）7 月豪雨	全国（特に九州地方）	86 人

注）1. 死者・行方不明者について，風水害は 500 人以上，雪害は 100 名以上，地震・津波・火山噴火は 10 人以上のもののほか，「災害対策基本法」による非常災害対策本部等政府の対策本部が設置されたもの。

　　2. 阪神・淡路大震災の死者・行方不明者については平成 18 年 5 月 19 日現在の数値。いわゆる関連死を除く地震発生当日の地震動に基づく建物倒壊・火災等を直接原因とする死者は，5,515 人。

　　3. 三宅島噴火及び新島・神津島近海地震の死者は，平成 12 年 7 月 1 日の地震によるもの。

　　4. 東日本大震災の死者（災害（震災）関連死含む）・行方不明者数については令和 2 年 3 月 1 日現在の数値。

　　5. 令和元年東日本台風の被害は令和 2 年 10 月 13 日時点のもの。

　　6. 令和 2 年 7 月豪雨の被害は令和 3 年 2 月 26 日時点のもの。

出典）気象年鑑，理科年表，警察庁資料，消防庁資料，緊急災害対策本部資料，非常災害対策本部資料，兵庫県資料をもとに内閣府作成

出所）内閣府編『令和 3 年版防災白書』http://www.bousai.go.jp/kaigirep/hakusho/r03（2022 年 1 月 16 日閲覧）

よそ2万人にも及ぶ死者・行方不明者を出した東日本大震災とは，歴史に残るような衝撃的な大災害であった。とりわけ後者は，福島第一原子力発電所の損壊事故という人為災害をともなう広域複合災害となり，全国各地へと膨大な避難者を生み出した。復興庁が公表したデータによれば，災害から10年以上を経過した時点（2021年12月）においても，4万人近い人びとの長期避難が続いている。

　こうした自然災害は今後も日本社会を襲い続けるだろうと予測されている。東日本大震災をしのぐ規模の被害が懸念される南海トラフ地震や首都圏直下型地震といった大規模地震災害だけでなく，頻発する豪雨災害や土砂災害などに対して，我々はどのようにして人命および生活・社会を守ることができるのかという問題に直面しているのである。

　ところで，災害といえば，その発生メカニズムから構造物・ハード面での防災対策に至るまで，自然科学の研究対象ではないかと考える人も多いだろう。実際には，社会学の分野でも，災害研究はそれなりの歴史と蓄積をもっている。自然科学系のアプローチとは異なり，社会学は，災害に直面した人間と社会がどのような影響を受け，またいかに対応するかという点にアプローチしようとする。災害研究である限り，社会学においても，被害をいかに回避したり小さいものにするかという問題関心は共有されており，何らかの形で防災・減災対策に寄与しようとする研究も少なくない。

　他方で，社会学のアプローチは，狭い意味での防災技術的関心にとどまるものではない。災害過程を人間の生活全体や被災地域社会の構造といったコンテクストの中に位置づけ，そうした視点から既存の防災対策や災害復興政策を相対化したり，中央集権的で「科学主義」的な，行政中心の「防災パラダイム」を批判し，別のパラダイムを提示したりする営為も，社会学における災害研究の特徴だといえる（田中・黒田・横田・大矢根，2019）。また，後述するように，災害により創発した新たな社会的取り組み（たとえば，ボランティアによる災害支援活動や被災地における生活再建とコミュニティ再生の取り組み，など）の機能と意義，それらの促進条件，さらには活動を担う主体の発見といった点も，その視野に収

めるとともに，災害がどのような社会変動をもたらすのか，災害後にいかなる「新しい社会」を展望することが可能であり，そのためにどのような社会的課題を克服する必要があるのかといった点にもアプローチしていくのである。

1. 2　アメリカ社会学における災害研究の展開

　ここで，社会学における災害の捉え方の変遷を概説するとともに，これまでの研究の展開を簡単にたどってみたい。この分野の研究は，1950年代にアメリカで本格的に開始され，その後60年代から70年代にかけて大きく発展していった[1]。

　それでは，災害（Disaster）とは社会学的にはどのように定義されるのだろうか。いくつかの「古典的定義」が存在するが，代表的なものとして，「集合ストレス状況（Collective Stress Situations）の一部」だとするバートン（Barton, A. H.）の定義を挙げることができる。集合ストレスとは，社会システムの多数のメンバーがそのシステムから期待しうる生活条件（物理的環境の安全性，食物・住居・収入，必要な情報など）を得ることができなくなる状況を意味している（Barton, 1969＝1974: 36）。こうした社会学的定義は，災害を，平常時の社会生活，社会システムの破壊や機能障害・機能停止，それらにともなう混乱（日常の行動・生活様式からの「逸脱」）とみなすものであり，バートンとともにアメリカの災害研究を主導したフリッツ（Fritz, C. E.）やクアランテリ（Quarantelli, E. L.）らにも共通する捉え方である。

　このような基本認識に依拠しながら，災害過程は時間的局面に応じて異なる対応行動や生活課題などから成り立つという理論枠組みが共有されることによって，多様な諸事象に焦点を合わせた実証的な災害研究が積み重ねられていった[2]。研究テーマごとにいくつか例示すると，警報の対応行動への影響や被災後における流言，パニックといった集合行動の生起とその条件，避難行動の特質およびその阻害要因（「正常性バイアス」など）と促進条件，災害対応行動における役割葛藤，緊急社会システムの成立と被災コミュニティ・組織の対応，災害下位文化（Disaster Subculture）の機能，などをめぐる研究蓄積を挙げることが

できる。これらの研究は，おもに緊急対応期から応急復旧期にかけての相対的に「短期」の過程に焦点を合わせるとともに，社会システムの機能や被災者の生活がいずれ旧に復するという前提（「正常性の回復」仮説）に基づいている。

　ところが，歴史災害や発展途上国における災害の研究が進展することによって，1990 年代以降，アメリカの災害研究に大きな視点の転換が生じた。これらの研究は，植民地化や開発政策などによる社会的セーフティネットの崩壊，貧富の格差拡大，環境破壊といった社会変動，ないしは社会問題の深刻化が，被害の特質を規定していることを指摘したのである。こうした知見が提示されることにより，災害の特質を被災前の社会構造と関連づけて捉えようとする視点が強く打ち出されるようになった（Hoffman, Oliver-Smith, 2002＝2006；大矢根・浦野・田中・吉井，2007）。すなわち，災害は社会構造の脆弱性（Vulnerability）に根ざした現象であり，社会文化システムが脆弱性から住民を守ることに失敗した現象であって，従前からの社会変動を反映したり新たな変動を促したりするものだと理解されるようになったのである（Perry, 2007: 5-11）。

　そして，脆弱性と対になるのが社会の回復力（Resilience）であり，災害の規模・特質は，地震動や風速・雨量，火山活動といった自然の脅威の大きさを示すハザード（Hazard）と，社会の側の脆弱性，あるいは回復力との関係によって決定されるという見方が，現在では支配的になっている。たとえば，現代的な防災体制の構築が進んだアメリカにおいて，2005 年 8 月に襲来したハリケーン・カトリーナは，ニューオーリンズをはじめとする南部地域で大きな被害を引き起こした。この災害では，災害常襲地である海岸地域において住宅開発，コンドミニアムの林立が進行し被害が増幅された点や，マイカーのような移動手段をもたない黒人層・低所得層が被災地に取り残され，彼らの集住地域に被害が集中した点などが指摘されたが，これらは，社会の脆弱性に根ざした被害の特質だとみなすことができる（浦野・大矢根・吉川，2007；Solnit, 2009＝2010: 318-39）。

　脆弱性に着目することによって，被災前をも含めた長期的なスパンで，社会構造や政治・経済・文化システムと災害との関係を問い直し，災害の特質を分

析する研究が，今日では要請されるようになってきている。

　社会学における初期の災害研究では，災害時パニックをはじめとする集合行動に関する研究が多くみられた。パニックとはどのような現象であろうか。また，なぜパニック研究は災害研究の中で下火になっていったのであろうか。

　表 13-1 に，戦後日本におけるおもな災害の被害データが掲載されている。この表から，どのような被害傾向の推移を読み取ることができるだろうか。また，そうした推移の背景には，どのような社会状況の変化が存在したと考えられるであろうか。

2.　日本の社会学と災害研究

2.1　日本の社会学における災害研究の展開

　日本の社会学における災害研究の流れについても，簡単に触れておきたい。

　社会学分野での災害研究は，おおむね 1960 年代から 70 年代前半頃に開始された。折から日本は高度経済成長の時代であり，社会全体の都市化の時代でもあった。さまざまな都市問題が発生し，それへの対応が政治的な争点ともなっていた。1964 年の新潟地震により市街地での被害が生じるとともに，東京圏における大規模地震の周期的発生（関東大震災の「再来」）とそれにともなう甚大な被害が懸念されるようになり，都市災害に対する政策的対応の必要性が提起されていった。ホテル，旅館や雑居ビルなど，不特定多数の人びとが集まる施設での火災被害も相次ぎ，防火管理体制の整備も課題となっていた。こうした現実的・政策的要請の下で，社会心理学者の主導によって，危機場面における人間行動，情報伝達と流言，避難行動の力学などに関する調査研究が進められていった。

　1970 年代後半から 80 年代にかけては，アメリカ社会学における災害研究の

成果が積極的に移入され，それらに影響を受ける形で，日本の災害事例に関す
る実証的研究が展開されるようになった。当時はアメリカと同様に，情報伝達
や避難行動など，緊急対応期から応急復旧期にかけての相対的に「短期」の災
害過程に焦点を合わせた研究が多数を占めた。社会心理学からのアプローチが
なお主流であり，社会学全体の中で，災害研究はマイナーな領域にとどまって
いた。

2. 2　大規模災害の発生と災害研究の進展
——住民生活と社会の脆弱性・回復力への着目——

　日本の社会学界で災害研究が隆盛を迎えるのは 1990 年代になってからであ
る。地域社会が未曾有ともいえる長期災害に直面した雲仙普賢岳災害（1991 〜
95 年），および都市災害のすさまじい破壊力が示された阪神・淡路大震災とい
う 2 つの大規模災害は，現実の社会に及ぼした多大なインパクトによって，お
もに都市社会学や地域社会学の研究者たちを災害研究へと引き込む結果となっ
た。これらの災害は，被害の甚大さと破壊効率の高さ，被害度の地域的偏差，
災害過程の長期性といった特質を示していたことから，社会学分野の研究に
は，被災住民の生活機能障害と生活再建，被災地の社会構造の脆弱性，復旧・
復興過程を含めた地域社会の対応力と回復力などにアプローチするものが含ま
れることとなった。日本の社会学における災害研究は，現実の大災害を契機に
して，被災住民の生活や地域社会（コミュニティ）の対応力・回復力に着目した
独自の実証的研究を積み重ねていったのである。

　まず，被災後の住民生活という点では，長引く避難所・仮設住宅での避難生
活や，被災住民の生活再建をめぐるさまざまな現実的課題が発生した。阪神・
淡路大震災では，まとまった公有地のある郊外や人工島・臨海部に大規模な仮
設住宅が設置され，抽選方式，高齢者・障害者優先という原則により仮設住宅
への入居が進められたが，地域の社会関係から切り離された高齢入居者の「孤
独死」が相次いで発生した。「孤独死」は，仮設住宅の入居・立地条件や低水
準の住居，生活資源の不足等が連鎖して生じたものであったが，それを防止す

るために，仮設住宅における生活支援や居住者間のコミュニティ形成支援に取り組み，相互扶助機能を創出していったボランティアの機能と意義が明らかにされた（山下・菅，2002：157-201）。

また，地域における復興まちづくりのなかで，被災住民の住宅や生活の再建，高齢者の生活支援にどのように取り組むかが課題になるとともに，復興まちづくりやコミュニティ再生を進めていくための新たな協働の形（地域住民組織とまちづくりボランティア・NPO などとの協働）が出現した。これらは，後述する地域社会の回復力との関係で，ポスト災害期の新たな市民社会を展望する言説を生み出していった。

復旧・復興期の生活再建をめぐる公共政策では，この震災を契機に，被災者が住宅再建に要する費用の一部を政府・自治体が補償する制度として，1998年5月に「被災者生活再建支援法」が成立した。[3] 被災者を中心に立法を求める広範な市民運動が展開され，生活再建をめぐる大きな政策転換がなされたのである。が，他方で，市街地の復興まちづくりに採用された手法（土地区画整理事業や市街地再開発事業）は，被災者に大きな負担をもたらし合意形成に多大な時間とエネルギーを要するものであった。借家層などの権利弱者が事実上事業から排除されていることなどもあって，住民の視点から復興事業・復興政策へのきびしい批判が投げかけられた（岩崎，1998）。

第2に，社会構造の脆弱性という点で，阪神・淡路大震災における被害の地域的偏差があらわになった。この震災では，市街地を東西に走る「震度7の帯」に沿って被害が集中し，死者に占める高齢者（60代以上）の割合がおよそ6割を占めた。「震度7の帯」は，活断層に沿った激震地帯を意味するにとどまらず，高齢化が進み，老朽木造住宅が密集し，低所得層が多く居住する社会的に脆弱な地域を示すものでもあったことが明らかにされた（宮原・森，1998）。とくに，産業構造の転換により，震災以前から衰退傾向のみられた神戸市兵庫区や長田区での被害が大きかったことから，この災害は「高齢社会型災害」，「インナーシティ災害」とも呼ばれるようになった。こうした被害の特質は，神戸市東西間の復興格差ともなって現れた。

　第 3 に，この震災では，倒壊家屋からの救出・救助作業の多くが，家族や近隣住民どうしの協力によって実施されたことが明らかになり，都市社会における近隣やコミュニティの機能とコミュニティ形成の意義が再認識されることとなった。一部の被災地域社会においては，救出，消火，安否確認，避難所運営，復旧・復興の各局面において，住民間，および住民とボランティア・外部支援者間の共同作業により，迅速かつ有効な対応・取り組みが進められる事例も存在した。神戸市長田区真野地区は，インナーシティに位置する市内でもいち早く高齢化が進行した地域社会であったが，1960 年代の公害反対運動から続く，住民参加による長年のまちづくりへの取り組みが，自治的コミュニティによる災害対応力の高さとなって現れたのである（今野，2001：143-168；横田，2008）。

　雲仙普賢岳災害では，被災地である長崎県島原市，深江町（現・南島原市）の地元町内会が被災者の諸要求を集約するとともに，生活再建と集落移転，ふるさとの復興に向けた要求・提案を掲げるいくつもの被災者団体が創発した。これらの集団と自治体行政とが連帯・団結し，政府と交渉することによって，被災住民自らの生活再建への道筋をつくっていったのである。鈴木広らは，被災地における町内会をはじめとする社会諸集団の対応と相互扶助活動を分析して，土着型の生活文化を基盤とした地域社会の危機対応力，共同的な問題解決能力の高さを指摘した（鈴木，1998）。これに対して，阪神・淡路大震災は，人口流動の激しい都市社会における大規模災害であったが，都市部の自治的コミュニティもまた，住民間の主体的連帯を基盤としつつ，外部支援者を巻き込んで，強靱な危機対応力・回復力を示すことができたのである。

　さらに，阪神・淡路大震災では，震災後の 2 か月間でのべ 100 万人ともいわれる大量のボランティアが被災地に集まり，避難所運営や避難生活支援，仮設住宅でのコミュニティ形成支援，復興まちづくり支援など多彩な活動に携わった。その活躍は，被災者を助け勇気づけ，被災地の復旧を促すとともに，復旧・復興期以降も，ボランティア団体や NPO による多様な市民活動へと引き継がれていった。長期にわたって被災地に常駐し，地元住民組織（まちづくり協

議会）とともに協働型の復興まちづくりに取り組むボランティア・NPO の事例もみられ，公的な復興事業の硬直性に苦しみながらも，ポスト復興期も見据えた新たなコミュニティ再生への動きも出現した（浦野・大矢根・吉川，2007；横田，2020）[4]。被災地におけるボランティアの活躍は，地域社会の回復力を高める役割を果たしたといってよい。

大規模災害を契機とした社会変動という視点からみると，被災地および日本社会全体に「新しい市民社会」が出現しつつあるという展望も示された（震災

表13-2　社会学における災害研究のおもな対象とテーマ

	被災直後（緊急対応期）	応急復旧期	復旧・復興期	その他
被災地とその周辺	○被災住民の対応行動（避難・消火，救出・救護） ○集合行動（パニック，モッブ，など） ○地域住民組織を中心とする相互扶助・共同防衛活動 ○警報および災害情報の収集・伝達・受容過程，対応行動への影響（正常性バイアス，流言の発生，など） ○被災のショックと避難生活に伴うストレス状況 ○自発的援助活動の展開と組織化（ボランティア活動の組織化） ○被災地における行政システムと諸組織の対応，諸組織の状況への対応（構造変容）と組織間関係の推移	○集団避難生活に伴うコンフリクトの発生，避難生活の組織化，支援システムの形成	○職と住を中心とする被災住民の生活再建とライフスタイルの選択・変容 ○生活再建と地域・産業復興（ビジョン）をめぐる住民各層の諸要求の葛藤と集約，およびそれらをめぐる諸集団の結成と活動 ○復興計画と地域社会・産業構造の再編および地域社会の構造変動	○災害下位文化（災害伝承／災害常襲地の生活様式，など）
	○被災住民諸階層の時系列的な対応と生活構造の変動 ○被災地域社会の時系列的対応と地域社会変動 ○地域社会構造の脆弱性に基づく被害の特質，地域社会の回復力（被災住民の主体形成，コミュニティの機能と災害対応力）			
外部・全体社会	○広域支援活動の展開と支援体制の形成・変容 ○国家行政システムの対応プロセスと応急政策形成・改変 ○災害ボランティア，NPO や同郷団体などの被災者・被災地支援活動と支援ネットワーク形成 ○遠方避難者の地域社会への受け入れと避難生活，その支援活動	○災害からの復興と防災システムの改変をめぐる公共政策の展開		○自然観と災害観 ○個人・世帯の災害対応行動（予測），防災対策，防災知識 ○地域住民組織と地域防災活動（「自主防災組織」，防災まちづくり，地区防災計画，防災コミュニティ形成，など）
	○自治体間支援，民間団体（市民活動団体，企業など）による被災者・被災地への継続的支援，支援経験のフィードバック効果（自治体政策の再構築や地域社会の変動） ○経済・産業システムへの災害の短期的／長期的影響			○災害ボランティア・NPO の組織化・ネットワーク形成 ○政府・自治体の防災システム・公共政策の展開

10 年市民検証研究会, 2005)。実際に, 震災後の 1998 年,「特定非営利活動促進法」(NPO 法) が成立し, その後の日本社会には数々の NPO が設立されるとともに, 市民活動隆盛の時代を迎えていくのである。

　以上を踏まえて, 社会学における災害研究のおもな対象・テーマをまとめると, 表 13-2 のように整理することができる。

調べてみよう ❷

　現代日本で災害救援・災害支援に取り組んでいるボランティアや NPO にはどのような団体があるだろうか。それらの団体は, どのような経緯で結成され, いかなる活動を展開しているのだろうか。

3.　大規模複合災害の衝撃と「原発避難」の長期化

3. 1　大規模複合災害としての東日本大震災

　2011 年 3 月 11 日に, 被害規模において阪神・淡路大震災をはるかにしのぐ巨大災害が発生した。東北から関東に及ぶ太平洋岸で, 巨大津波によりおよそ 2 万人の死者・行方不明者を出した東日本大震災である。人的被害のほとんどは津波によるものであったが, この災害では, 津波により電源喪失に陥った福島第一原子力発電所で損壊事故が発生し, 原発立地地域を中心に広域に及ぶ放射能汚染をもたらした。東日本大震災は, クアランテリのいう技術的災害をともなう未曾有の大規模複合災害となったのである。

　津波被災地の三陸沿岸地域は, これまでも津波常襲地域として知られ,「津波てんでんこ」という教訓 (災害下位文化) が伝えられてきた上に, 津波防災対策も施されていた。そのような地域で大きな人的被害が生じた事実を受け止めた上で, 情報伝達や避難行動の実態を解明・分析し, 新たな津波避難対策を提起する必要性が指摘された (中央防災会議「東北地方太平洋沖地震を教訓とした地震・津波対策に関する専門調査会」, 2011：田中・黒田・横田・大矢根, 2019)。

　また, 原発事故の発生は, 福島県の原発立地自治体および周辺自治体からの

「強制避難」，さらには東北・関東一円の被曝を危惧する人びとの「自主避難」を生み出した。「原発避難」での避難先は全国に及び，津波避難者も含めた避難者数は，地震発生から1週間後のピーク時には約40万人を数えた。その後も，「原発避難」は広域化するとともに，長期化していった（山本・高木・佐藤・山下，2015：12）。除染と「帰還政策」の下で，原発立地周辺自治体では避難指示区域等の解除が徐々に行われているが，震災から10年あまりを経過した時点においても，福島県全体の避難者数は約34,000人，うち県外避難者は約27,000人（2021年12月の時点）にのぼっている。長期的で広域的な「原発避難」はなお続いており，収束を見通すことが困難な状況にある。

　こうして，東日本大震災では，「原発避難」および避難生活の実態とともに，原発事故の背後にある原子力政策や地域政策，原発事故をめぐる被害・加害構造，反原発・脱原発社会運動の活発化などをめぐって，環境社会学や社会運動論の視点からも，調査研究に基づく分析・解明が進められてきている（長谷川・山本編，2017）。

　「原発避難」は全国各地に及んだこともあって，受け入れ避難者の生活支援や被災者の保養支援など，多様な支援が被災地から遠く離れた地域でも行われた。とくに，自治体行政と社会福祉協議会，NPO・市民活動団体，企業など複数の主体が連携しながら支援プロジェクトを組む協働型，あるいはガバナンス型支援が各地で創発し，被災者・避難者のケアとエンパワーメントに取り組んできた。阪神・淡路大震災において一大潮流となったボランティアによる被災者支援にとどまらない新しい支援の形が姿を現し，その支援の成果とプロセスが支援者側の自治体政策や市民活動へとフィードバックしていくという現象もみられている（田中・黒田・横田・大矢根，2019）。

3．2　長期避難者への生活支援と当事者間相互支援

　次に，原発事故避難者に対する生活支援が避難当事者間の相互支援活動を生み出した事例を取り上げ，それを通して，長期避難者の生活再建と災害からの回復力について考えてみたい。ここで取り上げるのは，広島市に本拠を置いて

活動している「ひろしま避難者の会アスチカ」の取り組みである。アスチカとは，「明日へすすむ力」の略であり，2012 年に約 80 世帯の避難者が集まり，活動をスタートさせた。活動開始からほぼ 10 年を経過した 2021 年 12 月の時点で，長期避難者を中心に 103 世帯 337 名の会員が参加している（福島県以外からの自主避難者も含む）。アスチカは，福島県が全国 26 か所に設置している県外避難者のための生活再建支援拠点に指定されており，広島県内のみならず，隣接する山口県，島根県の避難者支援も担当している。

　「原発避難」の実態については，社会学者による数々の実証研究が展開されており，自主避難者には家族分離による「母子避難」が多い点や，いくつかの一時避難先を移動しつつ，親族や知人・友人，職場などの縁を頼って避難生活の場を決めた人が多かったこと，避難直後は孤立しがちで無力感にさいなまれたり，放射能リスクへの認識の違いから家族内・近親者間で葛藤が生じたりしたこと，長期避難の下で経済的負担感も大きく避難者の生活を圧迫している（とくに自主避難者にそうした傾向が強い）ことなどが明らかになっている（山本・高木・佐藤・山下，2015；関西学院大学災害復興制度研究所ほか編，2015）。アスチカ 10 周年誌に寄せられた 30 人ほどの避難者（帰還者も含む）の手記やインタビュー，毎年定期的に実施されている「会員アンケート」の調査結果からも，そうした状況や経緯をうかがうことができる（ひろしま避難者の会アスチカ編，2021）。

　その一方で，全国各地で創発的な避難者支援の取り組みが展開され，支援者と避難者との間で，さらに避難者間で，徐々に交流のネットワークが形成されていった。避難当事者間で相互支援を行う団体も続々と結成されていくが，地域の避難者支援活動がこうした動きを後押しする役割を果たしたのである（松井，2017）。

　広島市におけるアスチカの結成も，そのような流れに沿ったものである。震災発生後の 3 月 17 日に，広島市社会福祉協議会に被災者支援ボランティア本部が設置され，そこで 5 月から開始された月 1 回の避難者交流会において，広島へ避難した人びとの間で交流とネットワーク形成が徐々に進んでいったのである。翌 2012 年 1 月に，交流会を避難当事者が引き継ぐこととなり，アスチ

カの前身，ひろしま避難者ネットワークが結成され，交流カフェとして運営するようになった。中心となったメンバーは，福島県から避難した子育て中の母親・女性たちであり，母子避難という形で広島へやって来た人びとである。

　同年10月に，ひろしま避難者の会アスチカが正式に発足し，交流カフェ以外にも，税務・法律相談会や情報紙の発行，広島の土砂災害経験者も加わったお茶会サロン（2015年3月～），「ひろしまふるさと架け橋ツアー」（2016年）などの催しを実施するようになった。アスチカは，広島でのフォーラムや震災追悼イベント，地域の福祉祭りなどにも団体として参加している。2014年6月には団体の活動拠点「たねまく広場」をオープンし，民間企業および財団の寄付プロジェクトの助成を受けたり，2016年より福島県の生活再建支援拠点（全国26拠点）のひとつとして同事業の委託を受けたりしながら，福島，広島両県における生活支援情報の伝達，交流，相談など避難当事者間相互支援の活動に取り組んでいる。[5]

　アスチカによる活動の特徴は，第1に，原発事故をめぐる訴訟や原発ADR（原子力損害賠償紛争解決センター）に申し立てを希望する避難者があれば，弁護士などの専門家を紹介するが，原発の存廃について団体として意思表明をしたり，反原発・脱原発運動にコミットしたりしないという脱政治性である。個々の避難者には，震災復興をめぐる政策や政治に対してさまざまな主張や態度表明があり得るが，どのような立場の人にも，避難者の生活支援という観点から対応し，当事者間相互支援を促進するというのが活動の基本方針となっている。これは，避難者がふるさとへの帰還を選ぶのか，それとも移住や別の形の生活を選ぶのかという点についても同様である。

　第2に，アスチカの多彩な活動が，地元広島の市民活動団体の支援・協力を得ながら展開されている点である（図13-1）。東日本大震災後，広島から南相馬市の仮設住宅・県営住宅への訪問支援活動を展開した南相馬ボラバス応援隊や，地元広島での豪雨災害（2014年）を契機に若者ボランティアのネットワーク形成に取り組んでいる市民活動団体などと連携することによって，活動が円滑に進められているのである。

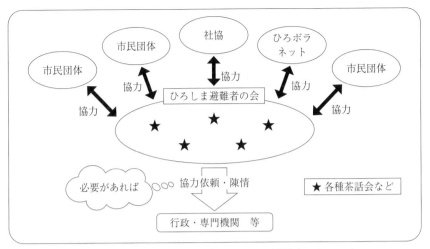

図 13-1　ひろしま避難者の会アスチカの活動ネットワーク

出所）ひろしま避難者の会アスチカホームページ，http://hiroshimahinanshanokai-asuchika.com/
（2022 年 1 月 16 日閲覧）

　むろん，広島県や広島市社協など行政・専門機関との連携もなされており，豊富な人脈と団体間ネットワークを維持している。山口県や島根県など他県への避難者支援においては，各県の避難当事者団体や行政，社協，大学，NPO・中間支援組織などとのネットワークを形成し，それらの協力の下に事業が行われているのである。

　アスチカ会員への「アンケート」結果によれば，震災から時間が経過するにつれて，現住する自治体に定住するという世帯が 40 〜 50％を占めるようになっているが，5 年以上を経過した後も，今後の居住先を「決めていない」という回答が毎回 30％台を占めている。とはいえ，震災後の変化（複数回答）について，「気持ちが穏やかになった」，「生活が安定してきた」，「楽しいことをしようという気持ちになってきた」，「前向きな気持ちになってきた」というポジティブな回答の合計が，徐々にではあるが，増加する傾向にある。アスチカが開催している交流カフェに参加している人の割合も，2014 年以降，70 〜 80％台で推移しており，当事者間相互支援活動は安定的に存続している（ひろしま避難者の会アスチカ編，2021：24-42；速水，2020）。

　避難地・広島では，2014 年 8 月の豪雨災害（広島土砂災害）や 2018 年 7 月の西日本豪雨災害で大きな被害が発生した。後者の災害が発生した際に，アスチカの主要メンバーは地元の災害ボランティアとともに，広島市および周辺地域での被災者・避難者救援活動に携わった。市民活動団体や行政，社会福祉協議会などの支援・協力を得ながら展開されてきた避難当事者間相互支援活動は，アスチカ・メンバーの生活主体としてのエンパワーメントを促し，被支援者から支援者への活動転換をも生み出したといえよう。

調べてみよう❸

　東日本大震災では全国的に被災地・被災者支援活動が展開された。あなたが居住する地域，自治体では，どのような人びとと組織により，いかなる支援活動が展開されたのだろうか。またその支援活動の経験がその後の地域社会と自治体政策に何か影響を及ぼしていないだろうか。

4.　社会の災害対応力・回復力をめぐって

　災害による被害を低減していくためには，当然ながら，社会全体でのさまざまな取り組みが必要となる。社会構造に根ざした潜在的リスクや脆弱性が被害を増幅する場合には，それらを縮減する対策や，逆に社会の災害対応力・回復力を高めていく取り組みが要請される。それらは，制度・政策のレベル，地域社会や社会構造のレベル，個人・世帯の生活レベル，すべてに及び，具体的に列挙していくと膨大なリストができあがるであろう。

　以上について詳細に検討を加えることはむろん不可能なので，最後に，社会の災害対応力・回復力について若干の論点を整理したい。

　第 1 は，コミュニティの機能とコミュニティ形成の意義についてである。地域住民により構成される町内会・自治会や「自主防災組織」を担い手とした地域防災への取り組みは，各地で展開されており，防災対策の柱のひとつとなっている。阪神・淡路大震災後の神戸市による市民意識調査結果などによると，

日頃から地域や隣近所の人たちと交流しておく必要があることを，市民の大多数が痛感した。都市的生活様式に依存しているがゆえに，日常生活における近隣関係やコミュニティの機能に無関心であり，コミュニティ形成の意義を自覚することのなかった都市住民が，震災という危機を契機に，それらについて再認識したのである。実際に，先述した真野地区のように，住民参加により長年まちづくりに取り組んできたコミュニティ（自治的コミュニティ）は，危機に際して強靱な対応力を発揮したといえる。

　第2は，ボランティアや市民活動団体による支援の機能と意義についてである。阪神・淡路大震災と東日本大震災において，長期に及ぶ復興まちづくり支援や「原発避難」による遠方避難者への交流支援・生活支援などの新しい支援が創発した点については，すでに触れたとおりである。そうした支援は，支援される側のエンパワーメントをもたらし，避難当事者の主体性を引き出したといえる。震災被災地において，地域住民，ボランティアなど多様な主体が参加した協働型の復興まちづくりが展開されたり，「原発避難」地域において当事者間相互支援活動が創発し，避難地での災害に際して逆支援ともいうべき活動が展開されたりしたのはその証左であろう。

　雲仙普賢岳災害では，町内会を基盤とする，土着的な生活文化に根ざしたコミュニティの問題解決能力が注目を浴びたが，日本社会全体の趨勢としては，諸個人の生活行動の範囲は広域化し，人口流動が激しくなり，既存の地域住民組織への加入・参加も自明とはいえない状況になってきている。諸個人が選択的に他者と結合し，ボランタリーに市民活動団体を形成しながら，生活問題や社会的課題に取り組もうとする傾向も増してきている。その意味で，多様な人びと・集団の間で重層的なネットワークを形成し，ガバナンス型・協働型の取り組みを発展させていくことが，社会の災害対応力，回復力の強化にも有効だといえるのではないだろうか。

考えてみよう ❷

　新型コロナウイルス（COVID-19）にみられる感染症拡大と自然災害とを比較した場合に，その被害や人間生活・社会への影響において，どのような共通点と相違点があるだろうか。

注

1) アメリカ社会学における災害研究の展開については，秋元，1982：広瀬，1984：大矢根・浦野・田中・吉井，2007 を参照。

2) 本章では，災害の時間的局面を緊急対応期，応急復旧期，復旧・復興期という3つに区分したが，時期区分のしかたについてはいくつかのタイプが存在する。また，災害の規模や特質によって，時期区分のタイム・スパンは異なったものとなる。

3) 当初，支援金の上限額は 100 万円で使途に制限がつけられていたが，数度の法改正により，上限額は 300 万円へと引き上げられ，使途制限は撤廃された。同時に，支給にあたっての年齢・収入条件も撤廃された。なお，同法は，阪神・淡路大震災にさかのぼって適用されることはなかったが，これに代わる措置として，阪神・淡路大震災復興基金より被災者に被災者自立支援金（最高額 150 万円）が支給された。

4) たとえば，神戸市長田区御蔵通を拠点に，10 年に及ぶ復興まちづくり支援を継続したボランティア団体（現在は認定 NPO 法人）まち・コミュニケーションの活動を挙げることができる。当地における地域住民組織（まちづくり協議会）を支援する形で，共同再建プランの作成や復興まちづくりの記録作成，修学旅行生の受け入れ，古民家を利用した新たな集会所づくりなどに取り組んでいった。詳しくは，まち・コミュニケーションのホームページを参照，http://park15.wakwak.com/~m-comi（2022 年 1 月 16 日閲覧）

5) アスチカの組織・活動などに関しては，下記のホームページも参照。ひろしま避難者の会アスチカ http://hiroshimahinanshanokai-asuchika.com/（2022 年 1 月 16 日閲覧）

引用・参考文献

秋元律郎編『都市と災害』（現代のエスプリ 181）至文堂，1982 年

Barton, A. H. (1969) *Communities in Disaster*, Garden City.（安倍北夫監訳『災害の行動科学』学陽書房，1974 年）

中央防災会議「東北地方太平洋沖地震を教訓とした地震・津波対策に関する専門調査会」『東北地方太平洋沖地震を教訓とした地震・津波対策に関する専門調査会報告』2011 年，http://www.bousai.go.jp/kaigirep/chousakai/tohokukyokun/index.html（2022 年 1 月 16 日閲覧）

長谷川公一・山本薫子編『原発震災と避難—原子力政策の転換は可能か』有斐閣，2017 年

速水聖子「避難をめぐる当事者間相互支援と共生のためのコミュニティ—ひろしま

　避難者の会『アスチカ』の事例」『やまぐち地域社会研究』(17)，2020 年

広瀬弘忠『生存のための災害学』新曜社，1984 年

ひろしま避難者の会アスチカ編『「広島に避難してきた私たち」―あの日から 10 年
　今　そしてこれから』ひろしま避難者の会アスチカ，2021 年

Hoffman, S. N., Oliver-smith, A. (2002) *Catastrophe and Culture*, School of
　American Research Press.（若林佳史訳『災害の人類学―カタストロフィと文
　化』明石書店，2006 年）

岩崎信彦「『国家都市』神戸の悲劇と『市民社会』の苦闘―阪神大震災から見えて
　くること」『地域社会学会年報』第 10 集，1998 年

岩崎信彦・鵜飼孝造・浦野正樹・辻勝次・似田貝香門・野田隆・山本剛郎編『被災
　と救援の社会学（阪神・淡路大震災の社会学 1）』昭和堂，1999 年

―――『避難生活の社会学（阪神・淡路大震災の社会学 2）』昭和堂，1999 年

―――『復興・防災まちづくりの社会学（阪神・淡路大震災の社会学 3）』昭和堂，
　1999 年

関西学院大学災害復興制度研究所ほか編『原発避難白書』人文書院，2015 年

今野裕昭『インナーシティのコミュニティ形成』東信堂，2001 年

松井克浩『故郷喪失と再生への時間　新潟県への原発避難と支援の社会学』東信
　堂，2017 年

宮原浩二郎・森真一「震度 7 の社会空間」『社会学評論』49 (1)，1998 年

大矢根淳・浦野正樹・田中淳・吉井博明編『災害社会学入門』弘文堂，2007 年

Perry, R. W. (2007) What Is a Disaster ?, In H. Rodriguez, E. L. Quarantelli, E. L.
　Dynes, R. P., (Eds.), *Handbook of Disaster Research*, 1-15, Springer-Verlag.

震災 10 年市民検証研究会編『阪神・淡路大震災 10 年―市民社会への発信』文理
　閣，2005 年

Solnit, R. (2009) *A Paradise Built in Hell*, Penguin Books.（高月園子訳『災害ユー
　トピア　なぜそのとき特別な共同体が立ち上がるのか』亜紀書房，2010 年）

鈴木広編『災害都市の研究―島原市と普賢岳』九州大学出版会，1998 年

田中重好・黒田由彦・横田尚俊・大矢根淳編『防災と支援―成熟した市民社会に向
　けて』有斐閣，2019 年

浦野正樹・大矢根淳・吉川忠寛編『復興コミュニティ論入門』弘文堂，2007 年

山本薫子・高木竜輔・佐藤彰彦・山下祐介『原発避難者の声を聞く』岩波書店，
　2015 年

山下祐介・菅磨志保『震災ボランティアの社会学』ミネルヴァ書房，2002 年

横田尚俊「災害研究からみた都市コミュニティ論」田中滋子編『地域・家族・福祉
　の現在』まほろば書房，2008 年

―――「復興まちづくりからみた都市コミュニティと市民社会」『日本都市社会学
　会年報』38，2020 年

吉野英岐・加藤眞義編『震災復興と展望―持続可能な地域社会をめざして』有斐
　閣，2019 年

📖 文献案内

鈴木広編『災害都市の研究―島原市と普賢岳』九州大学出版会，1998 年
都市社会学におけるコミュニティ論の視点から，雲仙普賢岳災害にアプローチした

社会学的総合研究の成果がとりまとめられている。「ルースなコミュニティからタイトなコミュニティへ」の変貌という「災害都市の法則」が明らかになったと指摘している。

岩崎信彦・鵜飼孝造・浦野正樹・辻勝次・似田貝香門・野田隆・山本剛郎編『阪神・淡路大震災の社会学』（『被災と救援の社会学』，『避難生活の社会学』，『復興・防災まちづくりの社会学』の全3巻）昭和堂，1999年
震災後に行われた日本社会学会大会（1995 ～ 1997 年度）および関西社会学会大会（1996 ～ 1998 年度）におけるシンポジウムと，多数の個別研究報告の成果を引き継ぐ形でとりまとめられた。阪神・淡路大震災をめぐる社会学的研究を蓄積し，社会学の中に災害研究を定着させる必要があると「はしがき」で述べられている。なお，これら全3巻の内容は，刊行元より，すべてホームページ上にて公開されている。
昭和堂「震災関連書籍」http://www.showado-kyoto.jp/news/nc1146.html（2022 年1月16日閲覧）

舩橋晴俊・田中重好・長谷川公一監修「シリーズ　被災地から未来を考える」（『原発震災と避難』『防災と支援』『震災復興と展望』の全3巻）有斐閣，2017-2019 年
「東日本大震災が提起した問題に対して，社会学に立脚して総合的な解答を与えよう」（舩橋晴俊）と意図して刊行されたシリーズである。災害を生み出した社会的メカニズムの解明，社会学からの政策提言や社会運動への支援・助言，被害からの回復と地域社会の復興に関する探究，震災をきっかけとした日本社会の問題性に対する社会学理論構築という4つの課題設定・視点の下に，各巻が編集されている。

・索　引・

シリーズ生活構造の社会学①　　生活からみる社会のすがた

2022年3月25日　第1版第1刷発行　　　　　　　　　　〈検印省略〉

監修者　日本社会分析学会

編著者　稲　月　　　正

　　　　加　来　和　典

　　　　牧　野　厚　史

　　　　三　隅　一　人

発行者　田　中　千　津　子

発行所　株式会社　学　文　社

郵便番号　153-0064　東京都目黒区下目黒 3-6-1
電話（03）3715-1501（代表）振替 00130-9-98842

乱丁・落丁本は，本社にてお取替え致します。印刷／株式会社亨有堂印刷所
定価は，カバーに表示してあります。

ISBN978-4-7620-3150-2
Ⓒ2022
Printed in Japan